中国近世士大夫の日常倫理

緒方賢一 著

中国文庫

序

本書は中国の近世における士大夫の日常倫理について、様々な角度から検討を加えたものである。主に家訓と善書を材料とし、思想家としては二流・三流と言わざるを得ない知識人たちが、時には意識的に、またある時には無意識に発した言葉を分析する手法を用いた。

「近世」及び「日常倫理」という語については後ほど検討するとして、まずは全体の構成について説明しておきたい。全体は大きく三部に分けられる。第一部は家訓に関する四つの論考と附論から成る。第二部は勧善書に関する二つの論考から成る。第三部は朱熹に関する二つの論考から成る。それぞれの論文は個別に発表されたものであるが、掲載誌の枚数制限および後の知見の増加などの理由から、いくつかの論文には大幅な改稿・増訂を加えた。

第一部第一章「家訓に見る宋代士大夫の日常倫理」は、宋代に量産された家訓を材料に当時の士大夫の日常生活における道徳観をあぶり出すことを企図したものである。

第一部第二章「葉夢得と『善行』—二つの家訓を導きとして—」は、前章の登場人物の一人である葉夢得を取り上げ、彼が息子たちに再三実践するよう唱える「善行」の一部始終を観察し、その一見特徴が無いように見える中での「特徴」をあえて分析する。そこには思想史に浮上してこない、一般的士大夫の、没個性であるがゆえに普遍的とも言える思考を見出すことができるのではないかと考える。

第一部第三章「宋代の『善人』―『省心雑言』を中心に―」は、宋代の「普通人」が道徳的実践を通じて目指す理想的人格が、遥か彼方の聖人ではなく、手を伸ばせば届くところにいる「善人」であることを確認した上で、「普通人」はどうすればそこへ辿り着けるのか、辿り着けたとしていかにしてその状態を維持するのか、といった問題を考察している。

第一部第四章「『編集』という名の思想―劉清之の『戒子通録』をめぐって―」は、思想家としては無名と言って良い劉清之が編纂した『戒子通録』という書物を分析した。ここでは彼自身の思想を汲み出すことよりも、その特異な構成から、宋代に発生した「編集」という作業の中に彼の考えを見出すことに意義があると考えた。

第二部第一章「『太上感応篇』の思想的諸特徴―勧善書における日常倫理―」は、最初期の善書と言われる『太上感応篇』の持つ諸々の特徴を抽出・分類し、その中に家訓とも共通する日常道徳的要素が見出せることを指摘する。

第二部第二章「『陰徳』の観念史―三教混交状態における日常倫理―」は、唐宋代の人々に注目された「陰徳」という観念に注目し、この語が儒教側・道教側などといったセクト的意識を軽々と横断して用いられたことを明らかにする。

第三部第一章「朱熹の『人情』について」は、朱熹の言説中に多様に出現する「情」という語の中でも、日常的に、また半ば無意識的に使われる形而下的な「人情」に着目して、分析したものである。

第三部第二章「朱熹と『孝経刊誤』」は、従来の『孝経刊誤』研究がテキストの改訂作業の確認および『大学章句』との構造的類似の指摘にとどまっていたのに対し、宋代の『孝経』の置かれた状況、朱熹が『孝経刊誤』を書くに至った動機、そして彼の思想体系におけるその位置を特定しようと試みたものである。

次に本書の立脚点およびその研究史における意義を説明しておきたい。まず全体を貫いているのは、「日常」と「倫理」、そして「〈日常〉の〈倫理〉」へ注ぐ視点である。

全体の構成では第三部にまわっているが、筆者が単著論文として一番最初に世に問うたのは「朱熹の『人情』について」である。「日常」という視点に関して、執筆時点において明確に意識していたとは言えない。それはその後に書かれた第一部以後の、家訓を対象とした思想史研究の途上でようやくはっきりと意識上に像を結んだ。朱熹の「人情」観念や第三部第二章における『孝経』と「家」の関係などの諸要素を改めて振り返って考えてみると、そこには無意識的ではあれ、眼前の様々な現実との葛藤の中で、その現実から離れることなく自らの思考を展開していた朱熹を捉えようとしていたことが見て取れる。それは従来の朱熹思想研究の大勢を占めていた「朱熹の言う『理』とは何か？」あるいは「『理気』論は一元論か？　二元論か？」また「朱熹の『格物致知』論」などといったテーマに対する、漠然と覚えていた懐疑の念に端を発するものである。そうした先行研究は、言うまでもなく「朱熹の思想」を朱子学大成者としての立場から語る傾向が強かった[1]。そうした中で、三浦國雄氏は先行研究に対して一定の評価を認めた上でそれらが朱熹を聖人化するものであり、「はじめに朱子・朱子学ありき」という態度から脱却していないと述べ[2]、朱熹という人間を彼が生きた時代の中で捉えるという試みを呈示している。三浦氏の著作は一九七九年のものであるが、その後三浦氏も含め、朱熹の平生を丹念に追跡しその思想形成とリンクさせるという研究も次々に出ている。三浦國雄氏はさらに朱熹の思想を鬼神論や「身体」といった角度から見ることで、研究史上に新たな視点をもたらした[3]。その他、市來津由彦氏の一連の研究は朱熹の思想が張栻や陸九淵といった著名な思想家だけでなく、友人・門人などとの会話・書簡のやり取りの中で生み出されてきたことを、『朱子文集』に収められた膨大な書簡の丹念な読解を通して明らかにしている[4]。さらに小島毅氏は朱熹思想の伝播を書物出版との関係から、あるいは地域社会との関係から探求している[5]。市來、小島の両氏は、弟子一人ひとりと朱熹のやり取り、地方志の活用といった手法による事実関係の丹念な洗い出しから、従来の研究が素通りしていた領域を切り開いて成果を上げている。

もっとも本書では、歴史的事実に関する追求をさほど重視していない。これは一見、先に述べた「眼前の様々な現実との葛藤の中で、その現実から離れることなく自らの思考を展開していた朱熹を捉えよう」という弁とは矛盾した態度と取られるかもしれない。ここで改めて取り上げるのが「日常」という視点である。「日常」とはまさに人々が再生産を繰り返している日々の生活空間のことである。端的に言えば、その場その時の人々が、「非日常」とは感じていない時空間を指す（「日常」のより詳しい説明は本書第一部第一章に譲る）。朱熹が後世に名を馳せたのは、屈指の形而上学を作り上げたという理由のみによるものではない。『四書集注』は、唐代の訓詁学によって近づき難いものとなっていた経書を、もう一度読者自身の手に取り返す魅力あるものとして当時の人々に受容されていたし、『儀礼経伝通解』や『朱子家礼』のような礼に関する書物は、彼がいかに日常の実践を重要視していたかを物語っている。思想としての魅力を持ち、かつ扱われる問題が当時の士大夫にとってリアルなもの、あるいは現実との拮抗から生み出されたものとして受容されたからこそ、朱熹の思想が多くの読者を得たという事実は、先述した諸々の先行研究がすでに指摘するところである。

しかしここであえて、宋代思想研究史において、これまで「日常」が見逃されてきたことを強調しておきたい。「現実の諸問題に向かい合う態度」イコール「『日常』の重視」ではない。例えば「人情」という言葉は「人間の具体的な心の働きのこと」(6)を言うが、この語が思想史研究の対象となったことはこれまでほとんど無かった(7)。日常生活という次元において一般人が倫理道徳を思考し実践しようとした場合、彼らがその拠り所とするのは、性善説に基づいた「性」や絶対的善である「天」ではない。彼らは習俗・習慣から形成され半ば自明となった「人情」を基点として自己の道徳を実践し、同時に他人の行為を解釈する。一例を挙げると、朱熹は詩を読む場合の「人情」の重要性を強調した。宋代人としての朱熹にとって、経書に記された理想時代に住まう古代人と一体になれるのは「人情」を介してのみ可能なのである（第三部第一章）。「理」や「性」をめぐってあれほど周到かつ精緻な議論を構成していた朱熹が、「人情」を介して、宋代と古代との間とに横たわる莫大な時間の障壁を、唐突に、何のためらいもなく飛び越えてしまうのである。朱熹は決して「人情」というものに時間を超越する積極的な力を認めているわけではない。彼は全く無根拠に「人情」にその役割を与えているのである。そのような能力を「人情」に附与しつつ、彼自身はそれを意識していない。彼にとっての「人情」というものが、それに関して思考を展開する以前の、「日常」という自明性の枠内に止まっていたからである。この日常への視点に関しては、文学方面における中原健二氏の研究が参考になる。中原氏は女性を描いた多数の詩を分析し、文人官僚たちが生活意識や感情を詩の中に表白することが普遍的になったのは宋代以降だと述べている[8]。

以上のような「日常」の働きは、例えば家礼がいかに構想され実際に運用されたかを調査していっても明らかにはならない。「日常」のレベルにおいて思想史を考えるとは、そのような意味に他ならない。いわゆる現実・実態とは異なるレベルにおいて、あるいは違った角度において宋代人の思考の可能性／不可能性を考える、言い換えれば、我々がこれまで「設定」してきた宋代人の「思考の領域」をいささかなりとも広げてみようというのが本書の目的である。

次に、「〈日常〉の〈道徳〉」について少し詳細に説明しておきたい。それは例えば一般的な士大夫の道徳観といったものとどう違うのだろうか。王徳毅氏による「宋代士大夫的道徳観」の弁を借りれば以下のように要約できる[9]。「風俗の厚薄と国家の治乱との間に密接な関係を見る宋代の士大夫は、〈仁義〉〈忠孝〉〈誠信〉〈廉恥〉といった道徳を重視し、自らが節を守ること謹厳であった。彼らにとっては、汚点のない道徳の追求だけが重要であって、官位の高低や俸禄の厚薄は取るに足りないものであった。そして彼らは道徳の実践として書院を建造し、義学を設け、家訓や家法を制作したのである」。王氏は、宋代士大夫を守節の堅持、高潔さの保持を第一とする存在として描いた。それは島田虔次氏による、新興の士大夫が高揚した意識と理想主義の中に生きていたという記述と軌を一にするものと言えよう[10]。以上が、宋代士大夫の倫理的態度に関する一般的な理解であると言えるだろう。

他方、ロバート・P・ハイムズ氏はまた違った宋代士大夫の捉え方をしている[11]。ハイムズ氏は董煟（一一九三年進士、一二一七年没）の『救荒活民書』を分析し、飢饉救済時における士大夫の行動原理を二種類に分けた。一つは儒者としての道徳的義務（「moral obligation and duty『義』」）に基づき救済を行うというもので[12]、これは王徳毅氏らの理想主義的（原理主義的）士大夫観と同一のものである。しかし彼が重点的に分析するのはもう一方の原理である。それは地域に展開した士大夫らが「抑価」「遏糴」「勧分」などの政策を通して行った救済策である。ハイムズ氏はマーケットを利用した飢饉の経済的解決の重要性を説き[13]、救済を行う士大夫の行動の背後にある「profit『利』」や「hidden virtue『陰徳』」について言及する。飢饉の時に裕福な家が貧者に施しをすれば後世必ず利益となって自家に返ってくる、という文章が宋代には多く見られるというのである[14]。飢饉救済の動機には「利」を求める欲望があり、この欲望は宋代士大夫にとっては水が低きに流れるかのように自然かつ不動なものであったと氏は指摘する[15]。この「hidden virtue『陰徳』」といった概念は、筆者の考える「〈日常〉の〈道徳〉」とまさに同一のものであると言えよう。ただそれを「士大夫らの欲望」と捉える観点に関して、本書はやや立場を異にする。彼らが善行を実践するのは、利を求めるからではない。功利主義的な動機からの行いは慎まねばならないからである。この点については第二部において検討する。

上述したようなテーマは、従来、歴史研究や宗教研究が担ってきたが、これらの研究は、当時の士大夫の「利」に対する態度を当時の社会的・宗教的現実に還元して考察するきらいがあった。それに対して、本書第二部は、「利」

や「陰徳」といったテーマを、歴史でも宗教でもなく、まさに思想的課題として扱うところに主眼がある。つまり形而下的思考の営為を、形而上学に昇華させることなく、また現実に還元させることもなく、できるだけそのままの形で再現することを最終的な目的としている。

本書が家訓や善書を基本文献として扱うのは、その日常倫理の一端が明確に表出されていると考えるからである。歴史に記録されるのは非日常だけだとよく言われるが、この普段は目に見えない日常を、そしてその日常の行動を規定していた倫理感覚を摘出したい。この試みが成功しているかどうかは筆者の判断するところではない。

最後に「近世」という語の意味についても多少説明しておきたい。本書における「近世」とは宋以後から清朝末期までを指すと考えていただきたい。宋～清を近世と見なす点について、筆者は独自の考えを持っているわけではないし、この言葉をどのように扱うべきかについての議論が内藤湖南、宮崎市定以降続けられてきていることは重々承知している。この近世をめぐる議論の整理はこれまで幾人もの先達が行ってきており、例えば『中国歴史研究入門』という入門書にも載せられているのでそちらを参照いただきたい[16]。スケールの大きな視野を持って近世という時代そのものを俯瞰的に論じたものとしては、伊東貴之氏の『思想としての中国近世』がある[17]。

さらにここ十数年来、アメリカの学者を中心に北宋と南宋との間に大きな変化を見出す潮流があることも既に多くの紹介がなされている[18]。前出のハイムズ氏はハートウェル氏とともに、北宋代は中央集権制度が強固で、南宋代はローカルエリートが地域社会において活発な活動を行っていたと述べている。ピーター・ボル氏は、彼ら二人が「エリート一族は、社会におけるかれら一族の特権的地位を防御するための方法を探し求めて、中央志向から地域志向へと転じたと立証した」と断言する[19]。筆者は二〇〇〇年に宋代史研究会の数名のメンバーとともに、カナダのモントリオールでの国際学術会議、アメリカのボストンとロサンゼルスでの会合に参加したことがある。そこで宋代の思想を研究していると言うと、何人もの研究者に「北宋か？　南宋か？」と質問を受けた。宋代思想をかように分割するアイデアは少なくとも当時の私には無かったし、日本の中国思想研究界において今もって主流になっているとは言い難いように感じる。

ボル氏は婺州の地方志・地理学・伝記資料などの文献を用い、ハイムズとハートウェル両氏の説をさらに思想・文化のジャンルに推し進め、当時のエリートたちに「自分自身と国家について思考する方法に基本的変化が起こっている」と述べる。(20)

またプリンストン大学の劉子健氏は著書『中国転向内在　両宋間の文化転向』において北宋と南宋とを一一世紀的知と一二世紀的知とに分け、文学・経学・史学などの学術が「外向」から「内向」、先進から保守へとシフトしたと指摘する。(21)

これらアメリカの動きを受けて日本でも主に歴史学の方面から応ずる研究が現れた。岡元司氏は、ローカルエリートの人的ネットワークにおける知のあり方について、墓誌銘の読解や学問の実態を調査することで解明しようと試みている。(22)須江隆氏は上記の研究を踏まえつつ、ローカルエリートの発生について「党争」の視点も不可欠であることを指摘し、(23)また小林義廣氏は地域内での人の結び付きにも偏向性があることを明らかにしている。(24)

一方岸本美緒氏は、銀の流通に伴う東アジアの交易の活発化と政治的秩序の再編を重視して、一六世紀から一八世紀にかけて、明末から清代中期を近世とする説を提議する。(25)

さて、本書がタイトルに挙げた近世とは、以上のような複雑多様な内容を含み持っている。日常倫理という場ではそれがどのように変奏されていくのか。以下、本書を実際にお読みいただきたい。

【注】

（1）吾妻重二氏や垣内景子氏、藤井倫明氏らの朱熹思想研究は、従来の軛にとらわれることなく、あくまで朱熹自身の思想に寄り添う形で展開された、すぐれて現代的な研究である。吾妻重二〔2004〕、垣内景子〔2005〕。また朱熹の言葉を丹念に追跡して驚くべき思想世界を展開したものとして木下鉄矢氏の著作があり、直接には引用していないものの、非常に啓発を受けている。木下鉄矢〔1999〕、〔2009〕

（2）三浦國雄〔1979：2 - 3頁〕

（3）三浦國雄〔1997〕

（4）市來津由彦〔2002〕

（5）小島毅〔1996〕

（6）土田健次郎〔1998〕

（7）「人情」を思想史研究の対象として取り上げたのは管見の限りでは土田健次郎氏だけである。（土田健次郎〔2002：51 - 61頁〕）。

（8）中原健二〔1994〕

（9）王徳毅〔1998〕

（10）島田虔次〔1967：17頁〕

（11）Hymes〔1993〕

（12）Hymes〔1993：286 - 287頁〕

（13）Hymes〔1993：295頁〕

（14）Hymes〔1993：298頁〕

（15）Hymes〔1993：298頁〕

（16）砺波護他編〔2006：127 - 157頁〕

（17）伊東貴之〔2005〕

(18) 岡元司〔2001a、2001c〕
(19) ボル、高津孝訳〔2010：240頁〕
(20) ボル、高津孝訳〔2010：275頁〕
(21) 劉子健〔2002〕
(22) 岡元司〔2001 b〕
(23) 須江隆〔2007〕
(24) 小林義廣〔2001〕
(25) 岸本美緒〔2012：5 - 29頁〕

目次

第二部

第一部

第一章　家訓に見る宋代士大夫の日常倫理

はじめに

　本章の目的は宋代士大夫の倫理観を「日常」のレベルで探ることにある。そこで前提となる「日常」という世界と、そこに成立する「日常倫理」について述べておきたい。まず「日常」についてであるが、人は様々な局面で現実世界を捉える。(1) 例えば、中国的な分類を用いれば、「公」の局面と「私」の局面、より一般的語彙を用いれば、科学的な局面や政治的な局面、さらに形而上的局面から捉えることもあれば、本章で扱う日常的局面もある。ちなみにここで言う「日常」の語は、その言葉の最も素朴な意味で理解されたい。つまり「個体の生活の維持や、類の再生産に向けられた人間の生活の持続的・反復的なあり方」（平凡社『世界大百科事典』「日常性」の項）である。この日常的局面において人は、家にいる時、職場にいる時、一人でいる時、家族といる時、友人といる時、何かに集中している時、リラックスしている時と、その時々の状況に様々な対応をする。日常世界はこのように多様な面から構成されている。またこの日常世界に関する認識は、個人の内的世界において単独に生み出されるものではなく、常に他者との間に形成される共同主観に支えられている。そして個人の現実感覚は、他者とのコミュニケーションを通して、偏ったものならば修正を施されたり、あるいは逆にさらなる偏向を加えられたりもする。

さてこの複数の局面に通底し、それらを背後から意味付けている根源的原理の存在は確認し得るのか。鷲田清一氏は、現象学の立場からこの日常世界を「諸対象の全体としてでなく、地平としてしか捉えられない」「経験の根拠ではなく、経験の地盤として捉えるべきものとしてある」と説いている。[2] つまり経験という事象を越えて、その背後から「日常」を保証する不可視の絶対的原理は存在しないと述べる。経験主体にとって、「日常」は多様に変化し、絶対的価値の存在しない相対的世界として現前しているということである。

この「日常」は反復・習慣化されることによって人に内面化されており、自明性を獲得しているがゆえに通常改めて意識されることはない。思想研究という立場から見れば、この「日常」の語には哲学概念として結晶化する前の「普段の思考」が表れている。「普段の思考」とは、文字通り普段の生活において人々が特に意識せず、相手もそれを共有していると感じているような、むしろ「感覚 sense」という語に近接した、間—主観的思考のことである。この自明性の名の下に隠されている「日常」を明らかにすることにより、宋代士大夫の日常行動が何によって規定されているかが理解できるようになる。後に詳しく見ていくが、宋代とはこの「日常」という視点がクローズアップされ、且つその場でいかに倫理的たり得るかが検討された時代である。[3]

では「日常」という地平において、倫理的行為とは一体いかなる形態を取るのか、そしてその倫理的行為を保証する原理は存在するのだろうか。

ここでハンス＝ゲオルグ・ガダマーの考え方を参考にしたい。ガダマーはカントの『判断力批判』に見られる、実践的判断力の拠り所を最終的には理性に求める思考を公共的性格の喪失であると批判し、「共通感覚 sensus communis」に基づく「良識 good sense」「賢慮 prudence」の復権を唱える。「共通感覚」とは、根拠に基づく筋道の通った「知」ではない。ガダマーは、「良識」には社会の営みに真にふさわしい道徳哲学の基盤が含まれていると言う。また彼はジャンバチスタ・ヴィーコを引いて次のように言う。「ヴィーコによれば、人間の意志に方向性を与えるのは、理性という抽象的一般性ではなく、あるグループや民族や国民や、さらには全人類における共通性をもたらしている具体的一般性のはずである。したがって、この共通の感覚を涵養することこそが、生にとって決定的な重要性をもつといわれる。[4]」ガダマーは道徳的行為の根拠は「良識」などの共通感覚だと言う。[5]「日常」という世界がその存在の根拠を持たなければ、そこを基盤として成立する倫理も同様に絶対的根拠を持ち得ない。宋代の「日常」を考察する場合にもこの考え方は成り立つ。つまり本章で検討の対象とする「家」という場で語られる日常倫理は、「天理」という超越的な「抽象的一般性」の領域ではなく、後に述べる「俗」「人情」といった「具体的一般性」の領域においてこそ扱い得ると考えるべきである。そこで宋代人の道徳観を、本章では一旦二つに分けて理解したい。彼らが全くその存在に対して疑いを差し挟むことなく真理として認識していた道徳、つまり「天理」や「性」などに基づく道徳を「超越倫理（絶対倫理）」と呼ぶことにし、習慣によって形成され、時と所によって変化すると自覚しつつもそれに従う性格の道徳、言い換えれば規範を事象の背後に求めない道徳を「日常倫理（相対倫理）」と呼んでおくことにする。[6]

従来の思想史研究はともすれば、宋代士人の倫理を程頤や朱熹といった道学者の言葉に求めがちであった。研究者たちは「理」や「性」などの語から宋代人の倫理観に接近し、結論として「天」、「道」などの根源的概念に対する彼らの理解の解明に向かうことが多かった。しかし宋代人の思想的営為を総体的に把握しようとするならば、その形而上的（超越倫理的）側面からの検討だけでは、不十分ではないだろうか。よって宋代思想の特質の把握という目標は同じくするものの、異なった方向からのアプローチを試みたい。家訓を思想史研究の資料として扱う理由はここにある。

宋代には『欧陽氏譜図』や『蘇氏族譜』に代表される族譜、「家規」「族規」「規約」などと呼ばれた家法、(7)『司馬温公書儀』や『朱子家礼』などの家礼、そして本章で扱う家訓など、「家」をめぐる言説が盛んに制作された。(8)宋代においてクローズアップされた「家」をめぐる言説と言えば、『大学』の「修身・斉家・治国・平天下」がただちに想起されるが、家訓における『大学』への言及は取り立てて述べるほど多くはない。もちろん両者は隔絶しているわけではない。例えば『省心雑言』の跋文を書いた馬藻は、家訓における日用実践の学は「大学篇」と相表裏するものであると述べている。(9)現実の家族経営という日常的要素の多く入り込んだ場所において、人々は倫理行為の基準を超越的な不可視の「天理」や「道」ではなく、人と人の間に求める。言い換えれば『大学』や「天理」に基づく倫理行為が（たとえ「斉家」を説いていても）「公共的善」を志向しているのに対し、家訓の目指しているのは「私（＝家）にとっての善」なのである。公共的性格を持った善は、家訓制作者には「家」にとってさほど有効でないと判断されている。それは直接的な「利」を生み出さず、「家」を富貴にしないからである。

家内における倫理規範を記した文書には「家訓」以外に「家範」「家誡」「家教」「世範」など様々な呼び名のものが存在するが、本書では一括して「家訓」と呼ぶことにする。家訓は、家庭内における規範であり、また自己の家人に向けた訓辞という形式を取ることによって、より具体的な内容をそこに含む。そしてこの「家」こそが、日常倫理の最も問われる場なのである。

ここで簡単に日本における家訓研究を紹介しておきたい。家訓そのものの研究に関しては、守屋美都雄氏の『中国古代の家族と国家』所収の諸研究が、その嚆矢であると同時に決定版でもある。(10)守屋氏は漢代から六朝時代に至るまでの家訓、及び家訓に類する言説を分析し、その変遷を後付けている。注目すべきは、六朝時代に萌芽を宿していた「家法観念」が、唐末の柳玭に至って、定式化したという指摘である。また宋代の家訓に関しては、古林森廣氏の「南宋の袁采『袁氏世範』について」以外には管見の及ぶ限り今のところ見当たらない[11]。古林氏の研究に限らず、中国や台湾の家訓研究に共通するのは、家訓を史料として扱い、それを通して制作者の家族形態やその歴史的背景を明らかにしようとする態度である。これらの研究が全て歴史学の分野でなされている以上こうした態度は当然のことであるが、小論では家訓の思想的意味付けを行うことを目的とする。

家訓を思想史研究に用いた成果は、日本において若干確認することができる。有元正雄氏の「家訓・遺言にみる民衆の信仰と倫理[12]」や、『季刊日本思想史』第五一号（〔1997〕）の家訓特集が代表的な例であろうか。有元論文は既存の日本の家訓研究が扱わなかった宗教意識と倫理観の解明を第一に掲げている点において、本章と目指す方向を同じくしている。氏の作業は「日本近代化の精神的基礎解明の視点に立って」行われており、家訓類に見られる通俗道徳は近代化への契機を内包するものではなかったと結論されている。本章も宋代における日常道徳の検討を通じ、最終的に宋という時代のはらんでいた方向性のようなものを示せたらと思っている。

中国の家訓と日本の家訓とは、共通する部分ももちろんあるが、ここで扱う宋代士人の家訓と日本の大名・武家・商家・農家・庶民各々の階層ごとに存在する家訓との単純な比較はさほど有益なものとは思われない。例えば後に述べるが、「安分（分に安んずる）」という徳目がある。そしてこの徳目は日中両国の家訓に見ることができる。ただ中国の「分」は自分に与えられた「天分」といった意味で用いられているのに対し、日本では「身分」の意味で用いられる、といったように同じ語句を用いていてもその内容、使われ方にはかなりの違いがある。ただし様々な階層の人々によって家訓制作が広く行われるようになる明清代であれば日中家訓の比較はかなりの有効性を発揮するものと思われる。

第一節　家訓の形式

南宋の陳振孫は『直斎書録解題』の中で、『顔氏家訓』について「古今の家訓はこれを祖とする」と述べている。家訓という形式が『顔氏家訓』に始まると宋代では認識されていたと言えよう。[13] ただ『顔氏家訓』は、確かに先駆的な存在であるが、それ以後、宋代まで同様の書物が現れなかった点から、[14] やはり特異な存在であり、宋代と同様の「家」をめぐる思考が六朝時代にもあったと考えるのは妥当性を欠くように思う。

ここで家訓を定義しておくことにする。家訓とは、「家を継いだ者（つまり家長）が一族の子弟達に、一族の繁栄と永続を願って、祖先の遺徳を伝え、また現時点での家の内外の状況に関しての訓戒を述べたもの」である。

家訓は『袁氏世範』のように出版を前提とし、読者を最初から一族以外のものに設定している場合もあるが、それでもやはり訓戒の第一の対象は自己の家族である。読者に対しての呼びかけに「汝等」「汝輩」「汝曹」という二人称複数形を多く用いていることがそれを証明している。

ところで家訓において特記すべきは、教化の対象、つまり家訓の読者として「中人以下」の者をも含めている点である。[15]「中人」とは、儒教的教養のない者、あるいは教養を身に付ける能力のない者を指すと考えられ、陸游『放翁家訓』の「中程度の財産を持つ者」を意味する「中人」への言及をも合わせて判断すると、家訓は、知識教養及び大きな財産を持つ有力な子弟のみ、つまり次世代を担うと思われる子弟のみを対象にしているのではないことが分かる。これは家訓が、文字通り貴賤、年齢、教育の有無を問わない、下僕などを含めた家族を構成する全ての人員を対象としていることを示している[16]。

次に家訓が実際いかに活用されたかという点を考えてみたい。家訓は教化の対象が幅広い点、二人称で書かれていることなどから、家長だけが一人で繙くといった性質のものではないことは明らかである。家族の中には文字の読めない者、幼少の者も当然含まれている。よって家族集会の折に朗読して聞かせたり、また目に付くところに掲げて、皆にその内容を知らしめる努力がなされた。陸九淵の家では毎朝一族で集会を行う際、子弟の一人が韻文で書かれた一家の遵守すべき倫理規定を朗唱していた[17]。また方昕『集事詩鑑』序には「最近まで伝わっている家訓、例えば房元齢は古今の家誡を集めて屛風を作り、子孫たちに各々一つずつ取らせた[18]」と書かれている。屛風に詩の形で書かれたということの記述からも、家訓ができるだけ簡要かつ身近な形で一族の者に示されていたことが分かる。葉夢得の『石林家訓』序には、「家族集会で常に言っていたことをここに記録したので座右に置いて朝夕熟読し努め行うように[19]」とある。以上の例から家訓が実際いかに日常に密着した形で用いられていたかが理解できる。

第二節　家訓制作の流行とその背景

序文でも触れたが、宋代は家訓が数多く制作された。葉適「題王少卿家範」(『水心文集』巻二九)、陸游「跋范巨山家訓」(『渭南文集』巻二八)、「跋柳氏訓序」(『渭南文集』巻三一)などの諸文章は、おそらく依頼されて、他人の「家訓」にコメントを寄せたものであり、士大夫の間で家訓の作成が流行していたことを窺わせる。

「家訓」制作数の拡大とパラレルに、族譜、「家礼」「家法」などの編纂も盛んになる。例えば、明・謝肇淛の『五雑組』巻一四、事部二には、「漢では万石君の家法を称賛し、唐では穆質と柳公権の二家が世間から崇められた。宋になると、一々書くことができないほど多くなった。[20]」とあり、宋代における「家法」の量産ぶりが分かる。[21]

「家」の治め方をめぐる文章が宋代に量産された背景には一言で言えば、貴族社会から士大夫社会への移行がある。宮崎市定は唐の滅亡とともに一旦失われた家法を、宋代に自らの歴史を持たない士大夫らが、「復活」の名の下に創作し始めたと指摘する。[22]

旧秩序の崩壊、流動して止まない歴史に対しての危機意識が叫ばれ、宋代に誕生した新しい社会階層が自らの出自の権威付けを図る。下降のベクトルをくい止めようとする意識と上昇のベクトルの根本を作っておきたい意識の双方が、「家」をめぐる文章群を必要としたのである。

さらに、淳熙七年（一一八〇）二月、台州の沈揆という人物によって、『顔氏家訓』が単独で刊行されたことも宋代の家訓流行に一役買っていると推測できる。[23] 宋代に『顔氏家訓』が注目を集めていた事実は、司馬光や葉夢得らが各々の家訓の中で『顔氏家訓』に関する言及を行っていることからも分かる。また司馬光による『温公家範』・『涑水家儀』・『居家雑儀』の執筆も後続に拍車をかけるきっかけとなった。趙鼎・袁采・陸游などが自分の家訓の中で、司馬光の一連の「家」に関する文章に言及していることからもそれは看取できる

ここで劉清之（一一三四—一一九〇）の『戒子通録』八巻の存在を強調しておきたい。劉清之は朱熹の友人で、『小学』を編纂した人物である。この『戒子通録』という書物は、『烈女伝』の「胎教」、『礼記』「内則名子辞」から始まり、周公から張載に至るまでの古今の天子諸侯諸子らによって記された「家訓らしい」言説を収録したものである。劉清之と『戒子通録』については第四章にて詳述する。特筆すべきは編者の意図を越えてこの書が後世に多大な影響を与えたという点である。つまり古代から中国には家訓という形式が存在したかのように考えられてしまうように

なったのである。現に近年編まれた家訓集である『中国歴代家訓集錦』（一九九二年、三秦出版社）、『古今家訓新編』（一九九二年、華東師範大学出版社）、『中国歴代家訓大観』（一九九二年、文匯出版社）などに採られている家訓のうち宋以前のものはほとんど『戒子通録』と同じである。

家訓が「家訓」という形式を持ったものという自覚の下に書かれるようになるのは、やはり宋代からではないだろうか。あるいは遡っても唐代までのように思う。それ以前は『顔氏家訓』を例外として、子弟への戒めは書簡や遺言の形で書かれることが主で、一篇の分量もそれほど多くなかったこともその証左となろう。

そしてこの宋代に発生した「家」をめぐる文章が一過性のものでなく、元、明、清と時代が下るに従ってそれぞれの思惑の下にさらに発展・普及していったことは、残存している資料からも明らかである。[24]

第三節　宋代家訓の概要

三―一　宋代家訓の著作とその内容

ここで宋代に書かれた代表的な家訓を挙げてみる。

柳開（九四七―一〇〇〇）『柳氏家戒』

司馬光（一〇一九―一〇八六）『温公家範』、「訓倹示康」（『司馬文正公伝家集』巻六七）

蘇頌（一〇二〇―一一〇一）『丞相魏公譚訓』
趙鼎（一〇八五―一一四七）『家訓筆録』
葉夢得（一〇七七―一一四八）『石林家訓』『石林治生家訓要略』
呂祖謙（一一三七―一一八一）『家範』
劉清之（一一三四―一一九〇）『戒子通録』
袁采（一一四〇―一一九五）『袁氏世範』
陸游（一一二五―一二〇九）『放翁家訓』
倪思（一一七四―一二二〇）『経鉏堂雑誌』
真徳秀（一一七八―一二三五）『教子斎規』
李邦献（?―?）（李邦彦　大観二年〔一一〇八〕上舎及第の弟）『省心雑言』

以上に代表される家訓に見られる内容を整理すると以下のようになる。

①「家の秩序」……　冠婚葬祭・一族の和睦・節倹・訴訟の戒め・防犯・小作人及び下僕の扱い・墓地の管理
②「自己の修養」……　忠孝・勤勉・敬慎・清廉・遜謙・学問・科挙の是非・仕官・身なり・立ち居振る舞い・分に安んじること
③「家産の管理」……　財産の管理と分配・田地などの売買契約・租税
④「交遊について」……　近隣、友人、知人との関係

⑤「世相について」……　最近の世の中の風潮に対する感想・慨嘆
⑥「遺言」……　葬式[25]

各々の家訓作者はお互いに交渉がないにも拘わらず、内容は大体共通している。それは家訓に関する共通認識がある程度形成されていたのだろうことを窺わせる。また日常道及び家に生起する数々の問題に対しての共通認識が成立していたであろうことも確認できる。

そして家訓は、これらの内容を徹底して卑近な表現で叙述するところに特徴がある。例えば、「墓誌銘など昔はなかったものであるから、自分のはいたずらに美辞を弄して後世を偽るのは本意でない[26]」、「墓に植える木は少なくて良い[27]」、あるいは「泥棒の警備には見回りが良い[28]」などである。家訓が扱うのは理想として彼方にある「家」だけではない。家訓に書かれているのは、内に様々な矛盾と問題を抱えその解決に奮闘する、そのような日常生活が営まれる場としての「家」である。

三―二　唐代家訓との比較

ここで宋代家訓の特徴を、宋以前のものとの比較において確認しておきたい。

まず形式上の特徴としては、宋代以前の（『顔氏家訓』以外の）家訓が、史書中の伝や書簡、あるいは詩の中に「某某が子を戒めて言う」という形で表れることが多いのに対し、宋以後は多くが単著の形式で印行されたという点が挙げられる。

次に内容上の違いがあるかを確認したい。まず最大の違いは、「家」内における経済問題の比重が非常に大きくなっていたことが挙げられる。[29]例えば趙鼎『家訓筆録』は全三〇条のうち、二一条までが田産、租税などの家庭内における経済問題に関する事柄で占められている。またもう一つの特徴として挙げられるのは訴訟を戒める記事が多くなったことであろう。

上に挙げた家訓の内容において、日常倫理としてよく見られるのは「節倹」「清廉」「勤勉」「敬慎」「忠孝」などである。司馬光は『温公家範』（巻二「祖」）で「聖人遺子孫以徳以礼、賢人遺以廉以倹」と述べて、聖人＝「徳・礼」と賢人＝「廉・倹」とを分けているが、賢人が行う道徳に「廉・倹」が配されている点に注目したい。後に詳述するが、家訓における主な登場人物は聖人と無縁の「常人（普通の人）」である。司馬光も「廉・倹」を聖人になり得ない「常人」たちが目指すべき道徳として捉えていたと見ることもできよう。また『家訓筆録』の「人之才性、各有短長、固難勉強。唯廉勤二字、人人可至」という言葉からも分かるように、日常倫理の徳目は、そのような人たちでもとりあえず実行可能だと認識された結果選択されたものであると言える。

さて宋代の家訓にもよく見られる「勤」「学」「慎」「謙」などの徳目は、中国のあらゆる家訓が取り上げているが、ここでは比較対象として唐の『太公家教』を取り上げたい。清代に敦煌から発掘された『太公家教』は、唐代に広く読まれたにも拘わらず宋代には全く省みられることがなかった家訓である。宋代に最も近いにも拘わらず、宋代人が全く見たことのない家訓であり、影響関係を考慮しないですむという点[30]において純粋な比較が行えると考える。まず『太公家教』の引用から見てみる。

勤は何物にも代え難い宝である。学は名月神珠（のような輝く宝）である。どれだけの財産も、経書の意味の一つを理解できたことには及ぶものではない。どれだけのよい田を持っていようと学芸が僅かでも身に付いたことに及ぶものではない。慎は身を守る護符であり、謙はあらゆる行動の根本である。(31)

ここで「勤」は宝物に比されているが、宋代においては「勤」の語は、例えば『省心雑言』では「若い時に勤苦しないと老いてから必ず艱難することになる（少不勤苦、老必艱辛）」などと言ったように後の結果と結び付いた形で表れることが多い。また『太公家教』は「学」を、どれほどの財産にも代え難い、精神的満足のためにするものであると捉えている。これは宋代の学問が、肯定的であれ否定的であれ、科挙などを通じた己の栄達・「家」の富貴に結び付いて考えられているのと大いに異なっている。

また親子関係について『太公家教』は次のように言う。

親を欺いてはいけない。孝の心で父に仕えよ。朝に晩に機嫌を伺い、暑がったり寒がったりしていないかを気にかけ、憂いに沈んでいる時にはともに悲しみ、楽しい時にはともに喜ぶようにせよ。(32)

ここではいわゆる儒教的・教条的な父子の一体感に対する疑いは少しも見られない。唐代家訓は「勤」「学」「慎」「謙」などの徳目の実践から得られる喜びが、あらゆる物質的満足感を凌ぐことを宣言している。ここから、唐代家訓の立つ足場、及び目指す地点が、宋代家訓のように、教化の目的を家の経済的成功（「肥家」）において書かれているのと根本的に違っていることが理解できる。(33)『太公家教』は全体を通して具体的記述はいくつか見られるものの（例えば「尊者の前で唾を吐くな」など）、その内容は宋代家訓から見て「標語」的なものであると言える。もちろん一作者の家訓にその時代を代表させることは乱暴かもしれない。しかし王爾敏氏の考証によると、『太公家教』が唐代に広く読まれたという事実があったということであり、それはとりもなおさずその内容・思考が読者に受け入れられるものであったことを物語っている。

以下、論述の順序として、まず宋代の家訓に共通して見られる内容を分析し、次に「家」を構成する主体である人間に対しての宋代士人の認識を捉える。そしてそこで確認した人間が我が身を置き、ものの善悪を判断する基盤としていた日常世界の倫理観を描出し、最後にそのような人間観と世界観に基づいて成立する宋代の「家」およびその「家」を成立させるための技術について考察する。

第四節　宋代家訓に見る家人

家訓には家族内に生起するあらゆる出来事が赤裸々に描かれる。いくつか例を挙げてみると、「親の子に対する愛情を等しくしなければならない[34]」、「父と子がお互い責め合う[35]」、「今の士大夫の家は……父は子の出世ばかり望んで愛することを忘れ、子は自分の出世を欲して親を忘れる。父が父でなく、子が子でなくなっている[36]」、「子供を溺愛しすぎて結局だめにしてしまう[37]」、「兄弟仲が良いのは門戸長久の道である。[38]」。「(近世の兄弟の仲違いは彼らが）嫁の私意に惑溺してお互いを探り合い、収入を比較して奪い合って家を傾けてしまうことによる[39]」など様々な記述が見受けられる[40]。

家の中の問題は家の中で解決し、国家の力には頼らない。身内で解決できない段階になってようやく役所に提訴し、判断を公権力の手にゆだねる。南宋の裁判記録である『清明集』には一族内の争いが多く載せられているが、その背後には記録に残らない膨大な数の家内の争いと調停があったはずである。滋賀秀三氏の「家族法」研究などによって明らかされた、「家」が国家という権力構造の末端に属しながらも独自の秩序規範を持ち、それを行使していたという事実は、[41]「家」に関する以上の認識が背景としてあろう。また間野潜龍氏による、宋代に多くの家法が書かれ始めたという指摘も家の独立性を裏付ける証となる。[42]

陳智超氏は『袁氏世範』の読解を通して、「父兄の権威の下降」「同居同財の大家庭の崩壊」「兄弟、叔侄、親戚らの争財」の三つの事態を摘出するが、[43]状況はそれだけにとどまらない。

呂祖謙『家範』巻五所収の「乾道六年規約」はこれを行ったら除籍するという七条が書かれている。次のようなものである。

親在別居（親と別居する）
親没不葬（親が死んでも葬式をしない）
因喪婚娶（喪中に結婚する）
宗族訟財（宗族で財産を争い訴訟沙汰になる）
侵擾公私（公私を乱す）
諠譟場屋（家屋内で騒ぐ）
游蕩不検（遊蕩三昧をする）

父母と子、兄と弟、夫と嫁、祖父母と孫、親戚、妾、僕婢らが互いに仲違いし、欲をむき出しにし、財産を争い、陰口をたたき合い、抜け駆けをし合う。宋代の家訓の中では、家族は崩壊の危機に瀕していると認識されている。唐代家訓のようにお題目だけ唱えているだけでは家を統御できなくなっているのである。右に引いた記述からも宋代の家訓の作者たちが、家というものを予定調和的ではなく内部矛盾的な世界として見ていたことが分かる。

なぜそのような事態を招いてしまうのか。ここで家訓の中で捉えられている人間観を検討することにする。まず『袁氏世範』の文章を参考にしたい。（君子と近付きになれば自然と長厚端謹になり、小人とおれば自然と刻薄浮華となる、という文に続いて）

且如朝夕聞人尚気好凌人之言、吾亦将尚気好凌人而不覚矣。朝夕聞人游蕩不事縄検之言、吾亦将游蕩不事縄検而不覚矣。如此非一。非大有定力、必不免漸染之患也。　巻二「小人当敬遠」

【例えば血気盛んで人を凌ぐことを好む人の言葉を朝夕聞いていたら、自分もそのようになりしかもそれに自分で気が付かない。まただらしなく締まりのない者の言葉を朝夕聞いていたら、自分もそのようになりしかも自分で気が付かない。このようなことはいくらでもある。しっかり自分というものを持っていないと必ずや感染の憂いを免れないだろう。】

人は、親しくしている相手に影響されて善い方へも悪い方へも傾いてしまうものだと言う。また『石林家訓』では「（息子の）お前たち五人の志行はみな決して低いわけではないが、若い頃より安逸な生活を享受していて因循に狃んでしまっていて、何処に帰順するかを分かっていない（汝五人志行皆不甚卑、但自少即享安逸、狃於因循、未知帰嚮）。」

と述べ、習慣に流されて自分というものをしっかり持っていない息子たちを厳しく叱っている。同様に『袁氏世範』では「人の徳性は天資によるが、各々偏りがある。……（君子は自分で分かるが）自分の偏っている所はなかなか自覚できず、他人に尋ねてようやく分かる」[44]と自分の資質の偏りは他人に教えてもらってようやく気付くことができるのだと言う。家訓において、人は自分を取り巻く環境や習慣の影響を知らず知らずのうちに受け、また油断すると楽な方へつい流れていってしまう存在として捉えられている。ここには教化の対象としての家族を単なる常人（「中人」）として捉える視点がある。彼らは向上心を持たず、自分自身で修養を行おうとせず、習慣や他人に容易く感化されてしまう。家人とはそのような人々の集まりなのである。また「人間は元は同一であるが、ただ気勢によってそれぞれ分かれざるを得ないのである」[45]という視点からは、人間をその同一性よりも現実における多様性の方に比重をかけて捉えていることが分かる。例えば、『袁氏世範』はその書を人の多様性から語り始める。「思うに人の性は、のんびりした者がいれば、せかせかした者もおり、乱暴者がいれば、軟弱な者もおり、厳めしく重々しい者がいれば、軽薄な者もおり、身を謹しんでいる者がいれば、放縦な者もおり、静かなのを好む者がいれば、騒がしいのを好む者もおり、見識の狭い者がいれば、広い者もいると言うように、受けた性が異なっているのである。父親が子の性が自分に合うように欲しても、子の性は必ずしもそうならない。兄が弟の性が自分に合うように欲しても、弟の性は必ずしもそうならない。性が合わなければ、言行も合わせられない。これが父子兄弟の不和の原因である。」[46]

常人はなぜそのような事態に落ち込むのか。

中人の性質として、欲しいものを目にしたらその心は必ず乱れる。ましてや下愚の者では酒食や美女に心を動かされないわけが無い。[47]

人は「思うに人は美味しそうな食べ物を見ると必ず唾を飲み、美女を見たら凝視し、お金を見ると手に入れたいと思う」[48]ものであり、「人がこの世に生まれて知恵を付け始めるとともに自分の意のままにならない心配事が生じる。……この世に生まれて心は満ち足りることが無い」[49]と述べ、人に憂患が生じるのは自分の意のままにならないことがあるからで、人は生きている間中、自分が持っていないものを欲するものだと言う。そしてその結果「小人多欲、則求妄用、喪身敗家」（司馬光「訓倹示康」）に至るのである。家訓の扱う「欲」は、文字通りの「欲望」として用いられている。そして家訓は、人がそのような欲望をなかなか自分の力ではコントロールできないということを前提にして書かれているのである。しかし欲望の赴くままにさせておけば、「破家」という事態になることは避けられない[50]。よって節欲の必要性はもちろん説くが、例えば朱子学のように自己修養によって欲を克服するという立場は取らない。何しろ相手は常人なのであり、自身の力による欲望の克服は期待できない。そのような人間に対する処方は、「至善ではなくとも、不善をなすことはない」[51]という葉夢得の発言が参考となろう。彼はここで家人たちに対して、至善の実践はとうてい期待できないので、せめて悪に陥らなければ良しとしている。葉夢得が他の箇所で「私は君子を自認しはしないが、小人の憂いを持ってはいない」[52]と述べているのも同様の思考法である。君子ではないが小人でもない、その中間にありさえすれば良いという考え方からは、人間が欲望を追求してしまうのは仕方ないが、家に対して損害だけは与えてくれるなという切実な願望の表れを見ることができる。

ここで家訓の中の「性」と「天」について述べてみたい。先に、日常世界では「理」「性」などの概念と別の道徳規範が存在すると述べたが、実は家訓にも「性」や「天」が出てこないわけではない。彼ら常人が欲望の赴くままに行動するのを規制・禁止するためには、日常世界にも個人を越えた超越的な規則が必要となる。超越倫理との距離を確認する上でも、ここで家訓における「性」に関して触れておきたい。[53]『省心雜言』では「(善人との時はそうではないのに、不善の者と付き合うと真似をしてしまうのは)人の性は水のようなもので、不善を行うことは水が低きに流れるように容易いことだからである[54]」、「人が性を制すること、堤防が水を堰き止めるがごとくである……一度傾いたらもう元には戻らない。[55]」と言い、「性」を水に喩え、低きへ(つまり悪い方へ)流れる性質を持つと述べている。それを堰き止める手段は具体的には「礼法による[56]」のであり、それは「水のように(流れやすい)性は善悪邪正も習慣に従う[57]」と認識されていることによるのである。ここでの「性」は常に悪へと転落する契機をはらんでおり、習慣によって善悪どちらにでも傾く性質を持ったものと理解されている。また葉夢得は『石林家訓』「性善説喩子弟」において孟子の性善説を「心体而力行、逐勿外之」と重要視しているが、その理解は「(性は)物と接しても、物は(性の本質を)奪えない。(性が)落ち着くところで行動をし、(性が)落ち着かないことは行わない、これを善と言う。(性が)物と接し、物が(性の本質を)奪い、(性が)よしとすることを捨て、(性が)よしとしないことに従ったら、それを悪と言う[58]」といった「性」をひたすら「物(事物)」との関係において、つまり実践において意味を持つものであると捉える視点である。これは宋学において「性」が「体・理」などとの関連において内面的・静態的に理解される観点から大きく隔たったものである。家訓で議論される「性」の語は「人間の本性」ではなく、むしろ「人間のサガ」といった俗な言葉で理解した方がより本来の意味に近いのではないだろうか。結局家訓においては「性」の語も表層的な用法にとどまったままなのである。

次に「天」についての言及を見ることにする。『省心雜言』では「陰徳を積めば天が必ず報いて豊かにしてくれる[59]」、『石林治生家訓要略』では家の財産管理に関して、一年の収支をきっちり計算し、等しく分与すべきであり、「気を和せば、瑞祥を招き天もこれを助けてくれる[60]」と述べ、善行に対して報いてくれる存在として「天」を認識している。

また個人の内面的な善悪に関しても天は同様に監視を怠らない。「心を欺くことはできても天を欺くことはできない[61]」のである。善行も悪行も天は全てお見通しであり、善行には富貴で報い、悪行には天罰を下すという。家訓において「天」は人の願望を満たすだけの非常に卑近な存在となる。

以上家訓が扱う日常倫理の領域では「天」「性」といった語でさえその絶対性を剝奪され非常に即物的な意味で用いられていることを確認した。「常人」は常に習慣によって自己の人生を左右され、「性」や「天」も結局家訓においては超越的権力を持ってそれを禁止する働きを持ち得ないのである。

第五節 「俗」と「人情」

どんな行為が善いことで、どんな行為が悪いことなのかを判断する絶対的基準が無い世界で、「これは善、これは悪」という価値判断を下すことにもはや意味はない。先ほど見た『省心雑言』のように、善悪の基準は習慣によってしか形成されないとするなら、それはどのような形態を持つのか。それを次に検討したい。

家訓において守るべきなのは「節倹」「孝行」「勤勉」などであった。そしてこれらの通俗的な道徳観念は直接的な根拠を持たなかった。それは例えば、「昔から決まっていることだから」「人としてそうするのが当たり前だから」「誰もが同意することだから」といったような説明以上の背景を持ち得ない。司馬光などは「（華美を好まないのは）自分の性格だ[62]」と言う。しかし日常という場においてこうした通俗的道徳観念の持つ影響力は計り知れない。

以下、数種の家訓の読解から浮かび上がってきた、それぞれの家訓に共通して見られる日常倫理の成立している二つの基盤を考察する。

・「俗」

「俗」とは、ある時代、ある場所における人々の日常における行動様式や風習を意味する。そして家訓において、世界は「俗」によって動いてゆく。

まず家訓における「俗」の用法を見てみたい。まず第一に、「俗」は「習俗」である。[63] 日常、人々がその中で暮らし生活している「場」である。それは「世俗」とも呼ばれる。[64] この「世俗」においては、人によって「好悪」「是非」の感覚は同じではない。「世俗」において、人はその多様性のままに生きているのである。[65] そして宋代に至り「俗」は日々崩壊へと向かっていると彼らは感じており、それをくい止めようと努力している。[66] また「俗」の好ましい状態として「厚・淳」が挙げられる。[67] 日々荒廃してゆく（「薄」になってゆく）「俗」をよい方に（「厚」の方へ）向けねばならない。つまり「俗」という地平における判断の基準は「厚―薄」にあると言える。また李邦献は家訓の中で、治乱は「風俗」に左右されると述べている。[68] 宋代にはこの「俗」が秩序維持に大きな影響力を持つと認識されていたと言えよう。

「家」は当然のことながら自家のある郷村やその地方の風俗に強く影響される。自らの「家」が周囲の「俗」と調和する場合もあれば、対立する場合もあろう。「俗」が良いものであるか、そうでないかが「家」の存否を左右する。[69] つまり家訓においては、「家」の経営に従事する宋代士人が身を置いているのは「俗」という地平であり、「国」や「天下」ではない。先にも述べたが、「家」が拠って立つ「日常」と「国」「天下」とは士人の意識において別の次元にあるのである。

「俗」は実体を持つ制度でもなく、また批判すべきイデオロギーでもない。「俗」は、時に「家」に対立し、時に「家」

の拠って立つ基盤となり、良くも悪くも現実の中で具体的な日常生活を送る上で必要な、普遍的な判断の基準を人々に与えるものである。(70) 呂祖謙は『礼記』大伝の「百志成、故礼俗刑」について、「礼」は「制定されたもの」、「俗」は「習慣より形成されたもの」であるとコメントしている。(71) 彼は、「俗」は習慣によって生み出された無根拠なものであるが、人々を安定させる働きにおいて「礼」と同程度の重要性を持つものと捉え、「礼」と「俗」のいずれが欠けてもいけないと考えていた。

家訓を離れて他の用例を見てみると、『宋朝諸臣奏議』が巻二四に「風俗」の項を掲げ司馬光、蘇轍、游酢らが当時の風俗をめぐって奉った文が収められている。(72) そこで司馬光は「竊以国家之治乱本于礼、而風俗之善悪繋于習」(「上仁宗論謹習」)と述べて風俗と習慣の関係を説き、蘇轍は「帝王之治、必先正風俗。風俗既正、中人以下皆自勉以為善。風俗一敗、中人以下皆自棄而為悪」(「上哲宗論帝王之治必先正風俗」)と風俗と先ほど挙げた「中人」との関係に言及する。

「俗」は人と人の間にあって、法や礼のように明確に規範として意識化されることがないにも拘わらず、人々の行動を大きく方向付ける。そして家長及び士大夫らの務めは、この「俗」を厚く、良くしていくことにある。(73) また宋代以降の「俗」観を見てみると、明清代には、地方志に「風俗」の項ができ、また「観風整俗使」なるポストが置かれており、(74)「風俗」は社会的にも無視できないまでにクローズアップされていることが分かる。(75)

・「人情」

宋代家訓において「俗」と並び重要視されているのは「人情」である。(76)「人情」とは、人間が生まれつき備えている感情を言う。例えば子孫のために色々計ってやったりするのもその一つである。(77) また「倹約」よりも「奢侈」を欲し、他人を羨ましく思ってしまったりするのも「人情」である。(78)「人情」はその土地の風俗によって、また時間の経過に沿って変化する。不安定で定点を持たないのが「人情」である。しかしこの「人情」は、その場その時にいる者にとって、疑う余地のない「普通の感覚」なのである。そしてこの「人情」が人々の感受性を支配し、日常倫理に深い影響を与える以上、家訓はそれを無視できない。[79]そしてこの「人情」も「俗」同様に「厚―薄」という基準によって価値付けされるのである。[80]

この「人情」観念は背後に何ら根拠を持たないにも拘わらず、普遍性を持ち、たとえ好ましくない方へ傾斜したとしても、家訓の作者たちは仕方ないこととして受容する。それは人が人として持ってしまう当然の感情だからである。「常人之情」「人之常情」などと言われるように、それはどうしようもなくそう思ってしまう自分に対して疑問符を付することも、否定することもできず、ただ肯定するしかないような感情である。場所によって異なり、時間の推移とともに変化するがその土地その時代においては絶対的な価値、いわば「相対的普遍性」的性格を持っているのである。[81]

家訓の「人情」は宋学で展開される、理気論と結び付いて議論されるような性情論の「情」とは領域を異にしている。それは性情論における「情」が、「善―悪」（あるいは「善―不善」）で説明されるのに対し、「人情」は「厚―薄」によってその価値を判断されることからも理解できよう。ここに「俗」と同じ倫理観を見出すことができる。

この「人情」は家訓において、「人とはこういうものだ」あるいは「人はこうするべきだ」といった世の中に対して批評、慨嘆、あるいは同意したりする箇所と結び付いている。このように、世の中に対する考えを開陳する場面に多く見られるという点において、「人情」は感情ではあるけれども、決して個人の内面においてのみ考察されるものではなく、他者の存在を待って初めて成立するものであると言える。

よって「人情」は郷村内の交際にも重要な働きをする。族外の人々との「人情」の共有を前提とした上で、お互いのバランスを取りながらのやり取りが、自分の家が孤立しないために必要なのである。次の『袁氏世範』の語もそれを跡付ける。

世間の人には貧困な生活をしている時に村の人々に顧みられないと、栄達してから彼らを仇のように思う者がいる。しかしこれは村人が自分に厚情でなかったからと言ってそれを恨んだとしたら、自分が村人に厚情でなかった時に後日村人がそれを覚えていないということがあろうか。平生自分に薄情な者がいたらこれに厚情でなくても必ずしも恨まれるわけではない。[82]

「俗」と合わせて考えると、人にとって「俗」は外在的な、「人情」は内在的な日常倫理の基盤であると言えよう。宋代の人々にとって「俗」「人情」という語は、当然のごとく眼前に存在し、それに対して何の疑問も差し挟むことのない、普遍的な観念としてある。この二つの観念は、その時々の人々に絶対的な普遍性を持って対するものであるが、一方で移ろいやすく不安定なものでもある。この普遍性とは『顔氏家訓』が孔子の言葉を引いて言うように、[83]「少成若天性、習慣如自然」、つまり自然に、無意識的に行えるほどにまで習慣となったものと言って良い。習慣によって形成され、時や所によって変化するものであると自覚しつつ実践するのが日常倫理である。

そしてこの「俗」「人情」の観念も、それを根拠付ける根源的原理を持たない。故に家訓においてもこれらの観念は強烈な意識を持って用いられることはなく、常に半意識的に使用される。「俗」や「人情」の観念を成立させているのは人の中、あるいは人と人の間にある、「共通感覚 sensus communis」の有する意味の一つである「常識 common sense」である。「常識」は、自明性を本質としており、日常に密着していて普段の思考の対象として浮上することは無い。ガダマーのいう「賢慮」は、「俗」や「人情」を「厚く」しようとする「家訓」制作者の意志に当たるだろう。

第六節　宋代家訓の「家」

絶えずゆらぎ続ける「人情」の共有によってかろうじて結び付いた「常人」は、「俗」という変転極まり無い地盤の上に、いかにして「家」を建てるのか。本節では家訓における「家」の運命とそこに必要となる道徳観念を概観する。

まず「家」の辿る運命を家訓に表れるタームを用いて見てみたい。個々の「家」によって様々な道筋が考えられるものの、基本的には二つに大別できる。まず一つ目は、「起家」によって成立した「家」は、その後本人あるいは子弟の出世によってより発展し（「盛家」「肥家」）、そのまま「家」を維持していく（「持家」「守家」）。二つ目は、「起家」したものの衰退してゆき（「傾家」）、やがて没落する（「敗家」・「破家」）。図示すると以下のようになる。

「起家」↓「盛家・肥家」↓「持家・守家」
↙
「傾家」↓「敗家・破家」

以下それぞれの局面がどのような事態であるのかを見てみたい。

「起家」の段階：科挙合格によって役人となり、家を興すには、「勤勉」の徳と多分の偶然[84]が作用する。この段階では成功者としての奢りを持つことなく謙虚であることが求められる。またいつ飢え寒さに遭うかもしれない（財産を失うかもしれない）と常に用心怠らないようにすることが必要とされる。

「盛家」の段階：家を社会的・経済的により発展させることに努力を払う。例えば『省心雑言』では、「家をさらに豊かにする方法は上に遜り下に順うことだ[85]」と言っている。彼らが善行を行うのは、絶対倫理に基づいているからではない。それは一族のために行うのである。陸游は、「自分は文辞で名を成したが、善行の方は人に知られることがなかった。わたしは初めから天に知られることを願ってはいないので、そのことを恨んではいない。天は盲目ではないから、子孫に善士を輩出し、我が家を富貴にしてくれるだろう[86]」と述べ、善行が富貴を目的としたものであることを告白している。

「持家」「守家」の段階：ここではいかに「家」を維持してゆくか、言い換えればいかにして「傾家」「破家」から免れるか、が最大のポイントとなる。例えば『石林治生家訓要略』には「倹約は守家の第一の法である（夫倹者、守家第一法也）」と述べて、「守家」における「節倹」の徳の重要性を説く。家訓制作者は普通、成功（「起家」）して老境に至った段階で家訓を書く。よってここに最も力点を置くことは想像に難くない。『袁氏世範』巻二に「家を起こしそれを守っていくには悠久の計を立てるべきだ（起家守成宜為悠久之計）」を章題とするものがあることからもそれは分かる。言い換えれば、宋代家訓の全てがこの「持家・守家」のために書かれたといっても過言ではない。ただ彼ら家訓制作者とてむろん家が単に現状のまま維持されるよりも、今以上に発展（「盛家」）していった方が良いと思ってはいる。葉夢得が「我が宗族の昆弟子孫たちの中で、経を究め出仕した者は、まさに忠を尽くして国に報い名を歴史に留めることを願うことにより、（我が家を）永遠に光り輝くものとせよ[87]」と述べるのも、それを願ってのことである。しかし彼らは今の世の中を「人物之性皆貪生[88]」という絶望的な状況にあり、「今の世は生きていくことが困難で士大夫でさえ身を保てる者はほとんどいない[89]」と認識している。このような時勢では常にあらゆることに配慮しておらねばならず、一瞬でも気を抜けばただちに下降（「傾家」）へと向かう結果を招くことになる。つまり「盛家」することが望ましいが、今のご時世ではそれは叶わない。だからせめて私（家訓制作者）が築いた状態のままで保って欲しいと願うのである。

「傾家」・「破家」の段階：家を傾かせ、破滅に追いやる要因は、家族の不和（『袁氏世範』巻一「父母愛子貴均」）、奢侈と訴訟沙汰がある。奢侈が家を傾かせるのは容易に理解できるが、訴訟も長引けば長引くほど費用が嵩み家計を破綻させるに至ってしまう。『袁氏世範』には訴訟の弊害を次のように言う。

裸一貫より身を起こし、父祖の資産に頼らず、自分で奮い立って財を築き、或いは父祖の財産があっても一族に頼らず自力で私財を築いたのに、同宗の者が財の分配を要求し（裁判となり）、県、州、さらにあちこちの官庁を経て十数年争い続けて、みな一文無しになってしまうことがある[90]。

陸游も、何か問題が生じたらすぐに訴訟を起こすのは最も謹むべき事であり、軽い犯罪であればゆっくりと教え諭すのがよく、急いで裁判など起こして役人に賄賂を取られたり、無能な役人に当たったりしてからではもう遅いと述べている[91]。

第七節　道徳の技術 ―「適宜」「誠実」「忍耐」

家訓は「節倹」「清廉」「勤勉」「敬慎」「忠孝」「勤勉」などの日常倫理を家人に行わせようとする。しかし家法のように懲罰をもって強制的に従わせるのではない。また家礼のように外的な秩序規範によって人の行動を規制するのでもない。家訓は前の二者と違って、集会時における唱和、日々の反復朗読などによって、人の内面の「道徳性」に訴えることで、秩序を自発的に作り出すことを目指していると言える。しかし対象となる家人は「常人」が大半であり、その内面は不安定に揺れ動き、また「俗」や「人情」といった習慣にも大きく影響される。ではそのような彼らにいかにして倫理的に振る舞わせることができるのか。あるいはいかにして道徳に従おうという気持ちにさせることができるのか。経済的要素の占める割合が大きくなってきたとは言え、道徳的であることが家人同士を結び付け、「家」を成り立たせる必要条件である以上、次にその実践的な方法論が問題となる。以下、複数の家訓に共通する要素を三つ抽出し検討する。

まず第一に挙げられるのは、「適宜」である。「適宜」とはその場その時に最適であることを意味する。『石林治生家訓要略』は往来で人に逢った時の礼の尽くし方について、「凡そ物事は適宜を貴んでおれば、問題はない[92]」とその効用を述べる。また「適宜」には、まさに適切な位置に止まり、徹底的に突き詰めていく態度を取らないという内容も含む。「子弟の教育は厳しくしすぎて部屋に閉じ込めたりすると却って良くないから、適当に外出を許し交際に気を付けるのが良い[93]」や「近隣と訴訟沙汰になって、相手が少しでも非を認めたら、長引かせずそこで止めておいた方が良い[94]」というのもそれに含まれよう。ここには今まで見てきた様々な認識のまさに最も適切な実践法があると言えるだろう。「徹底」を「極端」というマイナスの意味に変換して、現実を皆が妥協しつつも納得するような地点に着地させる。「適宜」とは対自的には極端な理論的実践的内省を止めさせ、対他的には相手との関係が壊れるほど問題を深化させない、そのような技術である。

「安分」という心的態度もここから派生したものと言える。個々の人にはそれに応じた分というものがあり、それを越えた者はつまずいてしまうと言う[95]。「聖門の原憲はぼろを着て貧乏だが、子貢はお金持ちである。しかし彼らを論評する者が原憲の方が子貢より賢者であると言わないのは、（彼らが各々の）分に従っている（のを知っている）からである[96]。」、「まず自分の規模をしっかりと定めるべきである。規模を定めたら朝夕常にそれを思い、行動に移し、体得しようと努力したなら、やがて勢いが付いてきて利が得られよう[97]。」自分の分をしっかり見定めて地道に努力すればやがて「利」が得られると言う。道徳観念の家人に対する影響力の脆弱さを経済的「利」という現実的報応の付加によって補強したと解釈できよう。「家」にまつわる道徳行為は常に「利」の周りを回っているのである。

第二に、「誠実」を挙げる。ここでの「誠実」とは『中庸』の「誠」の概念ではなく、文字通り精神的「誠実さ」の意味である。「人の孝行は誠実に根ざしていれば、礼儀の細部において至らないところがあっても天地鬼神を感動させ得る。……我が家から代々まじめで孝行な者が出て、家門が栄えることを望むならば、なおさら誠実を心がけるべきだ[98]」や「（文化のまるで違う夷狄に対しても）誠実さをもって対すれば欺かれず、真義を守れば疑われない[99]」、また「（商売や物の貸し借りに関して）誠実の二字は君子には守らない者は少なく、小人には守らない者が多い[100]」などの文から見えてくるのは、夷狄・商売・物の貸し借りといった、こちら側からの相手に対する積極的な働きかけの態度である。

「誠実さ」は、儒・道・仏の教義以前の人間に普遍的に見られる道徳観に基づいた倫理観なのだろうか。例えば有元氏は日本家訓の研究の中で、「多くの家訓・遺言等において、禁欲を実践し天理・天道に叶う人間となるための基軸となる徳目が正直であると観念されている」と述べて心の正しさの重要性を強調している。[101]

また近世日本の家訓が「節倹」「分相応の生活」という徳目を重要視している点は、中国の家訓と共通している。

第三に、「忍耐」とそれに関連する「寛容」が挙げられる。これは第一の「安分」からの帰結である。「忍耐」とは周りの状況を優先するため、自分を抑え込むことである。「家が長く和合する根本はよく忍耐することだ。[102]」「同居者の中に愚か者がいて迷惑なことばかりすることがある。それも一、二度であればともかく、百に一つの良いところも無く朝夕そのような態度でいれば対処し難い。……このような場合は、心を寛容にして、どうしようもないと諦めるほかない。[103]」、「およそ家長たる者、下僕に仕事を言い付けた際に思い通りにいかなくても『こいつは生まれつき愚鈍なんだ』と思い、寛大に処して怒りを抑えて教え諭すのが良い。[104]」相手がたとえ明らかに間違っているにも拘わらず、忠告しても聞き入れられそうにない場合、あるいは逆に恨みを買いそうな場合は、それを押してまで注意する必要はない。いたずらな正義感・親切の行使は自分に不利益をもたらす結果となる。『袁氏世範』巻一「性不可以強合」では『論語』（里仁第四）の言葉を引き、親が過失を犯した時に諫言が入れられなくても逆らわないのが「和家」の要諦だとする。司馬光であれば、自分の気持ちが親に受け入れられない場合には「己を責めるのみ」と書き付ける。[105]このような司馬光のいわば教条的理解と「和家」のためと言い切る袁采、二者は同じ「忍耐」を語っているが、建て前と本音の交錯する家訓の両極の表現であると言える。

後二者の技法は、いずれも同一の枠を持っている。積極的性格を持つ「誠実」も、相手の承認を必要とする点において、ある種の徹底性を持って状況を大きく変えたりする性質のものではない。「忍耐」は消極的な一種の自己否定を伴った事件の落着の方法である。「誠実」も「忍耐」もともに相手を追いつめたり、自分を追い込んだりしないこと、つまり「適宜」であることが前提となっている。

これらの技術は、日常倫理の支配する「家」という世界においてこそ有効性を発揮し、またそのような「場」においてこそ人々に受け入れられるのである。

おわりに

人は、血縁・地縁・政治・経済・学縁など様々な人間関係の網の中で生きている。親兄弟・親族・使用人・友人、そして近隣などとの関係において、どのように振る舞うべきかということを様々な形で教えられ、学んでいく。それらを分かりやすく具体的に記述する点に家訓の特徴があった。

我々は中国における「家」という語を想起する時、その中に「父―子」「夫―婦」「兄―弟」という家族を構成する人間関係を含んでいると無前提に考えてしまう。しかし宋代においてこの枠組みはすでに破綻していた。宋代家訓の扱う「家」という場は、現実という様々な諍いの生起する空間であった。そこでは父と子は引き裂かれ、兄弟と夫婦は併存できず、一族は反目し合う。そのような「家」の内部に見出されるのは、「父子の孝慈・兄弟の友恭・夫婦の敬順・宗族の和睦」[104]などの超越的な道徳規範に回収しきれない、個々の人間が個々に愛し合い傷付け合うような生々しい人間関係への視点である。もはや血縁という紐帯がうまく機能しない状況である。しかしだからと言って代替物があるわけでもない。家人を結び付け、「家」を成り立たせるものはやはり血縁意識とそれに基づく人倫以外には無い。

ただ家訓は家族の親和の回復を単純に叫んだりはしない。また旧来の道徳の復権を声高に語るわけでもない。家訓は、希薄となった血縁意識を中心に据えつつも、それを家人の理解しやすい日常倫理で支える形を取る。その実践に当たっては「適宜」という妥協的性質を帯びた方法が用いられた。なおかつ道徳的に振る舞えば「利」が結果すると説くことで、家庭内の経済問題に汲々とする家人たちを道徳の実践へと促した。脆弱な家族意識を、卑近な道徳観をもって「人情」に訴え、「適宜」という方法や「利」の獲得という報酬で補強することで、「家」はようやく立ち上がってくるのである。

【注】

（1）ここで用いる「日常」観は、そのアイディアの多くをA・シュッツの「生活世界」論より得ている。シュッツは「生活世界」の概念を世界認識の方法として用いているが、今回は「家訓」における「日常」的側面にのみ限定して適用する（シュッツ〔1996〕）。

（2）鷲田清一〔1993〕

（3）中原健二氏は、宋代詩文における日常性に立脚した、夫の妻への愛情表現を、宋代士人らが、「個人の生活に立脚した私的な事柄が公的社会的な事柄とさほどかわらない重みを持ち、存在価値を持つのだと認識していた」と読み解く（中原〔1994〕）。文学においても「日常」が重視されてきていることを示していると言える。また宋以降「日常」への言及は増加し、明清に至って、全面的に展開されることになる。荒井健氏も『長物志』訳注序において同様の見解を示している（荒井〔1999〕）。

（4）ハンス＝ゲオルグ・ガダマー〔1986〕

（5）ガダマーは共通感覚の概念を道徳全般に渡って適用しているが、拙論では、とりあえず日常倫理に限定して用いたい。ガダマーは道徳そのものを超越的根拠の無い相対的なものと捉えているが、宋代人は「理」「性」などの概念を、事象を越えた位相にある「超越倫理（絶対倫理）」として捉えていると考えるからである。

（6）本章では、倫理を「超越倫理」と「日常倫理」とに分けたが、筆者が宋学を現実から遊離した否定的な意味での「形而上学」と認識していると捉えられる可能性をここで打ち消しておきたい。唐代の訓詁学的儒学に対して、宋学が思想をもう一度リアルな場所に引き戻す働きをしたことは了解している。ただ現実をリアルにすくい取ろうとする宋学の態度と、本章で「超越倫理」と呼んでいる現実を一旦カッコにくくり超越的に考察する態度とは全く別の次元にあり、かつ両者は矛盾するものではない。よって宋学が「超越性」を志向していたとの言葉に、宋学が現実から乖離していたという批判的な意味は全く含んでいないことを強調しておきたい。

（7）『宋史』には「某々は家法をよく守った」という記述が多く確認できる。

（8）費成康氏はその家法研究において、南北朝に現れた家訓が、唐末から宋代まで続く大家族制度の解体を契機として、その一部が強制力を持った家法へと変貌していったと説く（費成康〔1998：14‐15頁〕）。

（9）馬藻は、『省心雑言』の著者、李邦献の門生である。そして、『大学』は「斉家」から「治国」に至る実践の極致である「聖賢相授受之心法」であるとしている点で、「日用」に徹する家訓とは対象領域を異にしていると意識していることが分かる。

（10）守屋美都雄〔1968〕

（11）古林森廣〔1989〕

（12）有元正雄〔1999〕

（13）「家訓」という名は持たないものの「家訓」に類する内容を持つ文章が、それ以前にも見られることは守屋美都雄氏の書に詳しい。（守屋美都雄〔1968〕）

（14）宋以前の家訓については後述。

（15）『袁氏世範』の跋文にも「中人」に関する言及がある。「学者所造未至、雖勤誦深思猶不開悟。況中人以下乎。」他、唐末の柳玭の家訓にも「夫中人已下、修辞力学者、則躁進患失、思展其用。」（『旧唐書』柳公綽伝）という記述が見られる。

（16）イーブリ氏も「家」概念が婢僕を含んでいることを指摘している。（Ebrey〔1984〕）

（17）『鶴林玉露』巻五丙編「陸氏義門」

（18）「近代所伝如房元齢、集古今家誡為屏風、令其子孫各取一具」。

（19）「家庭会集初無雑語、皆是昔所常言、往往或重複至再、今択其可記者録之、使汝曹人人録一篇、置之几案、朝夕展味、心慕力行」。

(20)「漢称万石君家法、唐則穆質・柳公権二家為世所崇尚。至宋則不勝書矣」。

(21) 宋末から元にかけての成立とされる『事林広記』（庚集・巻四）には「訓戒嘉言」「治家規訓」という章が立てられており、前者には『顔氏家訓』や『呂氏郷約』、真西山『教子斎規』などが抜粋され、後者には『袁氏世範』が抄録されている。元代の成立と言われる『居家必要事類全集』には「家」への視点が明確に見られる。その甲集の最初には「為学」と項目が立てられ、朱子の「朱文公童蒙須知」と「訓子帖」、『顔氏家訓』、「真西山教子斎規」、「王虚中訓蒙法」などが、乙集最初の「家法」には、『司馬温公居家雑儀』、『袁氏世範』が、次の「家礼」には『朱子家礼』が抄録されている。

(22) 宮崎市定〔1995〕

(23)「『顔氏家訓』七巻、前有序一篇。不題姓名。当是唐人手筆。後有淳熙七年二月沈揆跋」。銭大昕『十駕斎養新録』巻一四「顔氏家訓」

(24) 明・清代に無数に量産される族譜の存在がそれを裏付ける。また元朝においても家訓、家規が流行したことは大島立子氏の指摘がある（大島立子〔1999〕）。

(25) 前掲の有元氏の論文もそうだが、日本では遺言の形を取った家訓が多い。塚本氏の指摘によれば、遺言状に子孫たちが祖先の教えなどを読み取るといった形で結果的に家訓の役割を果たすことがあったと言う。（塚本学〔1988〕）

(26)「墓有銘非古也。……溢美以誣後世、豈吾志哉」『放翁家訓』

(27)「古者植木塚上、以識其処耳。……積以歳月、林樾浸盛、遂至連山彌谷。……吾死後墓木、毋過数十。」『放翁家訓』

(28)「防盗宜巡邏」『袁氏世範』巻三の章題

(29) 滋賀氏や陳智超氏も宋代家庭において金銭関係が重要な働きをしていることを指摘する。（滋賀秀三〔1967〕、陳智超〔1985〕）

(30) 王爾敏氏は、唐代には『太公家教』がよく読まれたが、その後廃れ、清代に敦煌から出土したものを羅振玉が印行したと指摘する（王爾敏〔1992〕）。この『太公家教』は『直斎書録解題』に記載されておらず、また宋代以前の家訓類を集大成した、劉清之の『戒子通録』にも採られていない。

＊追記：その後周鳳五氏、朱鳳玉氏らの論考を読む機会があった。両氏によれば『太公家教』が宋代にも読まれていたとのことである。周氏は北宋以後に家訓や童蒙訓が量産された結果『太公家教』の影響力は日増しに弱体化したと指摘している。（周鳳五〔1986：112頁、朱鳳玉〔1986〕）

(31)「勤是無価之宝、学是名月神珠。積財千万、不如明解一経書。良田千頃、不如薄芸随躯。慎是護身之符、謙是百行之本。」

(32)「勿生欺誑、孝心事父。晨省暮看、知暖知寒、憂時共戚、楽時同歓。」

(33) 宋代の家訓にも唐代家訓のような建前的内容が書かれているものももちろんある。ただ唐代には『太公家教』のような家訓が流行し、宋代には『袁氏世範』のような家訓が流行した背景には、それを受容する側の家族に関する捉え方の違いが反映していると考えられる。

(34)「父母愛子貴均」『袁氏世範』巻一

(35)「人之父子、或不思各尽其道而互相責」『袁氏世範』巻一

(36)「今士大夫之家……父欲子之進而忘其愛子、欲自致顕官而忘其親。是父不父、子不子。」『省心雑言』

(37)「近世士大夫、多為子弟所累、是溺于愛而受其謗。殊不知、父当不義。」『省心雑言』

(38)「兄弟輯睦、最是門戸長久之道。」『石林家訓』

(39)「(近世兄弟間失和事)溺妻子之私以口語相諜、貨財之入以争奪相傾。」『石林家訓』

(40) 家訓には「嫁が兄弟の仲を割く」という記事が多く見られる。例えば『柳氏家戒』には「兄弟は義で結び付いているが、嫁を娶ると嫁同士で集まっては長短を競い合い、(やがては)分門割戸に至る」「人家兄弟無不義者、尽因娶婦入門、異姓相聚争長競短、……分門割戸」とある

(41) 滋賀秀三〔1967〕

(42) 間野潜龍〔1979〕

(43) 陳智超〔1985〕

(44)「人之徳性出於天資者、各有所偏。……雖然己之所謂偏者苦不自覚、須詢之他人乃知。」巻一「性有所偏在救失」

(45)「人与我本同一体、但勢不得不分耳」『石林治生家訓要略』

(46)「蓋人之性或寛緩、或褊急、或剛暴、或柔懦、或厳重、或軽薄、或持検、或放縦、或喜間静、或喜紛拏、或所見者小、或所見者大、所稟自是不同、父必欲子之性合於己、子之性未必然。兄必欲弟之性合於己、弟之性未必然。性不可得而合、則其言行亦不可得而合。此父子兄弟不和之根源也」『袁氏世範』巻一「性不可以強合」

(47)「中人之性、目見可欲心必乱。況下愚之人、見酒食声色之美、安得不動其心。」『袁氏世範』巻三「淳謹幹人可附託」

(48)「蓋人見美食而必噍、見美色而必凝視、見銭財而必起欲得之。」『袁氏世範』巻二「見得思義則無過」

(49)「人生世間、自有知識以来、即有憂患不如意事。……以人生世間、無足心満。」『袁氏世範』巻二「憂患順受則少安」

(50)「況復博奕飲酒、追逐玩好、尋求交游、任意所欲、有一如此、近二三年、遠五六年、未有不喪身破家者、此不待吾言而知也。」『石林家訓』

(51)「雖非至善而亦不失於不善」『石林家訓』

(52)「予雖不敢以君子自居而亦不以小人之憂為憂也」『石林家訓』

(53)「理」に関しては、家訓の中ではいわゆる「ものの道理」の意味以外の用法を今のところ見出していない。

(54)「(与善人交有終身了無所得者、与不善人交動静語黙之間亦従而似之何耶)人性如水、為不善如就下」『省心雑言』

(55)「人之制性当如防之制水……一傾而不可覆也。」『省心雑言』

(56)「制水者必以隄防、制性者必以礼法」『省心雑言』

(57)「人性如水、曲直方円随所寓、善悪邪正随所習。」『省心雑言』

(58)「惟其与物相遇而物不能奪、則行其安而廃其所不安、則謂之善。若夫与物相遇而物奪之、則置其所可而従其所不可、則謂之悪。」

(59)「為善不求人知者、謂之陰徳。故其施広、其恵博、天報必豊」

(60)「和気致祥天必祐之」

(61)「心可欺、天可欺乎」『省心雑言』

(62)「吾性不喜華靡」。『温公家範』巻五

(63)例えば、「わたしに、これ(『袁氏世範』)で人倫を厚くし習俗を美しいものにすると言った」。「示鎮曰、是可以厚人倫而美習俗」。『袁氏世範』劉鎮序

(64)例えば、「わたしは俗人で、世俗を論ずることが好きである……人の好悪は同じでなく、是非の判断も異なることと思うが、(この書の中に)心に叶うものが一つか二つはあるに違いない。願わくば、これによって争いを止め刑罰を無くし、淳厚な風俗に返ってくれれば、聖人が再びこの世に現れても、わたしの言葉を無駄にはしないだろう」。「采朴鄙好論世俗事……人或好悪不同、互是迭非、必有一二契其心者。庶幾息争省刑、俗還醇厚、聖人復起不吾廃也」。『袁氏世範』跋

(65)例えば『安陽集』巻四〇「誡励風俗浮薄詔」において、韓琦は次のように述べる。「思うに、浮わついた偽りの流行る風潮を抑えようとするならば、守礼謙譲の訓辞を尊ぶべきである。そうすれば恵みは天下にもたらされ、(みな)ともにこの道に至るであろう。しかし人の性情は流されやすく、俗は統一し難い」「蓋将欲抑浮偽之風、崇礼譲之訓、嘉与宇内、同臻是途。然而人性易流、俗尚難一」。

（66）例えば、「風俗方日壊、可憂者非一事」「風俗は日々崩壊し、憂うべき事は山ほどある」。『放翁家訓』

（67）「かつて思う、風俗が厚くしかもつつましやかでなければ、財も豊かにならない……君に仕えて薄俗を変えねばならない」「嘗謂風俗不淳倹則財用無豊足。……事君而変薄俗」『省心雑言』、「君子能厚風俗致太平、以来麟凰」「君子は風俗を厚くし太平をもたらして、麒麟・鳳凰を呼ぶ」。『省心雑言』

（68）「禍乱を止め太平をもたらすには、風俗が厚くつつましやかでなければ不可能である。」「必欲弭禍乱致太平、非風俗淳倹不可」。『省心雑言』

（69）「近年の風俗はとりわけ奢侈に傾き、下僕は士服を着て、農夫が絹の靴を履いている……世俗の奢侈に従わない者は少ない。ああ、風俗の頽廃はここに極まった」。「近歳風俗尤為侈靡、走卒類士服、農夫躡糸履……不随俗靡者蓋鮮矣。嗟乎、風俗頽弊如是」。「訓倹示康」

「平生見ていると、葬式に大金を費やし、愚俗は仏寺での祭祀に大枚をはたく……私が死んだら、お前たちはこのような世俗の風習に必ずや従ってしまうにちがいない」「吾見平時喪家百費方興而愚俗又侈於道場斎施之事……吾死之後、汝等必不能都不従俗」。『放翁家訓』

（70）小林義廣氏によれば、宋代から「諭俗文」などの訓戒文が数多く書かれるようになったと言う（小林義廣〔1988〕）。「諭俗文」の対象となる「俗」が「佃戸を含む郷村の民衆一般」と具体的に指示され得るのに対して、「家訓」における「俗」がそのようなものでないことは文中に指摘した。

（71）『家範』巻一「宗法」

（72）『宋朝諸臣奏議』北京大学中国中古史研究中心点校整理、上海古籍出版社（1999）

（73）龔鵬程氏も宋代において「風俗」が一種の規範性を持っていることを指摘している。（龔鵬〔1995：276頁〕）

（74）山本英史〔1993〕

（75）近世中国の社会秩序をめぐる思考に、「風俗」が深く関与している点については、近年岸本美緒氏、森正夫氏等、明清史研究者によっても指摘されている。（岸本美緒〔1996〕、森正夫〔2006〕）

（76）竺沙雅章氏によれば、『欧陽氏族譜』も「人情の常」に従って編集されたと言う。竺沙氏は家譜が「現実的で自己中心的」に編纂されたのは「伝統にこだわらず個性を尊重する宋代士大夫の生き方を反映している」と指摘する。「家」をめぐる言説は確かに「自己（自家）中心的」傾向を持つ。（竺沙雅章〔1999〕）

(77)「ある人が言った、子孫がいれば、子孫のためにいろいろ考えてやるのが、人の情である。」「或曰、有子孫当為子孫計、人之情也」。『経鋤堂雑志』「子孫計」

(78)「人が常に持つ情として、倹約から奢侈に行くのは簡単だが、奢侈から倹約に行くのは困難である。」「顧人之常情、由倹入奢易、由奢入倹難」。「訓倹示康」、「世の貪夫の飽くなき欲望などは、もとより責めるまでもない。常人の情は、他人が愛玩しているのを見て心を動かされてしまう、これも病である。たいていの人情は、自分が持っていないものを欲しがり、既に持っているものには飽いてしまうものだ。」「世之貪夫、谿壑無饜、固不足責。至若常人之情、見他人服玩、不能不動、又是一病。大抵人情慕其所無、厭其所有」。『放翁家訓』

(79) 清代中国の裁判においては、「情」が判決を下す際の重要な要素であることが、先行研究で明らかになっている。（滋賀秀三〔1984〕）

(80)「近世以来、人情尤為軽薄」。『司馬温公書儀』「冠儀」

(81) 次の土田健次郎氏の言葉も「人情」を同様の方向で捉えていると思われる。「『人情』が直感に支えられ、類推以前のものだからである。『人情』は容易に同意が得られるはずのものであって、時に常識と言うに等しい使われ方をする。この時期こそ、士大夫間の常識が思想であり力となった時代であったのかもしれない」。（土田健次郎〔1988〕）

(82)「人有居貧困時不為郷人所顧、及其栄達則視郷人如仇讐。殊不知郷人不厚於我、我以為憾。我不厚於郷人、郷人他日亦独不記耶。但於其平時薄我者、勿与之厚、亦不必致怨」。『袁氏世範』巻二「人情厚薄無深較」

(83)「教子」第二

(84)「起家之人、……不知其命分偶然」。『袁氏世範』巻「興廃有定理」

(85)「肥家之道、上遜下順」。『省心雑言』

(86)「吾惟文辞一事、頗得名過其実、其余自勉於善而不見知於人。蓋有之矣。初無願人知之心、故亦無憾。天理不昧、後世将有善士、使世世有善士、過於富貴矣。此吾所望於天者也」。

(87)「凡吾宗族昆弟子孫、究経出仕者、当以尽忠報国而冀名紀于史、彰昭于無究也」。『石林家訓』

(88)『袁氏世範』巻三の章題

(89)「世道方難、衣冠士族、骨肉相保者無幾」。『石林家訓』

(90)「又有果是起於貧寒、不因父祖資産、自能奮立営置財業、或雖有祖衆財産、不因於衆、別殖立私財、其同宗之人、必求分析、至於経県、経州、経所在官府、累数十年、各至破蕩而後已」。『袁氏世範』巻一「分析財産貴公当」

(91)「訴訟一事、最当謹始。使官司公明可恃、尚不当為。況官行関節、吏取貨賄、或官司雖無心而其人天資闇弱、為吏所使、亦何所不至。有是而後悔之、固無及矣。況隣里間所訟、不過侵占地界、逋欠銭物、及凶悖陵犯耳。姑徐徐諭之、勿遽興訟也」。『放翁家訓』

(92)「凡事貴乎適宜以免物議也」。

(93)「況拘之於家、無所用心、却密為不肖之事、与出外何異。不若時其出入、謹其交遊」。『袁氏世範』巻二「子弟当謹交遊」

(94)「居郷不得已而後与人争、又大不得已而後与人訟、彼稍服其不然則已之」。『袁氏世範』巻二「訟不可長」

(95)「況人之分有限。踰分者顚」。

(96)「聖門若原憲之衣鶉至窮也、而子貢則貨殖焉。然論者不謂原憲賢於子貢、是循分也」。『石林治生家訓要略』

(97)「必先定吾規模。規模既定、由是朝夕念此為此、必欲得此、久之而勢我集、利帰我矣」。『石林治生家訓要略』

(98)「人之孝行、根於誠篤。雖繁文末節不至、亦可以動天地感鬼神……況望其世世篤孝而門戸昌隆者乎」。『袁氏世範』巻一「孝行貴誠篤」

(99)「推誠則不欺、守信則不疑」。『省心雑言』

(100)「忠信二事、君子不守者少、小人不守者多」。『袁氏世範』巻二「小人難責以忠信」原文は「忠信」となっているが、商売と貸し借りの関係において出てくる言葉であるという点から西田太一郎訳に従って「誠実」と訳した。さらに山本眞功氏も日本の家訓の特徴の一つとして「正直」を挙げている。（山本眞功〔2001：388頁〕）

(101)「人言、居家久和者本於能忍」。『袁氏世範』巻一「人貴能処忍」

(102)「同居之人、有不賢者、非理以相擾、若間或一再、尚可与弁。至於百無一是、且朝夕以此相臨、極為難処。……当寛其懐抱以無可奈何処之」。『袁氏世範』巻一「同居相処貴愛」

(103)「凡為家長者於使令之際、有不如意、当云小人天姿之愚如是。宜寛以処之。多其教誨省其嗔怒可也」。『袁氏世範』巻三「待奴僕当寛恕」

(104)『家範』巻五「子（下）」

(105)「家政」『朱熹集』外集巻二、四川教育出版社、一九九六年

(106)

第二章　葉夢得の「善行」―二つの家訓を導きとして―

はじめに

本章では葉夢得（一〇七七―一一四八）の残した二つの家訓、『石林家訓』（以下『家訓』）、『石林治生家訓要略』（以下『要略』）を中心に彼の倫理思想を検討したい。[1] 以下北宋末から南宋初という、歴史的・政治的・文化的・思想的に劇的な変化の起きた時代に生きた士大夫の一人として彼を扱っていく。彼の書いた二つの家訓は、同時代に書かれた他の家訓と比べて、特筆すべき内容を持っているわけではないという点において家訓の典型として扱うことができる。また家訓の内容は宋代を通じてさほど大きな変化を遂げてはいない。[2] 家訓が共通して取り上げる日常道徳には「節倹」「勤勉」「誠実」「忠孝」「訴訟の戒め」などがあるが、その何を強調し、何を軽視するかに個々の作者の特徴が表れると言って良い。個々の家訓の分析から浮かび上がってくるのは、宋代家訓一般に共通する倫理観とそこからわずかにはみ出す葉夢得のそれ――他の士人とずれた倫理感覚であったり、その家独自の家風であったり、「思想」形成以前に「常識」として家訓作者が持っている思考の傾向・信条あるいは趣味といったものである。[3]

第一節　葉夢得について

まず葉夢得自身について簡単に紹介しておきたい。

葉夢得、字少蘊、号石林居士、蘇州呉県の人。『宋史』巻四四五、文苑伝七によれば、紹聖四年（一〇九七）進士となる。蔡京に諫言し認められ起居郎を授けられる。翰林学士（一一〇八）、知汝州（一一〇九）、知蔡州（一一一五）、の後知潁昌府。高宗即位後、翰林学士、戸部尚書、尚書左丞を歴任する。紹興元年（一一三一）、江東安撫使兼知建康府となる。当時この地は金との国境に近い国土防衛の最前線であった。張浚に出軍を要請して金軍を撃退したり、息子の模とともに防衛に当たったりした。福州に移ってからも海寇の朱明を平らげるなどの軍功を挙げている。その後、崇信軍節度使を拝するも致仕し、紹興一八年、湖州（浙江呉興県）に卒す。検校少保を贈られる。

高宗のブレーンとして活躍した葉夢得であったが、彼は同時に高名な文学者でもあった。『四庫全書総目提要』は、「文章は高雅、北宋の遺風を存している。南渡以後では陳与義に肩随する」と高く評価する（『建康集』）。また『春秋』の研究においても『春秋考』『春秋伝』『春秋讞』）などの業績を残している。

その一族に関しては、曽祖清臣の略伝が夢得とともに『正徳姑蘇志』（『天一蔵明代方志選刊続編』一四）に載せられている。また現存する『呉中葉氏族譜』の序には、この族譜は清臣が最初に編纂したと記されており、葉氏一族は清臣によって「起家」され、夢得によってさらに「盛家」されたと考えて良かろう(4)。

著作には、上の『春秋』に関する三つの注釈の他、『石林奏議』『石林燕語』『避暑録話』『巌下放言』『石林詩話』『建康集』『礼記解』『老子解』などがある。陳振孫『直斎書録解題』には「夢得総集一百巻」とあるが、今は伝わらない。また『家訓』第四条には、翰林学士の時に『忠経要義』一冊、『名賢宗徳論』一冊、『陳臣君十要策』一〇道、『陳忠義録』一〇巻、『勧民務本論』二巻などを編纂したとあるが、いずれも伝わらない。

『家訓』及び族譜の記述によれば、夢得には一〇人の子供がいた。上から棟・桯・模・楫・櫓の五人、少し間が空いて繕・絵・綬・絺・綽。家訓は主に上の五人に向けてのものである。

第二節　『石林家訓』と『石林治生家訓要略』

ここでは葉夢得の残した二つの家訓の形式と内容に関する概略を説明したい。

まず『家訓』についてであるが、自序に「今五十五年矣。去年自浙東帰」とあるところから、成立は紹興元年（一一三一）と考えられる。「浙東より帰る」という記述は、前年金軍の侵入を避けて移った縉雲（浙東処州）から、別館のある卞山に戻ったことを意味する。(5) 彼の石林山人という号は、この卞山の石林谷にちなんだものである。また『家訓』の第四条に「得加爵左丞、遂引例致仕」とあることから、建炎三年（一一二九）尚書左丞を罷め湖州の卞山に閑居していた時の著述であると推定される。この年江東安撫使兼知建康府の任に就くが、家訓執筆の時点では隠居を考えていたのであろう。

『家訓』の形式は、序文・正文八条・後五条となっている。(6) 後五条のうち最後の一条は、彼の随筆『避暑録話』(7) からの抜粋である。『直斎書録解題』にも「石林家訓」として載せられているが、その他の書目には見つけることができない。その成立には様々な説があるが、葉氏茅園派三八世の子孫である葉徳輝の「重刻石林家訓序」を要約すれば以下のようになる。『家訓』は譜牒によって伝えられてきただけで、脱文・誤字を免れない。先代の遺品に「石林家訓」の写本があり、また『説郛』にも一巻として載せられている。そこには「後四条の三」とある。おそらく四条あったのを一条削除したのであろう。我が先祖のそれを伝える者が『家訓』の後ろに付け足した。『説郛』本では後第一条に「日必読書」と題し、後第二条に「孝友」と題し、後第三条に「慎言」と題している。（『家訓』にある）最後の一条の「士大夫小説を作り云々」というのは無い。この後三条についてはいろいろな校本を用いて異同を調べたが、わざと改作したわけではなく、『説郛』自体も屢々重刻されてきたので疎漏が出たのであろう。道光乙巳（一八四五年）に調笙先生廷琯が各書を校刻し、合わせて家訓の校本を東山の葉一族の伝訟に託した。その後徳輝が詳しい校定をして刊行した、とのことである。

次に『要略』について見る。序文・正文一四条・結びより成っており、分量的にも『石林家訓』に匹敵する。『家訓』と別に著したのは、自序によれば、末の子供（楫・櫓）がまだ六、七歳の時に、彼らに「治生」を伝える必要を感じて作成したとのことである。成立は『家訓』と同年となっている。ただこの序文は『家訓』のそれとわずかな違いを除いてほぼ同じ文句から成っており、後世に偽作された可能性も考えられる。先の葉徳輝も宣統三年に著した『要略』の序において「『要略』にはもともと序文がない。子孫が『家訓』の序を移し、（内容が『要略』と）符合しない箇所は意図的に削除したのであろう」(8)と述べている。さらにこの『要略』は「ずっと族譜によって伝えられてきたもので、宋元以降の書目に載せられていない」(9)という。書目に載せられていないという事実から『要略』自体の正当性にも疑いが起こるが、葉徳輝の「『家訓』と『要略』がともに（葉夢得）公の作であることはもとより疑いが無い」(10)という言葉を受け入れ、本稿も葉夢得の著作として扱うことにする。

彼が二つの家訓を執筆した理由は、まず自己の肉体的精神的衰えという事情（「鬚髪尽白、志意衰謝」『家訓』序）を挙げることができるだろう。もう一つは金軍の侵攻である（「兵革未息、風警日伝」同前）。前年に疎開先の縉雲から帰ってきたばかりの葉夢得が家を取り巻く環境に相当の危機感を抱いていたことは想像に難くない。さらには世情の不安も家訓執筆の大きな動機になっている。『家訓』後第四条に次の言葉が見える。

今世道方難矣。衣冠氏族骨肉保者無幾。雖欲跬歩相離亦不可得矣。
【今の世の中を渡っていくことはとても困難で、士大夫の一族でさえも身を保てるものはほとんどいない状態である。わずかでも家族が離れては家は存続しえない。】

「家」が危機に陥っているという認識が宋代において濃厚になっていたことは、張載や程頤の宗法論、蘇洵や欧陽脩の族譜作成、范仲淹による義荘の設立などから確認し得るが[11]、葉夢得の場合も例外ではない。夢得が家訓を著したのは、この強烈な危機感に促されてのことであり、この文からも、当時の「家」に対する切迫した危機意識を窺うことができる。そうして書かれた二つの家訓は、普段夢得が子供達に訓導したいと思っている言葉と祖先の残した遺徳の中から家法（いえののり）、及び古今の戒めとすべきことを略説したものである[12]。

使汝曹常得視翫践行。……家庭会集、初無雑語。皆是昔所常言、往往或重複至再。今択其可記者録之、使汝曹人人録一篇。置之几案、朝夕展味、心慕力行。
【（これらの言葉を）お前たちに常に熟読・実践してもらいたい。……（これらの言葉は）家族集会（の時に用いているもので)、もとから無駄な言葉というのが無い。みな昔から常に何度も何度も繰り返し言っていた言葉である。今その中から記録すべきものを選んでおいたので、お前たちはそれぞれ写し取りなさい。そして机に置き朝夕玩味し勤め行うよう心がけなさい。】

さらに下の五人の子供達の名を挙げて、おそらく年齢が若かったのであろう、記録せよとは言わず暗誦せよと述べている。

繕・絵・綬・絺・綽、亦稍能成立。汝等各誦之、思之、踏之、守之、毋忽。

【繕・絵・綬・絺・綽たちはようやく大きくなった。お前たちはこの家訓を暗誦し、常に思い、実践し、守って、忽せにしてはいけない。】

また別の箇所では子を名指しし、その長所と短所を指摘する。

程径情直行而病於委曲、模也有勁節而無要略　『家訓』第六条

【程は直情径行だが細やかさに欠け、模は節を固く守るが重要なポイントを押さえていない。】

葉夢得の家訓は以上のように、子の実名を挙げて、それぞれの気質及び欠点を指摘し、改善を促す記述がある点に大きな特徴がある。例えば、司馬光の『司馬温公家範』などは古典の引用や他人の事績及びわずかの自論から構成さ

れており、自己の子弟への直接の訓辞を見ることはできない。司馬光の場合は一族外の読者があることを始めから想定して書かれているためであろうが、それに比べて葉夢得のものは非常に個人的色彩が強いことが分かる[13]。また非常に個人的な家庭内の事柄を外部に公開する態度について、夢得は成功の秘訣を自分の家だけに仕舞っておくようなことはしたくないからだと序文で述べている[14]。

彼が『家訓』の読者として想定していたのは、まず第一に一〇人の息子であろう。次に第四条の題目に「尽忠実録以遺子孫」、また第五条には「戒諸子姪以保孝行」とあることから、訓戒の対象として自分の息子たちだけでなく、一族の子弟たちも加えていることが分かる。ここまでは彼が直接に訓辞の対象としている者たちである。そして第三に二次的受容者として、序文に記されているように、出版された『家訓』を読む者たちを数に入れることができよう。

次に二つの家訓の内容的差異について見てみたい。

『家訓』の方は、「仁」や「誠」の重要性、善なる性の実現、忠孝を尽くすこと、学問の大切さなどを説いている点で、基本的に自己の修養を中心に書かれていると言って良い。冒頭第一条の題が「修身要略以戒諸子」であることもそれを示している。

『要略』は、「治生」の語を題に冠しているが、この「治生」とは、その内容から窺うに単なる「生計を立てること」の意味だけでなく、「日々の生を充実させること」「己の職分を尽くすこと」をも含んでいる。そのために「謹」「倹」などの日常道徳の実践・田産の重要性・家内の女性の処遇など「家」の運営が中心に説かれる。

おおよその傾向として、『家訓』が自己修養（「修身」）を、『要略』が「治家」（「斉家」）を中心に説いていることが見て取れる。一見、『大学』の八条目に沿って「修身」→「斉家」と展開しているように見えるが、実際の内容はこちらの予想を裏切り、両家訓の関係に作者の意図を見出すことはできない。例えば袁采の『袁氏世範』が、巻上「睦親」・巻中「処己」・巻下「治家」と、明確な意図を持って分巻しているのに対し、葉夢得がどれだけ両者の構成に自覚的であったかははっきりとしない。

表面的な差異を越えて両者に共通するのは、その目的である。それは曽祖清臣によって起こされ（「起家」）、夢得が継いだ「家道」を維持していくこと（「守家」「持家」）、そしてできればより発展させる（「盛家」）ことである[15]。

またその他の特徴として、諫言に対する記述が多く、詳しいこと、財産に関する記述が少ないことなどが挙げられる。諫言に関する記述の多さ、詳しさは、彼自身が諫言によって出世してきたという事実と重ね合わせることができる。財産に関する記述は、「倹約が大切である」（『要略』第六条）や「田畑から得られる利益は少ないが長年に渡って供給されるので良いものである」（『要略』第九条）、「収入は一族で均分せよ」（『要略』第一四条）などがある。記述は取り立てて具体的というわけでもなく、一般的な内容である。記述の少ないこと、あまり具体的でないことの理由としては、断言することはできないが、自分の家の将来について、実のところさほどの危機感を抱くような状況ではないとの認識があったのではないだろうか。外的状況は油断を許さないほどに緊張しているが、自家は今のところ平穏であるし、財政的にもそれほど切迫していないと考えていたのだろう。例えば『家訓』第八条の文からは、そのような彼の心境を窺うことができる。

蒙皇上賜圭田三百畝敕田八百畝、永蠲賦税。優養老身而沢及子孫。何期金兵自平江至太湖。焚掠湖城而避難至此、日与祖宗伯叔昆弟子姪詩酒之楽。雖吾嫡子孫各散処他方、而亦無纎芥之憂介於心胸。在危而無憂、処困而必享、敢自以為有終身之楽。

【私は皇帝より圭田三百畝と敕田八百畝を賜り、賦税の免除も受けている。老身を静養することができ、恵みは子孫にまで及んでいる。しかし金兵が平江（江蘇省呉県）から太湖までやってくるとは予想もしなかった。湖城の家々が焼かれ財は奪われ（我々は）避難してここ（縉雲）までやってきたが、日々祖宗伯叔昆弟子姪らと詩酒を楽しんでいる。吾が子孫は各地に散在しているが、些かの心配も胸に兆していない。危機にあっても憂いはなく、困難に出会ってもそれを楽しみ、あえて終身の楽しみとした。】

第三節　家人

次に葉夢得が家族を構成する家人達についてどのような見方をしているかを探ってみたい。彼が家訓によって治めようとしていた家人とはどのような性質を持つのか。

『要略』の第八条に次のような言葉がある。

要和気。人与我本同一体、但勢不得不分耳。故聖人必使無一夫不獲其所、此心始足。

【（他人との）気を調和させることが大切である。人と我とはもともと一体のものであった。しかし気勢によって分かれざるを得なくなったのである。よって聖人は人に(それぞれ人によって異なる)その落ち着き場所を与え、それによって人々の心は初めて満ち足りるのである。】

もとは同一であったとは言え、今は既にみな各々がそれぞれに生き、それぞれの生き方を模索している状態にあると言う。ここには人間を一般性よりも個別性・多様性において捉える視点がある。

また彼は、人間というものは完璧な存在には至り得ないものであると考えている。例えば次の言葉を見てみたい。

惟聖人無過。所謂過者、非為発於行彰於言人皆謂之過而後為過也。生於其心則為過矣。故顔子之過此類也。不貳者、蓋能止之於始萌絶之於未形、不貳之於言行也。汝曹当以不貳為監而心顔子之心、学顔子之学。『家訓』第三条

【聖人だけが過ちを犯さない。いわゆる過ちとは、言行に現れて人が皆それは過ちだと指摘する段階のものだけを言うのではない。心に生じた時点でそれは過ちなのだ。だから顔回の過ちというのはこの類である。二度と繰り返さないとは、過ちが萌し始めたまだ形になっていない時点でそれを絶つことであって、過ちを言行に二度と現さないようにすることだ。お前たちはこの「繰り返さない」ということを範とし、顔回の心、顔回の学問を学びなさい。】

過ちを犯さないのは聖人にのみ可能なことであり、我々は顔回のように一度犯した過ちを二度繰り返さないことを目指すべきだと言う。夢得にとっての理想的人格はもちろん聖人なのではあるが、我々が過ちを犯さないことはあり得ない。よって具体的な目標となるのは亜聖の顔回となる。吾妻重二氏は、宋代における道学と非道学両方の聖人像・顔回像に関して考察を行い、道学側が聖人になり得る可能性を語るのに対し、非道学側にそのような契機は見られないと指摘する。[16] ここでの夢得の言葉から見るに、聖人を目指すという方向では道学と軌を一にしているものの、そこには我々はとても至り得ない、と述べる点で程子や朱熹とは異なっている。そこからは家訓という媒体の特徴、および彼の現実重視の態度が窺われる。

君子貧窮而志広隆仁也。富貴而体恭殺勢也……此数者修身之切要也。汝曹以吾言書諸紳而銘之心以修身焉。非至善而亦不失於不善。

『家訓』第一条

【君子は貧しくとも志は大きく仁愛の情は盛んである。富貴であっても態度は恭しくいばったりしない。……これらは修身の切要である。お前たちは私の言葉を書き付けて心に銘じて修身するようにせよ。善には至らなくとも不善には陥らないようにせよ。】

右に引いた文中に見られる「善には至らずとも、不善に失せず」という文からは、子弟たちが善に到達することは初めから期待していない。せめて不善には陥らないようにしてほしい、という願いが看取できる。一方で顔回を目指せとは説くものの、自分の子弟に対して実のところ過度の期待を抱いていないことも分かる(17)。しかし彼は不善に陥らないことさえもおそらくは困難であると感じていたのではないか。以下の記述にはその気持ちが表れているように思う。

大哉、君子之修行也。其未得位也則楽其意、既得之又楽其治。是以有終身之楽、無一日之憂。小人則不然。其未得也患弗得之、既得之猶恐失之。是以有終身之憂、無一朝之楽也。予雖不敢以君子自居、而亦不以小人之憂為憂也。

『家訓』第八条

【君子の修行はなんと偉大であることか。まだ位を得ていない時には自らの意志を楽しみ、位を得てからは治生を楽しむ。身を終えるまで楽しみ一日として憂うことがない。小人はそうではない。位を得ていない時にはそのことを思い患い、位を得てからは失うことを恐れる。身を終えるまで憂い続けて一日として楽しむことがない。

わたしは君子の境地には到達してないけれども、小人の憂いを抱くことからは免れている。】

傍線部分の、わたしは君子の境地には到達してないけれども、小人の憂いを抱くことからは免れているという記述には、自分がようやくそのような、つまり不善をなさないような意境に辿り着けたことに対する自負のようなものさえ看取できる。確かに不善をなさないということは、今の常識で推し量ってもかなりの困難を伴うことであると思うが、一方で子弟達が顔回のような理想的人格を目指すことを期待しつつも、もう一方で現実にはそれが不可能だと知っており、不善さえ行わなければ良いと書き付ける彼の家訓には、自身の願望と諦念とがリアルに表れていると言えよう。このような葉夢得の家人への訓辞の背後にある倫理観の理解には、加藤尚武氏のベンサムの功利主義に関する次の言葉が助けとなる。

すべての人間が聖人となるなら、よい社会秩序ができるだろうが、実現の見込みはほとんどない。これは最高線の倫理である。実際には人間は聖人ではないという前提で、社会の運営方法を設計しなければならない。その時すべての人間に要求される倫理水準は低ければ低いほど、実現の見込みが高い。(18)

文中の「社会」を「家」に、「人間」を「家人」に置き換えてみれば理解しやすいのではないか。加藤氏の言葉を借りるなら、『家訓』で語られるのは、聖人のみに可能な「最高線の倫理」ではなく、普通の人でも実現可能な「最低線の倫理」なのである。

ではおよそ顔回に到達する可能性をあまり有するとは言えない、「普通人」の子弟達はどのような自己修養を行ったら良いのであろうか。

彼は人間はまず徳が一番大事であると説く。下の引用文の終わりには「汝曹」と言う語が見られることから、子弟たちに向けての言葉であり、単なる一般論を述べたものではないことが分かる。

大抵人才有四種。徳量為上、気節次之、学術又次之、在能又次之。……汝曹方読唐書当以是類求則有益。

『避暑録話』巻下第一二条(19)

【およそ人の才には四種ある。徳と度量が最上で、意気と節操がそれに次ぎ、学術が次ぎ、才能がさらにそれに次ぐ。……(唐人の人物評)……お前たちは唐の書を読み四種の才を求めたら益があるだろう。】

そのための具体的方法として彼はまず読書を挙げる。

有時而仕、無時而不学。雖仲尼天縦而韋篇三絶、周公上聖而日読百篇。汝当常若不足。

『家訓』第七条

【時として出仕することもあるが、学ばない時などはない。孔子は天分を持っていながらも韋篇三絶し、周公は上聖だというのに日に百篇を読んだ。お前たちも常にまだ勉強が足りないと思わねばならない。】

旦須先読書三五巻。……暮夜見燭亦復然。若遇無事、終日不離几案。……吾二年来目力極昏、看小字甚難。然盛夏帳中亦須読数篇書、至極困乃就枕、不爾胸次歉然。若有未了事、往往睡亦不美。況昼日乎。若凌晨便治俗事、或兀然間坐、日復一日与書巻漸遠、豈更思学問。

『家訓』後第一条

【朝は必ず本を三、五巻は読むこと。……夜明かりを灯す時も同様にしなさい。何もない日であれば、終日机の前から離れるべきではない。……わたしはこの二年のうちにめっきり目が弱くなり、小さい字を読むのが辛くなった。しかし夏は帳の中でも数篇は読み、眠くてどうしようもなくなってようやく眠るが、充実感を覚えていた。まだ十分に読書していない時には眠るのが辛かった。ましてや昼間などはなおさらである。例えば朝早くから俗事に追われ、あるいはぼんやりと座って日々読書から遠ざかってしまっていては、どうして学問のことを思うだろうか。】

さらに毎日勤勉であることも重要な修養である。勤勉は自己修養であると同時に、宋代家訓一般に共通する道徳実践の一つでもある。

『要略』第五条

要勤。毎日起早、凡生理所当為者、須及時為之。如機之発鷹之搏、傾刻不可遅也。

【勤勉であれ。毎日早起きし、それぞれの生業に合わせてなすべきだと思ったならば、ただちに行動せよ。弓が発し鷹が攻撃するように寸刻も遅れてはならない。】

読書・勤勉など彼の説く修養法はいかにも儒教官僚の書いたものといった感が強い。しかし、がむしゃらに読書・勉強したり、毎日勤勉であれば良いかと言うと、彼はそれだけではいけないと言う。彼はそこに人生経験の蓄積が必要であると述べる[20]。

『家訓』後第二条

蓋汝曹渉世未深、未嘗経患難。於人情変詐未能尽察則安知不有因循陥溺者乎。

【思うにお前たちはまだ世の中を渡った経験が浅く、艱難に遭った経験もない。人情の変詐にも通じていなければ、自分が因循に陥っても気が付かないだろう。】

また『家訓』序文では家訓作成の理由を述べる箇所で、子供達が安楽な生活に慣れてしまっており自分が因循に狃んでしまっていることに気付いていないと批判する。

汝五人志行不甚卑、但自幼即享安逸狃於因循、未知帰嚮。

【お前たち五人は志行は低くはないのだが、幼い時から安逸に慣れ因循に狃んでしまってどこに帰順するかを分かっていない。】

右の引用とも合わせると、家訓はこのような子弟達が、様々な人生経験を積み、悪しき習慣から抜け出して自己覚醒することを促し、さらに家族の一員としての自覚を持たせることをその働きの一つとしていることが分かる。

第四節　『中庸』をめぐって

葉夢得が自らの倫理思想を述べる部分では、「誠」の語がよく用いられる。また『中庸』に関する言及もいくつか確認できる。他の「仁義礼智」や「性」「理」などといった儒教的哲学語彙に関して、彼が「誠」に対するほど意識して使用している様子は窺えず、葉夢得にとって『中庸』が特別な存在であったことが理解できる。ただしそれは他の経書、他の概念に比べてやや重いという程度であって、『中庸』が彼の思想の核心に位置していたということを意味するものではない。以下三つ例を挙げる。

夫聖人抱誠明之正性、根中庸之至徳。　『家訓』第三条

【聖人は誠明の正性を抱き、中庸の至徳を根本としている。】

自誠明性也、自明誠学也。(21)　同第七条

【誠がもともと明らかであることが性（の本質）であり、誠を明らかにしてゆくのが学問なのである。】

兄弟輯睦、最是門戸長久之道。然必須自少積累使友愛出於至誠、不敢纎毫疑問。　同後第四条

【兄弟が仲良くするのが門戸長久の一番大事な道である。だから必ず年少時より友愛の情を至誠より出させてそこにわずかの疑いも差し挟まないようにせねばならない。】

これらは一見いかにも宋代の儒者らしい文言である。さらに『避暑録話』巻上第九条では『中庸』について次のように述べる。

近世学者多言中庸、中庸之不可廃久矣、何待今日。

【近世の学者らはよく『中庸』について言うが、『中庸』が廃すべからざるものであることは、今に始まったことではない。】

佐野公治氏は「『礼記』中の大学篇、中庸篇をそれぞれ独立した一書とすることは、宋代には常識化していた」と述べているが、[22] 右の引用からは、いわゆる「思想家」でない葉夢得でさえも『中庸』に並々ならぬ思い入れを持っていたことが分かる。ただ彼にとっての『中庸』の重要性は、単に「誠」を説いているからというだけではないのである。続きを見てみたい。

「人心惟危道心惟微。惟精惟一、允執厥中」所謂「人心」者喜怒哀楽之已発者也。「道心」者喜怒哀楽之未発者也。人能治其心常于未発之前、不為已発之所乱、則不流于人心而道心常存。非所謂中乎。通此説者、不惟了然于「性命之正」亦自可以養生尽年。『素問』以喜怒悲憂恐配肝心脾肺腎、而更言其所勝所傷、毎使節其過而養其正以全生与形。

【(『中庸』の)「人心惟れ危うし道心惟れ微なり。惟れ精惟れ一、允に厥の中を執れ」のいわゆる「人心」とは喜怒哀楽の已に発したことであり、「道心」とは喜怒哀楽の未だ発せざることである。人は心を常に未発の前に治め、已発の乱すところとならなければ、人心に流されることなく道心は常に存している。これが「中」である。これに通じている者は、単に「性命の正」に明らかなだけでなく、「養生尽年」することもできる。『素問』は喜怒悲憂恐を肝心脾肺腎に配し、バランスを失った部分については調節して正しく養っていき心身を完全にすることを説いている。】

さらに続いて劉淳玉なる方士や『黄帝内経素問』に造詣の深かった郝老と呼ばれた囚人は百余歳を得、程文簡公なる者は「もっと早くに『素問』を見ていたらよかった。孔子の言う『仁なれば寿』(『論語』雍也)とは性を尽くすことを述べたものだ」と語ったと記している。この葉夢得の言葉は、通常の儒教的・宋学的な『中庸』観から大きく逸脱したものとなっている。ここで彼は「喜怒哀楽」の未発已発の修養論から『素問』の五情と五臓の相関論に、さらに長命を得ることへと説き及んでいる。いわば「(形而上的）性命」と「(形而下的）生命」とを同一レベルで取り扱っているのである。そして最後に「私と同じ考えを孔子も持っていたのだ」とばかりに『論語』の引用で締め括っている。ここで葉夢得は『中庸』を延齢不死への指南書として用いているのである。「日常」の領域から大きくはみ出してしまう内容ゆえ、家訓には載らなかったのであろうが、倫理的修養から長命を願う養生法への回路、言い換えれば宋儒倫理学の核心たる『中庸』から道教的不老長寿へのスムーズな接続は葉夢得独特のものであるように見える。蘇軾や陸游らの文人も養生を行っていたが、彼らが養生を語る場合には、そこに儒教的文辞を混入したりはしていない。儒教的道徳実践はあくまで聖人に近付くため、ひいては天下国家に自分を役立てようという意識の所産であり、個人の不老長寿などの私的な願望は否定さるべき要素となる。そして文人達はこの儒教の立場と道教の立場とを普通同一次元で取り扱うことはない。彼らは儒教と道教とを、いわば「表の顔・裏の顔」と使い分けている。しかし葉夢得の場合は、その垣根が存在しないかのごとく両者を混ぜ合わせてしまっているのである。

彼は『中庸』というテクストを非常に重要に感じているが、しかしその方向性が普通の儒者と異なっていることは容易に看取できることと思う。

ここで儒・道・仏三教相互の関係に関して展開される葉夢得の言説を見ておきたい。例えば孔子と荘子とについて、彼は『避暑録話』巻上第二六条で次のように言う。

（「人物の毀誉について、荘子は毀誉ともに忘れて道と一体となるのに及ばないと言い、孔子は誉めるべき人物を賢とし斥けるべき人物を罪とするなど名実を一致させた」というくだりに続いて）

孔子正言之、荘周激言之、其志則一爾。

【孔子は誠意を持って述べ、荘子は激しい口調でこれを述べるが、その志は一つである。】

また李翺の『復性書』を韓愈の『原性』より高く評価し次のように言う。

裴休得道于黄蘗。『円覚経』等諸序文、皆深入仏理、雖為仏者亦假其言以行。而吾儒不道、以其為言者仏也。李翺『復性書』即仏氏所常言而一以吾儒之説文之。晩見薬山、疑有与契。而為仏者不道、以其為言者儒也。豈有二。以儒言之則為儒、以仏言之則為仏。

『避暑録話』巻下・第六条

【裴休は道を黄蘗より授かった。（彼の書いた）『円覚経』などの諸序文は深く仏教の道理に通じており、仏教者もその言葉を借りているほどである。吾が儒が言わないのは、それを仏者が述べているからである。李翺の復性書（の内容）は、仏氏が常に述べていることであり、それをさらに吾が儒の説によって磨きをかけたのである。（李翺が）晩年惟儼に会った時には互いに符合するものがあると思った。仏者が言わないのは、それを儒者が述べているからである。道というものは一つしか無い。儒（の言葉）を用いて述べるから儒になるのである、仏（の言葉）を用いて述べれば仏になる。】

また老荘や列子と仏教の関係については次のように述べる。

老子荘列之言、皆与釈氏暗合。……荘子謂之符、列子謂之瑞。釈氏有言、信心而相与然許、謂之印可者、其道一

也。　　　　　　　　　　　　　　　　　　　　　　　　　　　『避暑録話』巻上第二五条

【老子や荘子列子の言葉は、みな釈氏と暗合している。……（『荘子』の篇名に「符」が付き、『列子』の篇名に「瑞」が付くことに関して）荘子では「符」と言い、列子では「瑞」と言っている。また釈氏は、相手のことを信じて互いに許し合うことを「印可」と言っているが、その道は一つなのである。】

これらの引用からは、彼が仏教や道教に対して何ら抵抗感を持っていなかったことが分かる。もちろん彼は自分が儒教側の人間であることに疑いを持ってはいない。かといって道学者のように儒の立場に固執して、仏教・道教を儒教の立場から攻撃することは無いのである。『道教事典』などの記述によれば、宋代は三教一致思想が新たな発展を遂げた時代であるとされているが[26]、葉夢得の言葉の中に、三教を一致させようとする積極的発言を見ることはできない。彼の「孔子と荘子の言っていることは同じ」であるとか、「儒は儒の言葉を用い、仏は仏の言葉を用いるが道は一つだ」「老子や荘列と仏教は暗合する」などの言説は、文脈からして三教の本質的同一性の証明を最終目的として発されたものとは考えられない。彼は、問題となっているある一つの事象があった場合、儒ならこう、道ならこう、仏ならこう、という形で説明を行っている。彼には三教の調停よりもそれ以前に存在する自己の持つ問題の解決が大事であり、その解決に有用な思想をその都度選び用いているにすぎない。『中庸』と『黄帝内経素問』とをためらいなく接合する態度もこれと同様のものであると言える。

つまり彼が拠って立っていたのは、「自分は某々信者である」といった意識以前に、彼の中で血肉化され、そのように考えることが当たり前になっているような、「常識」の範疇に属する思考の形式なのであろう。そしてそれを説明する思考の枠として、「儒であれば」、「仏であれば」、といった言葉が出てくるのであろう。もちろんこの「常識」

とはあくまで彼にとっての「常識」であり、「宋代の人々はみなこう考えている」と彼が考えている種類の認識であることは附言しておかねばならない。[27]

第五節　善行

中国の「家」を構成する家族関係の基本的要素は「父子・夫婦・兄弟」であるが、この家を維持するためには、「孝・悌・慈・恭・順」などの道徳が必要であると通常考えられる。[28] では葉夢得は家族の結び付きを固める「孝」などの道徳観念についてどのように考えていたのだろうか。

夫孝者天之経、地之義也。故孝必貴於忠。忠敬不存、所率皆非其道。是以忠不及而失其守、非惟危身而辱必及其親也。故君子行其孝必先以忠、竭其忠則禄至矣。　　『家訓』第五条

【「孝は天の経、地の義である」(『孝経』三才章)と言う。ゆえに「孝」は必ず「忠」よりも尊いのである。ところで忠敬が存しなかったらみな非道に従うだろう。だから忠義が足りず守るべきものを失ってしまったら、自分の身を危うくするだけでなく、恥辱は親にまで及ぶだろう。だから君子は(本来は「孝」が「忠」よりも大事なのであるが)「孝」よりも「忠」を優先させるのである。忠を尽くせば結果として俸禄が得られよう。】

孝を尽くすことが第一であるが、[29] 忠を尽くさなかったら親にまで被害が及び結果として不孝となる。ゆえに孝の前

に忠を尽くさねばならないと述べている。忠と孝との優先順位を彼なりの論理で説明しようとしたものと思われる。そして注目すべきは、「忠」を行えば俸禄という「利」が得られるという最後の一文である。

善行が利をもたらすという、一種普遍的かつ紋切り型であるこの思考を彼は様々な場面で用いる。とりあえず例をいくつか挙げてみたい。

今後世汲於謀利者、方務於東又馳於西所為欲速則不達。見小利則大事不成、人之以此破家者多矣。故必先定吾規模。規模既定、由是朝夕念此為此、必欲得此。久之而勢我集、利我帰矣。　『要略』第七条

【今、後世の汲々と「利」について思いめぐらしている者たちは東奔西走しているが、このように急いでもだめである。小さな「利」を見ていては大事は成らず、「破家」してしまう者は多い。故にまず自分の規模というものを定める必要がある。規模が定まったら朝夕そのことを心がけ、必ずこれを会得しようとしなさい。やがて情勢が好転し「利」がやってくるだろう。】

目先の「利」のために東奔西走していては、大事は成し遂げられず、「破家」してしまう者も多いという。自己の規模を定め、絶えず自覚しながら努力すればやがて「利」がやってくるという。これは先に見た因循に捕らわれている己れを客観的に見ることを促す箇所と繋がってくる。

次は善行の積み重ねが名声をもたらすことを述べた文である。

善不積不足以成名。懼其以小善為無益而不為也。　『春秋考』巻一

【善は積み重ねていかないと名を成すには至らない。だから小さな善などは無益だとして（人が）行わないことを（私は）恐れている。】

次は日照りの際にも、常徳ある者には恵みがあることを述べた文である。(30)

今歳夏不雨、幾四十日。熱甚、草木枯槁山石皆可薫灼人。凡山前諸澗悉断流、有井者不能供十夫一日之用。独吾両泉略不加損……蓋近于有常徳者、天固使吾有是居也

『避暑録話』巻下第九六条

【今年の夏は雨が降らず、すでに四〇日あまりになっている。非常に暑くて、草木は枯れ山石は人を灼いている。谷川はことごとく流れを断ち、井戸の水も一〇人で使ったら一日ももたない。しかしわたしのところの二つの井戸の水だけはほぼいつも通りである。……思うに普段から徳を心がけていたので、天がわたしをここに居させてくれたのだろう。】

次の引用は、行いが「善」なら家の繁栄という「利」がもたらされ、「不善」なら家道の断絶が結果することを述べた文である。

和気致祥、天必祐之。不然少有所私、神人共監、家道豈能長永而無虞乎。

『要略』第一四条

【（一年の収入を一族みなで公平に分配したら）和気が瑞祥を運んできてくれ天も必ず我々を助けてくれよう。もしそうせず少しでも「私心」があれば天神も人もみな見ていて、「家道」は長続きせず憂いなしとはいかなくなる。】

文脈からは、彼が「善行→利」の思考を故意に用いているようには見られない。しかし、『家訓』『避暑録話』『春秋考』というそれぞれ異なった書に同時に見られる点から、「善行→利」の思考が、彼の思考の奥深くに根ざしていることが確認できることと思う。

ここで一旦「善行」と「利」とを切り離し、まず葉夢得の「善行」観を確認し、その後それが「利」といかなる関係を取り結んでいるかを検討することとしたい。

葉夢得にとっての善なる行いとは、具体的には、倹約・勤勉・和気（家族の気を和する事）・安分（己れの分に安んじること）・尽忠などを意味するが、ではこの善行を善行たらしめているものは一体何であると葉夢得は考えていたのだろうか。

〈A〉人之常情、有出于自然而不可已者。善者人之所共好也。見有善焉其推之、惟恐其不至也。故曰「言之不足、故嗟嘆之。嗟嘆之不足、故咏歌之。咏歌之不足」猶有見于手足以舞踏矣。不善者人之所共悪也。見不善焉其絶之、惟懼其不急也。故曰「牆有茨不可掃也。中冓之言、不可道也。所可道也、言之醜也」若是者非。吾故欲為是別也。

〈B〉其出于情者、莫知其所由然而然也。

『春秋考』巻一

【〈A〉人の常情は、自然に生まれてくるものでとどめようがない。善は人がみな好むものである。善を見たらそれを押し進め、至らないところがないかという点だけを心配する。故に「（『詩経』大序の）言これ足らず、故にこれを嗟嘆す。嗟嘆これ足らず、故にこれを咏歌す。咏歌の足らざれば」手足を使って舞踏するようなものである。不善は人がみな憎むものである。不善を見たらそれを断とうとし、それが速やかに行われないことだけを心配する。故に「（『詩経』鄘風・牆有茨）牆に茨有り、掃くべからざるなり。中冓の言は道うべからざるなり。道うべきところなれど、之を言えば醜なり」というのである。このようではいけない。わたしはそうでなくありたい。〈B〉この情より生まれたものは、それをそうさせている原因は分からないが、なぜかそうなっているのだ。】

葉夢得は基本的に善行を行うことは自明なことだとしているが、上の文章は彼が倫理行為の原理的領域に言及している珍しい箇所である。ここでは「常情」に対する肯定が述べられている。善をみなが好み、悪をみなが憎むのは、常情であるというのが大意である。(31)

ここで注目したいのは、〈A〉〈B〉の二つの文である。これを図式化すると以下のようになる。

〈A〉①「人の常情」:②「自然に生まれてくる（ので）」→③「とどめようがない」

〈B〉①「情より出ているもの」:②「それをそうさせている原因はわからない（が）」→③「（なぜか）そうなっているのだ」

このように並べると、この二つの文は同じ内容を述べていることが分かる。

まず〈A〉①「人の常情」は、「人が常変わらず持っている情動」という意味であろう。ここでは「人はみな善を好む」「人はみな不善を憎む」ことを指していよう。〈B〉①「情より出ているもの」も「善を好む感情」「不善を憎む感情」を指すと思われる。

〈A〉②の「自然に生まれてくる」は、「殊更に人為を加えずとも、自身の内部から自発的に生まれてくる」ことを指し、(32)〈B〉②の「その由りて来たるを知るなし」は、「何か善を好ませ、不善を憎ませる原因があって生まれてくるのかもしれないがそれは分からない」ことを意味するのであろう。

〈A〉③の「已むべからず」の意味についてであるが、前節の〈A〉②の「自然に生まれてくる」の肯定文とは順接で繋がっていると思われる。また同位置にある〈B〉③の「然り」という肯定の語から類推するに、「仕方ない」といった否定的なニュアンスではなく、「そうならざるを得ない」「たとえとどめようとしたってとどめることができない」といった肯定的、あるいは積極的な意味合いを持っていると思われる。

よって上の〈A〉〈B〉は、人が「善を好む・不善を憎む」という点について、相補うような形で説明していることが見て取れる。

以上を整理すると、以下のように解釈できる。

《善を好み不善を憎む道徳感情は、誰もがみな等しく持っており、何に由来するのか分からないが、それ自体自ずからそうならざるを得ないよう構成されている。》

極端に言えば、人間がなぜ善を好み不善を憎むかは分からないのである。しかしこれは決して善行への動機付けの挫折を意味しはしない。さらに文面からは、彼がその説明の必要を感じているようには全く受け取れない。おそらく葉夢得にとって唯一確かなのは、人間がみな「善を好む」感情を持っているという事実だけであり、その事実さえあればそれで十分なのであろう。であれば、この事実を越えた議論はもはや葉夢得にはリアルなものと感じられず、そこにいくら言葉を積み重ねても意味の無いものとなる。

人は善を好むということが自明の事実であるとしたら、次にはどのような形で善行を実践するかが課題となろう。彼は『家訓』において「お前たちは孟氏の性善説（と私の言葉）を心身の両方で実践してしっかり守るように[33]」と性善説の重要性を強調しているが、その前の部分では次のように言っている。[34]

夫性之於人也、可得而知之、不可得而言也。遇物而後形、応物而後動。方其無物也、性也。及其有物也、則物之報也。惟其与物相遇而物不能奪、則行其所安而廃其所不安。則謂之善。若夫与物相遇而物奪之、則置其所可而従其所不可、則謂之悪、皆非性也。

『家訓』第二条

【性は人間の場合は、それがあることは知り得るが、それを説明することはできない。（性は）外物と接触して初めて表れ、外物（の動き）に反応して動く。その外物（との接触）がない状態が性であり、外物（との接触）がある状態は（性の）外物に対する反応である。（性が）外物と接触しても（その本性を）奪われることがなければ、（性が）ぴったりと落ち着くところを実践し落ち着かないところを取り除いていくようになる。そのようになった状態を善と言う。（性が）外物と接触して（その本性を）奪われてしまったならば、善いところを捨て去り善くないところに付き従ってしまう。そのようになった状態を悪という、これら（善・悪）はともに性ではない。】

ここでは不可視の性が外的環境に反応して発動した段階でも、自らの善性を十分に発揮できることが善であると判断されている。実践に当たって、外からの様々な干渉に耐えて（「惟其与物相遇而物不能奪／与物相遇而物奪之」）、最後まで善を貫いてこそ初めて「善」と言えるのである。ここに未発の状態における内なる涵養への言及は無く、もっぱら已然の段階における性の完全なる実現が目指されていたことが確認できる。ここでの、已発の段階の実践を重要視し、未発の修養を省略している点には彼の個性が表れている。

続いて葉夢得がその善性の実践をいかに行うべきと考えていたかを見たい。彼は善行を「偽からの善行」と「不偽からの善行」との二つに分ける。

人之操行、莫先于無偽。能不為偽、雖小善亦有可観。其積累之、必可成其大。苟出于偽、雖有甚善、不特久之、終不能欺人。亦必自有怠而自不能掩者。吾渉世久、閲此類多矣。彼方作為大言以掠美、牽率矯厲之行以誇衆。孰不能竊取須臾之誉、或因以得利。然外雖未知、未有不先為奴婢窺其後而竊笑者。雖欲久可乎。

『避暑録話』巻下第一一五条

【人の操行は偽らないということが一番だ。偽らないということができたら、たとえ善が小さなものでも見るべきものがある。それを積み重ねていけば、大きくすることができる。しかし偽りから出た行いであれば、それが善なるものであっても長続きしないだけでなく、結局のところ人を欺くことはできない。また（そのような善は）必ずどこかで怠って自分を覆い隠すことができなくなる。私は長いこと世の中を渡ってきたが、こういったことをたくさん見てきた。彼らは大言して美名を掠め取り、無理な善行をして大衆に誇ろうとする。しかしそれではほんの短い間の名声と利が得られるだけである。家の外には知られていないが、奴婢に盗み見されて、馬鹿にされ笑われている。長く名声を保とうとしたって無理なことだ。】

善行は「不偽」の心で行わねばならないという。一見、善行と見える行為も偽りの心から発したものならば一時的な利益は得られても、必ず悪い結果をもたらす。ここで、葉夢得は名声や利を目的とした見せかけの善行は必ず失敗すると述べている。善は不偽の心で忍耐強く少しずつ実践してゆかねばならないのである。

そして善行を起こそうとして、それがきちんと善行となっているかどうかを、いついかなる時でも点検せねばならないと述べる。

中歳常置黄黒二豆于几案間、自旦数之。毎興一善念為一善事、則投一黄豆于別器、暮発視之。初黒豆多于黄豆、漸久反之。既謝事帰南京、二念不興、遂徹豆無可数。人強于為善。亦要在造次之間、毎日防検。此与趙清献公焚香日告其所行之事于上帝同。

『避暑録話』巻上第九六条

【(趙康靖は) 中年になってからは常に黄と黒の豆を机のところに置いておき、朝からこれを数えた。一つの善念がわき起こり一つの善事を行えたら、黄色の豆を別の器に入れ、日が暮れるとそれを開けて確認したのである。初めは黒の豆が黄色の豆より多かったが、しばらくすると逆転した。辞職して南京に帰郷してからは善悪の二念が起こることは無くなり、遂に豆を撤去し数えることはなくなった。人もこのように善をなすことに努めるべきである。多忙であっても毎日 (自分の悪念・悪事を) 防ぎ取り締まらねばならない。それは趙清献公が毎日香を焚いて自分の行いを上帝に報告したのと同じ行為である。】

以上を総合すると、葉夢得にとって「性善説」を実行するとは、偽りのない心をもって善行を行おうと努力し、またかつ常に善行を行い得ているかの点検を怠たってはならず、結果として善が行い得た場合を言う。善なる性が、初めから終わりまで、つまり初心 (意図) から目的、及び目的実現のための手段、そしてその結果の全てが善で貫徹されていて、初めてその行為は善であり、性であると判断されるのである。

第六節　善行と利

次に「道徳行為」がどのように「利」と結び付くかを見てみたい。先に見た『家訓』第五条に、「忠」を尽くしたら俸禄が得られるとあった。[35] 士大夫が忠を尽くすことを大事とすると述べるのは当然のことであるが、それが俸禄が得られることとダイレクトに結び付いた形で語られるというこの言説をどのように解釈し、位置付けたら良いだろうか。例えば上述の表現では、俸禄という見返りを求めて忠を尽くすことを奨励していると読まれてしまう恐れがないだろうか。しかし動機の不純な道徳行為はすでに否定されていた。とすると葉夢得はこの「道徳行為→利」を一体どうやって意味付けるのか。例えば谷川道雄氏は六朝貴族の家訓を分析し、当時の士大夫が「権勢や財貨にたいする欲望を超越して、士人としての道義の世界に生き」ていたと述べているが、[36] ここで葉夢得の奨励している立場はまさに六朝貴族の批判の対象となっている生き方となる。それに対して葉夢得は次のように述べる。

（「仏教を学んでいても儒者の本分を失っていない者で李翺に及ぶ者はない」という文に続いて）

若王縉・杜鴻漸以宰相傾心為仏事。蓋本于因果報応之説、猶有意徼幸以求福、乃其流之下。

『避暑録話』巻下第六条

【王縉・杜鴻漸らが宰相の地位をもって傾心して仏事を行っていた。これは因果応報の説に基づくものである。まぐれ当たりの幸福を求めるような気持ちがあってそうしたのであるから、彼らは（李翺より）ずっと下なので

ある。】

この引用から見ると、彼は栄華などの結果を目的として仏事を行うことを批判している。やはり動機の不純な行為は退けられねばならないのである。葉夢得は利への欲望を消極的に肯定しつつ、欲望に基づいた道徳行為は否定するのである。葉夢得にとって道徳的行為を行った結果栄誉を得ること自体は否定されはしない。そしてそのような言葉で子孫を導くこともまた認めている。しかし栄華を餌に道徳を唱道することは非難すべきことなのである。彼にとって道徳行為はあくまで目的としてあって得られる利はその結果であり、道徳行為を利を得るための手段とすることは決して許されないのである。

小林義廣氏は劉子健氏の研究を引き、欧陽脩が「因果応報説と似た陰徳果報という中国在来の考えは信じていた」と述べる。(37)

葉夢得の「道徳行為→利」観も、説という以前の思い込み的な形で表現されているのを見ると、六朝以来の応報思想が、無意識的な、しかも極端な形で表れたと考えることは不可能ではない。

宋という時代は家人達がお互いに財産を争い訴訟沙汰が頻発した時代である。純粋に「道義」的な道徳行為の遂行を求めても、「聖人」や「顔回」たり得ない「普通人」である家人達はなかなか動かない。葉夢得は子弟に顔回を目指せと説く一方で、それがむなしい期待に過ぎないことも実は分かっている。(38) しかし葉夢得にとって曽祖の清臣から受け継いだ「家」の没落・崩壊は絶対避けねばならない事態である。夢得は忠や孝などの道徳行為の結果として「利」が得られると説く。もたらされる「利」は、家人達を再び「孝」へと向かわせることになろう。動機が何であれ「家」の維持が大事なのである。葉夢得及び子弟らは決して六朝貴族のように権力や財産を道義によって超越することができないのである。青山定雄氏の指摘によれば、宋代は士人たちが「利」を追求し始めた時代であった[39]。氏は宋代士大夫の残した墓誌銘や行状の分析を通して、彼らが一族経営のため土地経営や貸し金業などで利益を得ていたことを明らかにした。ただ青山氏は、経済（利益の追求）と生活倫理とが士人の内部でいかに結び付いていたかに関する考察は行っておらず、ここではその点をもう少し考えてみたい[40]。

もちろん利益の追求自体は原則的に善悪の価値判断とは無縁の行為である。ただこのようにそれが道徳と結び付いて、道徳的に正しい行いをしていれば「利」がやってくる、と説くことは果たして儒教士人たちにとって容認できる考えだろうか。そこで葉夢得は利的行為にある条件を課す。彼は「利」を得る対象に関して限定を施す。まず彼は決して自分の「利」のみを目的としてはならないと説く。次の引用は治生における「利己」的功利主義の否定を述べている文である。

治生非必営営逐逐、妄取於人之謂也。若利己妨人、非唯明有物議、幽有鬼神、於心不安、況其禍有不可勝言者矣。

『要略』第二条

【治生は必ずしもあくせくして求めるものではない。利己的で人を妨害したりすれば、この世では人と衝突し、あの世では鬼神に悩まされ、心の安まることがなく、その災禍は言い尽くせない。】

「利己」的であれば、この世は人と衝突しあの世では鬼神に悩まされ、その災いは言い尽くせないほどであると言う。では逆に天下に「利」をもたらすためのもの、つまり完全なる「利他主義」的な性質のものであれば良いかと言えば、それもいけないと彼は言う。

民之生急欲治之、豈己之生而不欲治乎。若曰聖賢不治生而惟以治民之生。是従井以救人而摩頂放踵利天下亦為之矣。

『要略』第一条

【（聖人は）民の「治生」は急いで行うのに、どうして自分の「治生」を欲しようとしないのか。まるで聖賢は「治生」せず、民の「治生」を行うだけだと言うかのようだ。これでは「井戸によって人を救う」（『論語』雍也）や（墨子兼愛説の）「頂を摩して踵を放ち」（『孟子』尽心上）て天下に「利」をもたらすようなものだ。】

聖人の無私かつ全き公なる心を持って天下を利する態度は、葉夢得にとっては墨子の兼愛説と変わらないものとして批判の対象となっている。聖人の行いを儒家の「無私＝公」として称揚するのではなく、墨家の兼愛説に引きつけて否定しているのである。こうして「利他」的功利主義も否定される。先ほど「善行→利」の例に挙げた『要略』の文をもう一度前の部分と合わせて紹介したい。

管家者、最宜公心。以仁譲為先、且如他人尚不可欺而況於一家至親骨肉乎。故一年収放要算、分予要均。和気致祥、天必祐之。不然少有所私、神人共監、家道豈能長永而無虞乎。

『要略』第一四条

【家を管理するものは「公心」を旨とすべし。仁譲をまず先にせよ。例えば他人でさえ欺いてはならないのに、まして親兄弟を欺くなどもってのほかだ。故に一年の収穫を計算して等しく分配するようにせよ。そうしたら和気が瑞祥を運んできてくれ天も必ず我々を助けてくれよう。もしそうせず少しでも「私心」があれば天神も人もみな見ていて、「家道」は長続きせず憂い無しとはいかなくなる】

これは「同財」が福をもたらすことを述べた文である。家を監督するものは、「公心」が最も良いと述べているが、ここでの「公心」とは、内容から言って、「おおやけの心」ではなく「公平な心」を意味していよう。そしてその対象は「天下」ではなく「家」である。家人に対して「公心」であれば、天が瑞祥という「利」を下して家道は長命を保つとしている。「公心」とは仁譲を何より優先させることである。ここでは具体的に一年間の収入を公平に分配することを言う。他人でさえも欺いてはならないのだから、ましてや血を分けた肉親ならなおさらだと言う。少しでも気を許せば利己心を起こし、不偽を為しかねない家人に対して天祥及び神人の監視があることを記し、常に「公心」であるよう戒めているのである。

葉夢得にとって最終的に「利」をもたらすべき対象は、「己」でも「天下」でもなく、「家」なのである。このような彼の倫理思想を一言で言うならば、「利家主義的思想」であると言える。家訓とは家の繁栄と永続を願って制作されるものであるという点で、もともと利家主義的性質を多分に持つものであるが、葉夢得の家訓には特にそれが特有の枠組みを持って顕著に表れている。

では「家」のためであれば「道徳行為→利」の思想は容認されるのだろうか。笹澤豊氏は『イリアス』の道徳思想を分析する中で、応報思想は「共同体がその成員に繁栄と安寧への期待を植えつけるために創り出した思想的装置[41]」であると説いている。応報思想が本来そのような性質を持つものであるとして、家訓が「家」という共同体の成員である家人らに繁栄と安寧への期待を植えつけるための装置として機能しているならば、そこに応報思想が盛り込まれるのはある種必然的結果であると言えよう。ここで仏教の因果応報説に関する葉夢得の意見を見ておきたい。

林下衲子談禅類、以吾儒為未尽。彼固未知吾言之深。…（中略）…若作善降之百祥、不作善降之百殃、積善之家

必有余慶、積不善之家必有余殃、則因果応報之説亦未嘗廃也。　『避暑録話』巻上第一〇条

【禅僧が禅を語る時、我が儒をまだ突き詰めていないと批判するが、彼らは我ら儒の言葉の深さを知らないのだ。……（中略）……「善を作せばこれに百祥を降し、善を作さざれば百殃を降す」や「積善の家には必ず余慶有り、積不善の家には必ず余殃有り」などと言うのは（我が儒が）因果応報の説を退けたことなどないことを示している。】

禅側からの儒教は深みが無いという批判に対して、葉夢得は「彼らは我が儒の深さをいまだ理解していない」と述べた後、『尚書』伊訓の「善を作せば百祥を下し、善を作さざれば百殃を降す」や『易経』坤卦文言伝の「積善の家には必ず余慶有り、積不善の家には必ず余殃有り」を引いて、仏教の「因果応報」に当たる考え方は儒教にも昔からあると述べている。善行とそれに対する報施が儒教にもあると述べているこの言葉を参考にすると、「道徳行為→利」は容易に成立することになる。この『避暑録話』の文章からは、道徳行為とその結果の利益とが結び付くことに対する引け目は感じられない。

葉夢得自身が知っていたかどうかは確認できないが、同様の議論は六朝時代から行われていた。久保田量遠氏や吉川忠夫氏の指摘によれば、因果応報説は六朝時代において盛んに議論され、人々の間に浸透していったとのことである。[42] そこにおける議論の中で、葉夢得の引いていた、『易経』坤卦文言伝の「積善の家には必ず余慶有り、積不善の家には必ず余殃有り」という文も何度となく取り上げられて、儒教にも同様の説はあるのだとの証左にされたり、逆に仏教批判に用いられたりしている。[43]

この「道徳行為→利」に関して同時代の士大夫、例えば袁采などは次のように言う。

操履与昇沈自是両塗。不可謂操履之正自宜栄貴、操履不正自宜困阨。若如此則孔顔応為宰輔而古今宰輔達官不復小人矣。蓋操履自是吾人当行之事、不可以此責效於外物。責效不效則操履必怠而所守或変、遂為小人之帰矣。今世間多有愚蠢而饗富、厚智慧而居貧寒者、皆自有一定之分、不可致詰。若知此理安而居之、豈不省事。

『袁氏世範』巻二「窮達自両塗」

【日々の振る舞いと人生の浮沈とは本来別なことである。操行が正しければ自ずから高貴になり、操行が正しくないと自ずから困厄するものだ、とは言い得ない。もしそうだとすれば、孔子や顔回は当然宰相になったに相違なく、古今の宰相や高官につまらぬ人間はいないことになる。思うに操行とは人の当然行うべきことなのである。それによって物質的なものに効果を求めてはならない。効果を求めて効果が現れないと、操行は必ず怠け、節操も変わったりして、つまらぬ者の仲間に入ってしまう。今世間には愚かでありながら富貴を楽しみ、智慧がありながら貧寒の生活をしている者が多くあるが、皆それぞれ一定の分があって、突き止めることができない。もしこの道理を知り、安んじてそれに処するならば、なんとさっぱりしたものではあるまいか。(44)】

袁采は「道徳行為」とその結果とを分離して考えるべきだと言う。葉夢得にはこの「効果を求めて効果が現れないと、操行は必ず怠け、節操も変わる」という視点はない。ここで気を付けておかねばならないのは、道徳行為に由来する利というこの葉夢得の説は、応報思想という考え方があり、それに対して肯定するなり、否定するなりといった様々な立場があって、その一つを選択し、支持しているわけではないということである。つまり彼は「道徳行為→利」の図式を全く疑ってはいないのである。そしてその信頼に関する彼の弁明は一つもない。つまり彼のこの図式に対する信頼は無根拠かつ非合理なものなのである。それは周りの環境が彼をそのように考えさせたのだと単純に断定することはできない。袁采のように批判的に、かつ主体的に考えることはいくらでも可能だからだ。ここで問題となるのは、葉夢得がなぜそれを愚直なまでに把持しているのかという点である。つまり司馬遷の「天道是か非か」を持ち出すまでもなく、普通なら袁采のように、現実はそううまくは進行しないという認識を持つのではないか。朱子などは、本来性と現実認識との調停をめぐって様々な思考を展開したが、葉夢得にはそのような感覚が見られないのである。

この「道徳行為↓利」への葉夢得の持つ信頼は、その背後にあって善行に応じて利益をもたらすものへの信頼に等しいとは考えられないだろうか。つまり天の働きへの信頼である。先ほど引用した、日照りにも拘わらず自分のところの井戸の水が涸れなかったという記述や、一族の収入を等分したら和気が瑞祥を下すという記述にも「天」の作用が働いていた。

葉夢得は『春秋』の持つ意義について、「春秋は天下のため、後世のために作られた[45]」と述べ、また「『春秋』は天下を成り立たせる常道であり、万世に垂れるべきものである[46]」とした。彼は『春秋』を単なる古代の歴史書としてでなく、遥か後世の宋代に生きる人々がそこから様々な指針を汲み取るべき内容を持った書物だと考えていた。また『春秋』隠公三年の日食に関する記事が「朔日」でなく「日有食之」となっている点について、彼は次のように述べる。

葉氏曰、惟上帝不常作善降之百祥、作不善降之百殃。自堯舜以来、天人未嘗不相因也。　『春秋考』巻一

【葉氏は言う、上帝はいつも善をなせば百祥を下し、善をなさざれば百殃を下すわけではない。しかし堯舜以来、いまだかつて天と人との関係が途切れたことは無い。】

いつも「応」と「報」とが一致するわけではなく、不一致のある時もあることを認めている。しかしそれはあくま

で例外であって、袁采のように「応」と「報」とのつながりを初めから否定しているわけではない。そして上の引用からは、「応」と「報」とを繋ぐ媒体が「上帝」であり、「天」であると葉夢得が捉えていたことが確認できる。彼の応報思想が天への信頼によって支えられていたことは間違いない。

人惟不知陰徳、故以善為不足為而不為、以不善為可為而無不為、是欺天也。

『建康集』巻三「書鄒氏志完曽祖陰徳詩後」

【人はただ陰徳を知らないので、善（というもの）を為すに足らないとして実践せず、不善（というもの）を為すに足るとして実践しているが、これは天を欺いているのだ。】

人が陰徳を積んでいるかどうか、あるいは人々の善行・不善行について、天は全てお見通しであると言う。

小島毅氏は宋代士大夫の天譴論の考察を通じて「政治的言説空間での通用とは裏腹に、当時の人々の本音としては、天災を『時数』と割り切る思考が定着していた」と述べ(47)、宋代の天観が成熟していたことを明らかにしている。しかし葉夢得の場合、その天をめぐる言説を追跡しても、本音と建て前の区別を見出すことはできない。確認できるのは、善行に対して天は利をもたらしてくれるものだ、という天への素朴な信頼だけである。道徳行為の根拠の探求は天に向けて行った場合にも見出すことはできないのである。このような天への信頼は、さきほど検討した性善への信頼、三教に対する態度と同系統のものである。

つまり彼の道徳思想の特徴は、その素朴な信仰が思考の全体に及んでいることなのである。倫理学というものが、実践的倫理学とその根拠を問うメタ倫理学に分けられるとしたら、彼の場合は実践的倫理学で得た思考形式がメタ倫理学の領域まで及んでいると言える。原理的な思考を展開している時でも、彼は常に彼の信じる常識に立脚しているのである。ただ葉夢得のこの道徳観を、決して単なる無邪気な信仰告白として簡単に片付けることはできない。その道徳思想は彼自身が様々な人生経験を経た結果到達し得た境地であり、獲得し得た結論なのである。子弟に対する訓戒の中で「お前たちはまだ（私のように）因循から抜け出せていない」「不善の人が不孝になるのを、たくさん見てきた」などと、自分の経験を幾度となく強調するのは、それだけの自負があってのことであろう。彼が自分の倫理思想を形成していく過程は、まず初めに素朴な信仰があり、それが経験によって裏打ちされ、さらに自分の信仰が強化されるといったような往復運動として描けるのではないか。そして彼の場合は自分の確信が裏切られるような事態がほとんど起こらなかったのではないだろうか。

このような思考形式は、さきほど検討した、「人間は原因は分からないが善を好むものである」という思考と同型のものである。ある道徳の徳目について、彼が確信している地点から遡って、現象を越えた形而上的な性や天などを検討しても、そこで展開される彼の思考は、やはり彼自身の「常識」に基づく信頼以上のものではなかった。つまり彼の道徳思想の特徴は、その素朴な信頼が思考の全体に及んでいることなのである。善行の根拠を問うといった原理的な思考を展開している時でも、彼は常に彼の信じる常識に立脚しているのである。

ただしこの「素朴な信頼」という言葉は、性善説や天といった、いわば個人の内面において「形而上的」に獲得し得る類の認識、極端に言ってしまえば、リアルな人間を冷徹に観察する袁采よりも後退した甘い現実認識に基づくものと判断されてしまう可能性を残している。そこで今度は対象を人間同士の具体的なコミュニケーションに移して考えてみたい。

要和気。〈A〉人与我本同一体、但勢不得不分耳。故聖人必使無一夫不獲其所、此心始足。而〈B〉況可与之較錙銖争毫末、以致於闘訟哉。〈C〉且人孰無良心。我若能以礼自処、譲人一分則人亦相譲矣。『要略』第八条

【（他人との）気を調和させることが大切である。〈A〉人と我とはもともと一体のものであった。しかし気勢によって分かれざるを得なくなったのである。よって聖人は人に（それぞれ人によって異なる）その落ち着き場所を与え、それによって人々の心は初めて満ち足りるのである。〈B〉ましてや他人とのわずかな違いを較べ、些末なことで争って、訴訟沙汰になるなど以ての他である。〈C〉かつ人は誰でも良心を持っているのである。わたしがもし礼をもって自らを持し、人に謙譲であれば、人もまた礼をもって返してくれるものだ。】

〈C〉線部では、人は誰でも良心を持っているのだから、人にへりくだって対すれば相手もまたへりくだって応じてくれると述べている。善意には善意が返ってくるというのである。この〈C〉線部だけを見れば、この姿勢は善行を尽くせば天はそれに応ずるという先ほどの態度と同様のものであると言える。しかしここで着目すべきは、その前部に、〈A〉「人はみな元々同一なのにばらばらになってしまった」、そして〈B〉「他人とわずかな差異を較べ争い、果ては訴訟沙汰にまでなる」という文があることである。〈A〉→〈B〉→〈C〉の流れを確認すると、「人はみな同一であった」→なのに「今はばらばらになり争いあっている」→しかしそれでも「誠意は通じる」となる。葉夢得による善意の肯定は、一旦否定的要素を経た上で選択された肯定なのである。つまり他人とのコミュニケーションの齟齬に関する葉夢得の認識は決して哀采に劣っているといった性質のものではないのである。

さらに次の例文を参照したい。

夫已軽以悪加人則人亦軽以悪加已、是自相加也。吾見人言、類不過有四。習於妄誕者、毎信口縦談不問其人之利害、惟意所欲言。楽於多知者、並縁形似因以増飾、雖過其実自不能覚。溺於愛悪者、所愛雖悪強為之掩覆、所悪雖善巧為之破毀。軌於利害者、造端設謀、傾之惟恐不力、中之惟恐不深。而人之聴言、其類不過二。純質者、不弁是非、一皆信之。疎快者、不計利害、一皆伝之。是言所以不得不慎也。今汝曹前四弊、吾知其或可免。若後二失、吾不能無憂。蓋汝曹渉世未深、未嘗経患難。於人情変詐未能尽察、則安知不有因循陥溺者乎。故将欲慎言、必須省事。択交毎務簡静、無求与事。会則自然不入是非毀誉之境。所与遊者、皆善人端士、彼亦自己愛防患則是非毀誉之言亦不到汝耳。

『家訓』後第二条

【軽々しく悪を人に加えたら、人もまた悪をもって返してくる。これでは互いに（危害を）加え合うことになる。わたしが見るに、人の言葉にはおよそ四種類ある。嘘偽りに慣れてしまっている者は、でまかせに言いたい放題言い、人の利害も構わずに自分の思うままを喋る。多く知ることを楽しむ者は、見た目が似ているというだけでそこによけいな粉飾を施し、実情を誤って捉えていることに自ら気付かない。愛悪に溺れる者は、愛する者がたとえ悪人であっても、強いて彼のために（その悪を）覆い隠し、憎んでいる者がたとえ善人であっても巧みにつぶしてしまう。利害に細かい者は、きっかけを作って謀をめぐらし、それに心を傾け、それに関して自分が全力をまだ出し切っていないのではないかということだけを恐れ、それへの関わりがまだ十分ではないのではないかということだけを恐れる。人の言葉を聴く場合には大体二種類ある。純真な者は是非も構わずに一切を信じてしまう。うっかり者は利害を考慮せずに一切を人に伝えてしまう。これらが言葉を慎まねばならない理由である。今、お前たちは前の四つの弊害に関しては免れていると思う。しかし後者の二つに関しては心配せずにはいられない。思うにお前たちはまだ世の中を渡った経験が浅く、艱難に遭った経験もない。人情の変詐にも通じていなければ、自分が因循に陥っても気が付かないだろう。だから言葉を慎み、ものごとを省みる必要がある。交際相手を選び、常に簡素・物静かであることに努め、事に関わろうとしないことだ。そうすれば自然と毀誉褒貶から免れる。ともに遊ぶ者が善人・端士であり、その者が艱難を防ぐことを好む者であったなら、毀誉褒貶の言葉はお前たちの耳には届かないだろう。】

他人との交際時において人が陥りやすい過ちを具体的に挙げ、自分の意志を相手に伝えることの困難さを説き、結果として招かれる利害（毀誉褒貶）との関係を説いている。形式としては善行とそれがもたらす利の構図と同様である。[48]ただ利害（「是非毀誉」）を避ける視点は、単純に内省的に得られるものではない。その陥穽を見抜く目は人生経験によって養われると夢得は説く。子弟たちはまだ世の中の艱難を経ていないので、人情の狡猾さに通じていない。よって経験を積むことによって、自身が捕らわれている悪しき常識から抜け出して自己覚醒することを求めているのである。[49]子弟らにそのように語る葉夢得自身には、そのような苦難を乗り越えて今の心境に到達できたという自負があるのであろう。

以上のような認識を踏まえると、様々な艱難が立ちふさがっていたとしても誠意は通じるものだと葉夢得は敢えて述べているのである。よって彼の道徳観を、単なる無邪気な信仰告白として片付けることはもはやできない。それはむしろ強固な意志によって構成された、積極的な性格を有する認識とさえ言えるのである。

最後に「善行→利」の図式についてもう一度考えてみたい。小島氏は、政治理論としての天人相関論について「善政には瑞祥による推奨、悪政には災異による懲罰という両面から成り立って」おり、「（善政には瑞祥による推奨という）前者が単に現状を肯定するにすぎなかった[50]」と述べているが、葉夢得が家及び家人に対して天を語る時には、悪行に対する譴責よりもむしろ善行とそれに対する報償を積極的に語っている方が多い。それは家人という対象が、なかなか善へと向かわず、悪へ転落する危険を常に伴った存在であるという認識を葉夢得が持っていたからであると思われる。葉夢得が、利を目的とした善行を否定し、利は善行を目的とした行動の結果得られるものであることは先に見たが、ここで注目しておかねばならないのは、無償の善行について彼は一度も語っていないということである。善行自体が目的であるのなら、いつも利を語る必要はない。しかし彼は、時には因果応報説などを持ち出し、善行の後には利が来ることを繰り返し語る。つまり、葉夢得は「利のための善行はいけない。ただ純粋な善行には利がもたらされる」と説くことで結果的に、極めて婉曲的な形ではあるが、子弟たちに善行に伴う利の保障を語っているのではないか。

おわりに

最後に葉夢得の倫理思想の方向性を今一度確認しておきたい。まず第一点として、自己修養の面における『中庸』の「誠」の自覚、学問の重視とそれと同じ比重での人生経験の必要性、第二に家をめぐる「利」の肯定、第三に「利」の追求にともなう三教折衷などを挙げた。

総じて言えることは、葉夢得自身が辣腕を振るった有能な官僚であったことも手伝っていると思うが、一見内省的な『中庸』の「道心」の修養を説きつつも、それが結局は長命という「利」を目的としたものであったように、内省を通じて得られる道徳よりも外面的・実践的な道徳の方を重視したということである。

翻って外面的な道徳実践はどこに根拠を持っていると葉夢得は考えていたのだろうか。毎日毎日道徳的に振る舞うことに背後から意味を附与しているような何らかの原理的存在を彼は想定していたであろうか。さきほどの『中庸』の「誠」は、聖人の徳を言う場合や学問する時の心構えといった時に用いられているだけである。結論から言えば、彼の言説の中からその答えを見出すことはできなかった。もちろん日常の道徳を中心に説くことが家訓そのものの特徴でもあるのだが、彼の家訓はその中でもとりわけ「家」の維持と「利」に関する「形而下的」言辞に終始している。司馬光の『温公家範』は経書や史書の引用から構成され箴言集のような体裁を持ち、当時よく読まれた袁采の『袁氏世範』も非常に卑近な内容ばかりを並べつつも人間存在の本質に関する認識を示す文が所々見られるのに比して、葉夢得の言説は徹底して表層的なのである。「性」などについての言葉でさえも同様に表面的なもので、一般的理解を超えるものでないことは先ほど確認した。つまり葉夢得においては、道徳的行為を支持するのは「そうしたい」という、当人が疑いもしない意識以外にないのである。別の言い方をすればこの意識は「常識」と名付け得る。「常識」とは個人と社会との相互作用によって形成される「知」であり、自己と他者との日々の危ういバランスの上に成立している間主観的観念である。何が善いか、善くないかの判断の基準は、因循から抜けだした意識によって経験的に獲得される他ない。そしてともすれば悪しき方へと陥りがちな「常識」を、より良い方向へ「利」を手がかりにして持っていこうと努力するのである。

【注】

（1）両家訓とも底本は、宣統三年葉氏観古堂校刊本『石林遺書』（京都大学人文科学研究所所蔵）所収のものを用いた。

（2）徐揚傑氏は、宋以後の家訓族規は、相互に模倣踏襲し合っており内容は千篇一律であるとまで断言している。（徐揚傑〔1995：389頁〕）。ただしお互いの内容の類似の理由については、お互いが模倣し合ったためなのか、あるいは当時の士大夫の抱える問題に共通する部分が多かったからなのかは現時点では特定できない。ただ今まで調査した家訓からは、相互に模倣行為を行っていた事実は確認できていない。

（3）もちろん思想書や文学書からも、その時代の刻印を見ることはできようが、抽象度・結晶度の比較的低い家訓などの方が、日常的思考を比較的見易いということはできるのではないか。

（4）小林義廣氏は、『欧陽脩―その生涯と宗族』において、「葉清臣が直言を求める上奏をして以来、そうした直言を許容する気運が官界にも仁宗にも生まれてきていたのである」と述べている。（小林義廣〔2000：35頁〕）。「起家」者としての曽祖の葉清臣が直言を重んじる官僚であり、葉夢得自身も諫言をよくしていたのであれば、これは葉家の家風であったとも考えられよう。

（5）『葉夢得年譜』（王兆鵬『両宋詞人年譜』、文津出版社有限公司、一九九四年）の記述による。

（6）正文各条には、題が付いている。以下の通り。第一条「修身要略以戒諸子」、第二条「性善説喩子弟」、第三条「不貳過説論諸子」、第四条「尽忠実録以遺子孫」、第五条「戒諸子姪以保孝行」、第六条「因仲子桯模出仕以忠諫之義諭其行」、第七条「勉幼子力学解」、第八条「避難緡雲以楽自況」。

（7）巻上第六六条に見える。大きな異同としては『家訓』の方には最後の部分に「汝等当謹守勿以我言為泛言也」という一文が付加されている点である。

（8）「『要略』本無序。子孫移『家訓』序於此、伝者以其不合而又以意節刪」。

（9）「載於広遠族譜、宋元以来各家書目既不著録」。

（10）「『家訓』与『治生家訓要略』同為公作、固無可疑耳」。

（11）小林義廣〔2000〕、井上徹〔2000〕、遠藤隆俊〔1993〕

（12）「吾久欲取平日訓導汝曹之言及論説、祖先遺徳所以成吾家法与古今言行可師可警之事、略為疏記」。

（13）陸游『放翁家訓』などは自分の葬式や墓地についての記述が多く、遺言的色彩が濃厚である。

（14）「豈徒成吾宗亦以成吾族也」『家訓』序

(15)『家訓』には「吾宗族昆弟子孫窮経出仕者、当以尽忠報国而冀名於史、彰昭於無窮也」(第四条)と身を立てて、「未有不喪身破家者」(後一条)、「許章二人初免喪家」(後四条)と家を守るべきことが語られる。『要略』にも、「家道日耗矣」(第五条)、「守家」(第六条)、「破家者多矣」(第七条)と同様の内容が確認できる。

(16)「道学の聖人概念―その歴史的位相」(吾妻重二〔2000〕)

(17)息子たちへの苦言として、他には「(元結とその父延祖の言行を誉めた後)わたしは老いて、もう世の中の役に立てない。ただお前たちの才が元結に及ばないのを恨めしく思う」「自度無補于世、但恨汝等材不逮次山」『避暑録話』巻上第四五条も挙げることができる。

(18)加藤尚武〔1997:60頁〕

(19)『避暑録話』は、家訓同様に「汝曹」という語をしばしば用いている。同著は詩論や雑感から構成されており、また子弟達への訓戒らしきものもいくつか収めている。

(20)また『避暑録話』にも次のような自己の人生経験から得た意見を述べた箇所がある。「(偽りから出た善は長続きしないということについて)私は長いこと世の中を渡ってきたが、こういったことをたくさん見てきた。」「吾渉世久、閲此類多矣。」(巻下第一一五条)

(21)この条は『中庸』第二一章「自誠明、謂之性。自明性、謂之教。誠則明矣、明則誠矣」に基づいている。

(22)佐野公治〔1988:95頁〕

(23)「惜其見之晩而已。傷者不可復也。孔子曰『仁者寿』此固尽性之言」。

(24)三浦國雄氏の以下の論考を参照した。三浦國雄〔1994〕、〔1997〕

(25)また『荘子』内篇の斉物論篇と養生主篇の順番を説明するために、『中庸』の「尽己之性而後尽物之性」を引いたりもしている(『避暑録話』巻上第二五条)ことからも、儒教の立場・道教の立場といったこだわりをあまり持っていないことが分かる。

(26)『道教事典』「三教一致」の項によれば、仏教は中国で布教するに当たって、この『易経』の言葉に因果応報の思想を見出したということである(野口鐵郎他編〔1994〕)。葉夢得は儒教の利殖行為を正当化するために仏教の言葉にたより、さらにその淵源は儒教にあるとしている。

(27)さらにこの「常識」も、葉夢得の内部から自然に生まれたわけではなく、葉夢得の生きていた時代や地域にあらかじめ存在していた「常識」から生まれ、そこを土壌として育ってきたものである。そしてこの「常識」は、誰もが「そうであるに違いない」といった「共有」の意識を持つ性質のものであり、その面から見れば間主観的な構造を持つと言える。

(28) 家族を結び付けるこれらの観念は、「孝」以外は人によって異なっており、同定は難しい。

(29) 引用文はさらに「汝等読書、独不観聖人之言、渾是教人一箇孝悌忠信、且只是一箇孝字無処不到。故曰、求忠臣必於孝子之門。汝等能孝於親、然後能忠於君。忠孝不失、庶克尽臣子之職矣」と続き、「孝」の大切さを強調する。

(30) またこれは実利の話であるではあるが、少しずつ着実に「利」を獲得していく方法を良しとする点で上と同型の思考の表現である。

有便好田産、可買則買之、勿計厚値。譬如積蓄一般、無労経営而有自然之利。其利雖微而長久。人家未有無田而可致富者也。

『要略』第九条

【好い田がある時、買うべきであれば買えば良いが多大な利益を期待してはならない。貯蓄と同じで、経営は楽で自然と「利」が生まれる。確かにその「利」は微かなものではあるが、長きに渡ってそれを受け続けられる。田を持たずに富裕になった家はない。】

岸本美緒氏は「『恒産瑣言』について」において、清の張英の家訓を分析し、彼が田産は利が少ないように見えて結局は有利だと捉えていたことを指摘している。『要略』の記述は、張英ほど綿密ではないが、葉夢得にも似た考えがあったことを示している。

(岸本美緒〔1997〕)

(31) 『春秋伝』巻八にも次のような言葉がある。

楽道人之善而悪人之不善、天下之情一也。

【人の善を言うのを楽しみ、人の不善を憎むということに関しては、天下の情は一つである。】

葉夢得には「善―悪」という道徳的価値判断と「好む―悪む」という感情に基づく趣味判断とが別の価値系統に属するものであるという認識は見られない。彼は『論語』子路篇の「子貢問曰、郷人皆好之何如。子曰、未可也。郷人皆悪之何如。子曰、未可也。不如郷人之善者好之、其不善者悪之」を素直に素朴に受け止めて継承している。例えば『避暑録話』巻下第一〇四条には「不善者悪之、則孟子所謂自反而仁与礼者、雖以為禽獣、可也。若善者亦悪之、則不可矣」とある。葉夢得にとっては、「善」が「好ましい」ものであり、「悪」が「好ましくない」ものであることは説明不要の事実として捉えられているのである。

(32) 『中国文化思想事典』「自然」の項には、「宋代からのち、自然を人の道徳的先天性と結びつけること、言いかえれば人の道徳性を本性の自然と捉えることが広く一般化したということができる」とし、郭象と朱熹を対置させて「(君臣の義は)後者(朱熹)

にあっては内発的な自然として人の内面に根拠づけられている」と述べる（池田肇〔2001〕）。これを承けるなら、葉夢得のここでの「好善／憎不善」観も同じ思潮のもとに形成されたと見ることもできるが、未検討のため現段階では即断は避けたい。

(33) 「汝等、以孟氏性善説及吾言、心体而力行之、勿外之、可也。」『家訓』第二条

(34) 前章においても葉夢得の「性」観について触れたが、幾分表層的理解に留まっていたきらいがあるので、ここでは少々詳しく検討した。（緒方賢一〔2001〕）

(35) 小林義廣氏も宋代の「勧学文」を分析し、民衆の感化には、目先の利益が有効であること士大夫たちが理解していたことを指摘している。（小林義廣〔1993〕）

(36) 谷川道雄〔1976：214頁〕

(37) 小林義廣〔2000：271頁〕

(38) 「自度無補于世、但恨汝等材不逮次山」。（次山は唐の元結の字）『避暑録話』巻上第四五条

(39) 「北宋を中心とする士大夫の起家と生活倫理」（青山〔1976〕）

(40) 経済と倫理との結び付きに関しては、明清を中心としたものではあるが余英時氏の『中国近世の宗教倫理と商人精神』に多くを教えられた。（余〔1991〕）

(41) 笹澤豊〔1995：116頁〕

(42) 久保田量遠〔1986〕、吉川忠夫〔1998〕

(43) 久保田量遠〔1986〕。なおこの「積善の家には必ず余慶有り、積不善の家には必ず余殃有り」という『易経』の言葉は、宋代において『太上感応篇』などの功過思想を説く善書が自らの後ろ盾として用いたものである。そしてさらにその背後には仏教よりもたらされた因果応報説に対する儒教側の反応がある。ここに因果応報説をめぐる三教の影響関係が見いだせる。また古典における善行と天恵に関する記述には『論語』堯曰篇の「允執其中。四海困窮、天禄永終」などもあるが、葉夢得の言説中には確認できない。

(44) 訳文は西田太一郎訳を参照した。（西田太一郎〔1941〕）

(45) 「春秋之所以作為天下也、為後世也」『春秋伝』原序

(46) 「春秋立天下之常道、以垂万世者也」『春秋考』巻一

(47) 小島毅〔1999a：16頁〕

（48） この他人との交際という次元において、その是非を判断するのは「天」ではなく、「世論」であろう。宋代の「世論」については稿を改めて考えてみたい。

（49） また『避暑録話』（巻下第一一五条）にも次のような自己の人生経験から得た意見を述べた箇所がある。「吾渉世久、閲此類多矣」。さらに『家訓』序文では家訓作成の理由を述べる箇所で、子供達が安楽な生活に慣れてしまっており自分が因循に狃んでしまっていることに気付いていないと批判している。「汝五人志行不甚卑、但自幼即享安逸狃於因循、未知帰嚮」。

（50） 小島毅〔1988〕

第三章　宋代の「善人」―『省心雑言』を中心に―

はじめに

本章では李邦献の『省心雑言』（以下『省心』と略す）をもとに、つまり日常において倫理的たるべき、倫理的たらんとする主体に関する考察を行ってみたい。また朱熹ら道学者たちの「善人」観、及び道教側のそれをも調査し、宋代において、「善人」がいかなる位置にあったのかを明確にしたい。

第一節　李邦献と『省心雑言』について

まずは分析対象である李邦献とその書『省心』について見ておきたいのだが、李邦献については実のところあまり詳しいことが分からない。『省心』の他には、詩詞が数篇と官職に関する断片的記述が地方志や『宋会要』などに残っているに過ぎない。当時あるいは後世においてもあまり有名ではなかったということであろう。次の『全宋詞』の伝は様々な史料を総合して作られたと思われる。

邦献字士挙、河陽人。李邦彦之弟。宣和七年直秘閣、管勾万寿観。紹興三年夔州路安撫司幹弁公事。五年特追職名。二十六年、荊湖南路転運判官。又直秘閣、両浙西路転運判官。乾道二年夔州路提点刑獄。六年興元路提点刑獄。

『全宋詞』巻二

【邦献字士挙、河陽（今河南省孟県）の人。[1] 李邦彦の弟。宣和七年（一一二五）直秘閣、管勾万寿観。紹興三年（一一三三）夔州路安撫司幹弁公事。五年（一一三五）特に職名を追封さる。二十六年（一一五六）荊湖南路転運判官、又直秘閣、両浙西路転運判官。乾道二年（一一六六）夔州路提点刑獄。六年（一一七〇）興元路提点刑獄。】

子孫らが著した序跋から号は敷文であった。また李邦献には「浪子宰相」と評された悪名高き兄邦彦がおり、その『宋史』に記された伝及び『省心』の跋文から、父の浦は裕福な銀工（銀細工の工房であろうか）であったことが確認できる。[2]

『省心』の成立についてであるが、邦献の弟子の馬藻は、『省心』の跋文において、師が子孫に対して著した家訓を自分が刊行したことを述べている。[3]

また加えて『省心』は馬藻によって出版された後、李邦献の孫岐剛が子供の頃には多くの序跋が付けられ池陽や新安などで刊行されている。都へ赴任した時には林逋[4]の名で市場に売られていたという。

また明初の宋濂（一三一〇―一三八一）は「題省心雑言後」において、世の学者たちが『省心』は林逋ではなく尹焞[5]の作であると噂しているのを否定し、『朱子語録続類』を引き、「『省心録』は沈道原の作であり、林和靖の作ではない（『省心録』乃沈道原之作、非林和靖也。）」と述べる。『四庫全書総目』は、林逋・尹焞・沈道原作者説も紹介しつつ、序跋の記述により最終的には李邦献を著者であると断定している。[6] 確かに先に引いた弟子の馬藻・孫の岐剛の跋文を読めば、李邦献が本当の著者であることは明白である。また曽孫である李景初の跋文では、『省心』は邦献が八〇歳を越えた頃に書いたものであると記している。[7]

以上から、『省心』が刊行後広く流通し、各地で出版され、さらには別名で刊行されるまでになっていることが分かる。特に林逋が著者の名を付されて、販売されていたという説からは、李邦献が当時無名であったため本屋が有名人の名を冠して売ったのではないかとの推測ができる。それはまた一方で、『省心』の内容自体は当時の士大夫らに共感を持って受け入れられるものであったことを物語っている。

このことは、たとえ『省心』が李邦献によって書かれてはいても、『省心』という書物の持つ思想を必ずしも著者である李邦献に帰属させる必要が無いことを意味しよう。子孫らがどう主張しようと、後の士大夫らが受け入れたのは「李邦献の思想」ではなく、「『省心』の思想」だということである。

また永楽大典本には、汪応辰（一一一八—一一七六）・王大宝（一〇九四—一一七〇）[8] の序文が付いているが、汪応辰は朱熹や呂祖謙・張栻らと交遊があり、王大宝は張栻とともに講学しているなど、ともに道学に近い位置にいた人物であると言える。王大宝はその序文の中で『中庸』に引かれる『尚書』の文を引用し（「人心惟危、道心惟微。惟精惟一、允執厥中」）『省心』を高く評価する。[9] 第一章（「家訓に見る宋代士人の日常倫理」）でも言及したが、先の馬藻による跋文は冒頭において『大学』の「其本在于正心誠意」を引きながら、『省心』を「践履之学」、つまり『大学』の実践篇であると位置付けている。超越倫理と日常倫理の結び付きはこの『省心』において、直接的な形で現れていると言えよう。

ここでとりあえず『省心』の特徴を祖述しておきたい。まず形式であるが、短いもので八字、長いものは一四三字の箇条書き、全二二八条から成る。全体の構成に工夫は窺えず、それぞれの箇条に前後の脈絡は付けられていない。次に内容面であるが、一般の家訓が「家の秩序」「自己の修養」「立身」「家産の管理」「交遊について」「世相について」「遺言」などについて記述していることは先に触れたが、『省心』はこの中の「自己の修養」についての記述が圧倒的に多い。時に君子たるものの心得などが説かれるものの明らかに重点は置かれていない。また祖先や一族への言及が全く見えないこともその特徴の一つである。祖先への言及の無さは、あるいは父が裕福とは言え「銀工」であったことに起因するのではと考えられる。また一族への言及に関しては、兄の邦彦の存在が問題となる。徽宗朝時に宰相であった邦彦の評判の悪さはすさまじいものがあったようで、退朝時には群衆が指さして罵り殴打しようとしたほどであったと言う。[10] 一族に言及しようとすれば邦彦に触れざるを得ず、よってそのような配慮が施されたのではないだろうか。

しかし『省心』最大の特徴は「善」への指向を語る語の多いことにある。その数は全二二八条中、二九条を数えることができる。[11] 例えば「善をなすのは悪を捨てるのには及ばない。過ちを救うのは自らの非を省みるのには及ばない（為善不如捨悪。救過不如省非）」（第二一条）、「努めて善を行うのは因襲に囚われて悪をなすことに勝っている（勉強為善、勝于因循為悪）」（第二四条）、「善をなす者は利を言わず、利を追う者は善を見ない（為善者不云利、逐利者不見善）」（第五一条）、「人はみな生を好み死を憎む心を持っているのに、生を捨てて死を選ぶ者がいるのはなぜか。善というものをはっきりと見ていないのだ（人皆有好生悪死之心、人皆有捨生取死之道、何也。見善不明耳）」（第五五条）など。『省心』においては道徳行為はほとんどこの「善」の語によって表象されている。そこで『省心』の中で求められている理想的人格を「善人」と呼んでおきたい。

第二節　「善人」について

二―一　「善人」になる人々

中国において人間をその内面的特徴において分類する場合、「君子―小人」、あるいは「聖人・賢人―衆人」などのカテゴリーが通常用いられるのであるが、本章では従来あまり重視されてこなかったもう一つのカテゴリーである「善人―悪人」あるいは「善人―不善人」の観念を、日常倫理という位相における道徳的人格を示す語として導入したい。ここで附言しておかねばならないのは、「善人」という語の使用例を取り上げて分析するのではなく、「善を行う主体」を便宜的に「善人」と名付け考察したいということである。つまり「善人」という語は、彼らがそれを強く定義しようと意識することなく表現してしまっている理想的人格に付けた名前であるということである。[12] もっとも「善人」の語が近世中国において全く使用されなかったわけではない。後述するように、道学においては「善人」と「聖人」の違いが議論されたし、善書などの道教文献においては「聖人」「君子」よりも「善人」の語の方がよく見られるほどである。この語を使うことによって、宋代人の日常生活において漠然と想起されていた、あるべき人間像を浮かび上がらせてみたい。

日常という地平において「善人」になるべき人とは一体誰なのか、それがまず問題となる。前々章でも確認したが、それは家訓の教化の対象である家人であり、「普通人」である。『省心』においてもそれは例外ではない。以下、確認しておきたい。

君子独立而持正、故助之者鮮。小人挟党以済私、故従之者多。　『省心』第一二一条
【君子は一人で立って正しさを保持しているので、それに手を貸そうとする者は少ない。小人は徒党を組んで私欲を求めるので従う者が多い。】

憂天下国家者、其慮深、其志大、其利博。其言似迂、其合亦寡、其遇亦難。吾孔孟是也。　『省心』第一二三条
【天下国家を憂うる者は、思慮深く、その志は大きく、その利沢は広い。その言葉は迂遠に見えるゆえ、彼を理解する者は少なく、彼と付き合うことは困難である。吾が孔子孟子がまさにこれである。】

正しさを保持している君子を助ける者は少なく、徒党を組んで私欲を貪る者に従う者が多いと言う。また天下国家を憂いて思慮も深く志も大きいのにそれを理解する者は少ないと言う。

小人欺而巧、似是而非。故人悦之者衆。君子誠而拙、似迂而直。故人知之者寡。　『省心』第一七三条
【小人は人を騙すことに巧みであり、一見正しいようで実はそうでない。ゆえにそれを喜ぶ者が多い。君子は誠実なるがゆえに不器用であり、一見迂遠であるが正直である。ゆえにそれを理解する者は少ない。】

巧みに欺き、是に似て非なる者に人々は喜んで付いていってしまうのである。『省心』において、大多数の人々はことの本質を見抜けず、表面的な言行に左右されると認識されている。そして『省心』が訓致しようとしているのは

そのような者たちである。この『省心』の「普通人」観は、前章の葉夢得よりもさらに悲観的な色彩を持っている。

二―二　宋学における「善人」

ここで宋学における「善人」観念を見ておきたい。『省心』の「善人」観と直接リンクはしないものの、宋学においては「善人」観念を明確にしようとの意識が確認できるため、その位置付けが参考になるからである。また『省心』が修養を主題に据えているため宋学の人間に受け入れられたと前に述べたが、両者を宋代に起きた大きな思想運動の中の、齟齬や軋轢を繰り返しながらも基本的には流れを同じくする二つの潮流と理解することもできよう。

儒教においては『論語』において孔子が「善人」について発言したことから、解釈史上考察はされてきており、宋代の儒学者たちも注釈に際して意識的に定義を試みているところがある。順を追って見てみたい。

「善人」の語を意識的に用いた例はまず『論語』に見られる。代表的なものとしては次の二つが挙げられる（『論語』全体では「善人」は五例見られる）。

子曰、聖人吾不得而見之矣。得見君子者斯可矣。子曰、善人吾不得而見之矣。得見有恒者斯可矣。

『論語』述而第七

【先生は言われた。聖人にはわたしはとうてい会えないよ。せめて君子に会うことができたら良いのだが。先生は言われた。善人にはわたしはとうてい会えないよ。せめて常に変わらぬ人に会えたら良いのだが。[13]】

子張問善人之道。子曰、不践迹、亦不入於室。

『論語』先進第一一

【子張が善人になる道を尋ねた。先生は言われた。一歩一歩歩いていかねば、奥座敷にまでは入れない。（一つ一つ先賢の後を践んで善行を積まなければ善人にはなれない）。】

「君子」が八〇例以上見られるのに比して「善人」への関心度はひどく低い。それは後代に至っても変化せず、また宋代においても変わることはなかった。善人への言及が見られるのは、ほぼこの『論語』に関する解釈の部分においてだけである。結局宋学において「善人」の語が、「聖人」と並んで人間の理想的類型となることはなかったと言って良い。以下に見る朱熹らによる「善人」への言及も、それ自体の追求のためではなく、「聖人」や「君子」の輪郭を明らかにしようとの意図のもとに発せられたものである。上に引いた『論語』述而の文に関する朱熹の言葉である。

善人則又不及君子、只是知得有善有悪、肯為善而不肯為悪耳。　『朱子語類（以下『語類』）』巻三四―一七二

【善人は君子には及ばない。ただ善悪があることを理解できるだけで、善を行い悪を行わないようにできるだけだ。】

朱熹は「善人」と「君子」とをきっぱりと区別し、「善人」は「君子」に及ばないとする。「善人」はただ善悪を知り、善を行い悪を行わないだけの存在だという。『論語』の原文は「善人」と「君子」との間に特に差を設けてはおらず、また両者を比較してもいない。これは朱熹があえて導入した差である。次の『論語』先進篇の文に関する議論も同様である。

善人雖是資質好、雖是無悪、然「不践迹、亦不入於室」。縁不甚暁得道理、不可以到聖人、只是恁地便住了。

『語類』巻三四—一七三

【善人とは、資質が良く、悪を持たない者だが、しかし「一歩一歩歩いていかねば、奥座敷にまでは入れない」ような存在である。道理にそれほど明らかでないので聖人の域に達することはできず、ただそのままの位置にいるばかりだ。】

今只説善人只是一箇好底資質、不必践元本子、亦未入於室。須是要学、方入聖賢之域。『語類』巻三九—五八

【今はただ善人とは良い資質を持った者だというだけで、必ずしもものごとの根本のことを実践していないので「奥座敷に入る」ことはできない。学問をしてようやく聖賢の域に到達できるのである。】

ここでは「善人」と「聖人」とを隔絶している。「善人」は資質が良いだけの人間であり、ものの道理にいまだ通じてはおらず、聖賢の域には届いていないと言う。彼に足らないのは学問である。資質は良いのだから勉強さえすれば聖人になれるのである。これは朱熹だけでなく、先人の程子や張載、または同時代人の張栻も共有した考えである。

善人、質美而未学者也。程子曰「践迹、如言循途守轍。善人雖不必践旧迹而自不為悪、然亦不能入聖人之室也。」張子曰「善人欲仁而未志於学者也。欲仁、故雖不践成法、亦不陥於悪、有諸己也。由不学、故無自而入聖人之室也。」(14)

『論語集注』巻六

【(『論語』先進篇について)善人とは、資質は良いがまだ学んでいない者のことである。程子は「迹を践むとは先賢の道に沿いその轍を踏んでいくことだ。善人は先賢の道を践んでおらず、悪をなしてはいないものの、それでは聖人の域に到達することはできない」と言い、張子は「善人は仁を欲してはいるが学を志していない者のこ

とである。仁を欲するがゆえに、正しい道を歩んではいないが、悪に陥ることは免れている。しかし学んでいないがゆえに聖人の域に到達できないのだ」と言っている。】

以善人之質而進学不已、聖蓋可幾。　張栻『論語解』巻四

【善人の資質をもって学を進めてやむことがなければ、聖人の域も近いだろう。】

そして修養（＝工夫）をどの程度まで行うかという点において、『省心』と朱熹とは決定的な違いを見せる。まず朱熹の場合、修養は徹底して窮め尽くすところまで行わねばならないと言う。「善」の修養では「至善」に到達することがその目的となる。

伝之三章、緊要只是「如切如磋、如琢如磨」。如切、可謂善矣。又須当磋之、方是至善。如琢、可謂善矣。又須当磨之、方是至善。　『語類』巻一六―三四

【（『大学章句』の）伝の三章のうち、緊要なのはただ「切るが如く磋くが如く、琢つが如く磨くが如し」だけである。切るが如しとは、善を言う。それをさらにみがいて初めて至善となるのである。琢つのは善である。それをさらに磨いて初めて至善となるのである。】

朱熹の有名な「脱然貫通」の論理は、物事の「理」を一つ一つ窮めていったらある段階であらゆる道理に通暁する境位に到達するというものである。

それに対して『省心』において修養は究極を目指されることはない。

前輩論医云、閉門看古方三年、知天下無病不可治。及其出而用薬療疾、知古今無方可用。此無他、聞見力極則止、至于応変則無有窮尽。噫豈但論医也。士之学問、其失正在是。苟以是心反之、孳孳旦夜自不知為余。縦未能尽愈天下之疾、亦庶幾乎十失二三也。

『省心』第四五条

【先輩が医学を論じて言うには、（ある者が）門を閉じて古代の医方を見ること三年、天下の病気で治せないものはないと知った。そこで世に出て薬を用いて病気を治そうとしたが、今では昔の医方を用いていないことをようやく知ったとのことである。これは他でもない、人の知識は極めればそこで止まるが、変化への対応の仕方というものは極まりがないということである。それは医学に限ったことではない。士人の学問も、その正道を失うポイントはここにある。それを自らの心に省みて、日夜勤勉に学んで知らないようなことが無いようにすべきである。そうすればたとえ天下の病をことごとく治すことはできなくとも、七、八割を治すことはできよう。】

世の中の変転は極まることがなく、人はその全てに対処できるわけではない。一生懸命勉強すれば一〇のうちせめて七、八くらいまでいけるだろうという認識がここで示される。このような前提からは、朱熹らのように完璧な存在としての聖人を目指せというようなスローガンが生まれてこようはずもない。つまり『省心』が目指すのは究極的な善（＝至善）ではない。ものごとの道理を窮め尽くすことのできない「普通人」たちは聖賢にはなれない。『省心』が目標とするのは究極的な善性を発現させる者ではなく「善人」なのである。

ここまでの言説を総合すると、「善人」とは、「普通人（中人）」が普通に修養して到達し得る理想的人格」であると言える。(15)「普通の修養」とは、日常生活の範囲をはみ出すことなくして行うことが可能な道徳実践を言う。それは「人の短所を言わない」（第一〇条）とか「過失を責め立てたりしない」（第二五条）、「富貴に驕らない」（第五三条）などであり、静坐を一日中したりすることではない。大平桂一氏は道教的修養法に関する研究において「普通の修養」が宋代に行われ始めたことを指摘している。[16]『省心』あるいは大半の家訓においても、日常道徳の修養が一般の士大夫に気軽に励行されるようになったことが確認できるのである。

二―三　道教における「善人」

宋学の「善人」観が、『省心』の「善人」観を際立たせるのに役立ったように、ここでは道教文献における「善人」観を見てみたい。テキストは『太上感応篇（以下『感応篇』）』を用いる。[17]『感応篇』は、中国最初の善書、すなわち勧善の書である。三〇巻から成り、本文に李昌齢の「伝」と鄭清之の「賛」が付いている。吉岡義豊氏の考証によれば、テキストの紹介者であり、注釈者である李昌齢は、南宋の李石であるとのことであるが、[18]これについては第二部第一章で再び触れる。賛を著したのは、南宋の鄭清之（一一七六―一二五一）である。理宗は本書に対して金百万を下賜し刊刻させ、真徳秀（一一七八―一二三五）が跋文を寄せた。[19]陳兵氏は『感応篇』は、南宋初にはすでに広く流通しており、特に四川で最も流行していたと述べる。[20]善書は日常的な道徳規範を述べた書物であり、[21]宋代に起こった三教一致の風潮の元に制作されたものである。[22]よってその内容は道教的言辞に満ちてはいるけれども純粋に道教的なものではない。伝を書いた李昌齢が「吾儒…」という言葉をあちこちで用いていることからもそれは窺える。それは家訓が純粋に儒教的な内容のものでないのと同様であり、よって両者の説く日常倫理はかなりの部分を共有している。ここで『省心』と共通する『感応篇』の特徴を拾ってみたい。まず気付くのは、『感応篇』が教化の対象としているのが家訓と同じように普通の人々であるという点である。

始之曰「禍福無門、唯人自召」。終之「諸悪莫作、衆善奉行」。指帰精切、不過此一十六字、愚夫愚婦、易知易行。

『感応篇』龔幼采跋（一二三五）[23]

【(『感応篇』は)「禍福無門、唯人自召」に始まり、「諸悪莫作、衆善奉行」に終わる。その懇切なる内容の一切はこの一六文字に凝縮されており、愚夫愚婦でも理解しやすく実践しやすいものとなっている。】

愚夫愚婦でも理解しやすく、実践しやすいというのは、『袁氏世範』の跋文で袁采が「夫婦でも与り知り行うことのできることを世俗に語り、農夫野人や深窓の婦女にもはっきりと心の中に理解させたい(姑以夫婦之所与知能行者、語諸世俗、使田夫野老幽閨婦女皆暁然於心目間)」と述べるのと全く同じである。『感応篇』を通覧して誰もが気付くのは、善への指向が宋学や家訓にもまして強いということである（もちろん『感応篇』は善書なのであるからそれは当然といえば当然であるが）。そしてそこで理想的人格として目指されているのはまたしても「善人」である。

伝曰、遏悪揚善、在『易』謂之君子、在『篇』謂之善人。……大抵人非尭舜。安能毎事尽善。其不善者即名為悪。我能為之遏之使之不至自棄。復得勉而従善人。誰不貴於善。……此遏悪揚善、『太上』所以称為善人。

『感応篇』巻四「遏悪揚善」李昌齢伝

【伝に言う、悪を遮り善を掲げること、それを『易』では君子といい、『感応篇』では善人とよんでいる。……たいていの人は尭舜ではないので、善を全てに渡って極めることなどできない。不善は悪と言う。わたしはこれを遮り自棄に至らないようにできる。また一生懸命善人に従う。善を尊ばないものは誰もいない。……この悪を遮り善を掲げることのできるものを、『感応篇』では善人と称するのである。】

悪を絶ち善を揚げる者を、『易経』では君子と言うが『感応篇』では「善人」というのだと明確に規定している。そしてたいていの人は尭舜ではないので善を極めることができないと言う。ここでは「善人」は従うべき理想的人物像として描かれている。それは聖人君子と同様に普通人には到達不可能な境地なのであろうか。

伝曰、孔子曰「善人吾不得而見之矣、得見有常者斯可矣」。然則善人者当何修何飾而能到其地乎。曰、無他。但能践『篇』中之言、即能到其地也。……夫善人君子者男子極善極美之称也。……（李昉とその子宗諤の）二公所践、真可謂允踏。夫『篇』中所謂善人之説也。得名善人、豈為過哉。『感応篇』巻五「所謂善人」李昌齢伝[24]

【伝に言う、孔子は「わたしは善人には会えない、常に変わらぬ人に会えれば良い」と言う（述而）。ならば善人はどのよう手だてを加えたらその境地に至れるのだろうか。それは他でもない。ただ『感応篇』の中の言葉を実践するだけで善人の境地に至ることはできるのだ。……善人君子は男子にとって極限の称号である。……（李昉とその子宗諤の）二公の行いは、まことの（善の）実践だと言えよう。『感応篇』の中のいわゆる「善人」である。ここまですれば「善人」と名付けても言い過ぎではない。】

「善人」の境地は、ただ『感応篇』の中の言葉を実践するだけで至ることができ、それは「男子極善極美之称」であると述べる。そして李昉（九二五―九九六）とその子宗諤（九六五―一〇一三）を「善人」と言っても言い過ぎではないと締めくくる。「善人」は尭舜や孔子だけでなく、地道に善行を積み重ねていれば普通人でも到達可能なのである。「善人」であれば、「人皆敬之、天道祐之、福禄随之、衆邪遠之、神霊衛之」（『感応篇』巻五）と次々に善果が訪れるのである。

では『感応篇』において具体的にはどのようなことが「善」とされているのか。それは「忠孝友悌、正己化人、矜孤恤寡、敬老懐幼」（巻二冒頭の本文）である。「忠孝友悌」は言うまでもなく儒教の最も基本的な徳目であり、その後の「正己化人」も宋学で盛んに言われる「修己治人」とほぼ同義である。

『感応篇』における「善行」についての記述はほぼ以上に尽き、それ以後は様々な具体的な「悪行」が延々と列挙される。例えば「義や道理に背いて行動し、悪を自らの才能となし、人目を忍んでものを傷つけ、こっそりと善人を攻撃し、ひそかに君親を侮る（非義而動、背理而行、以悪為能、忍作残害、陰賊良善、暗侮君親）。」（巻六）、「先達を侮り、仕えている者にそむき、官職のない者をたぶらかし、同窓の者をそしり、欺き騙し、親族を攻め非難し、人を侵害し不仁であり、心がねじれ、自らの力に頼って行動し、是非に適わず、背中を向けて正しさからかけ離れ、下の者を虐げて功を奪い……（慢其先生、叛其所事、誑諸無職、謗諸同学、虚誣詐偽、攻訐宗親、剛強不仁、狼戻自用、是非不当、後背乖宜、虐下取功……）」（巻七）以下省略するが、この悪行の羅列は最終巻まで続いている。そこで語られているのは、君臣・親子兄弟及び宗族関係の確立、犯罪の禁止、善心の修養などである。そこにとりたてて目新しいものはない。むしろそれらを一つ一つ具体的に詳細に、普通人でも理解できるように記述している点に特徴がある。そしてそれは家訓の特徴とまさに同じなのである。

そして日常的修養法においても儒と道は一致を示す。

趙康靖公概、嘗置瓶豆二物於几案間、毎一念起、必随善悪、以豆別之。善則投一白豆於白瓶中、悪則投一黒豆於黒瓶中。初則黒豆絶多、既而漸少。久而善悪二念都忘、瓶豆二物亦倶棄而不用。

『感応篇』巻一「太上、禍福無門、唯人自召」伝[25]

【趙康靖公概は、かつて瓶と豆の二つを机のところに置き、一念が起こるごとに、それが善であるか悪であるかによって、豆を瓶に入れ分けた。（一念が）善なものであれば白豆を白瓶に入れ、悪いものであれば黒瓶に入れた。初めは黒豆を黒瓶に入れることが多かったが、だんだんと少なくなっていった。しばらくして善悪の二念とも忘れ、瓶も豆もともに捨てて用いなくなった。】

これは前章で検討した葉夢得が善行として取り上げたエピソード（『避暑録話』巻上第九六条）と全く同じ内容である。趙概の豆を用いた修養のエピソードを、『感応篇』と儒家官僚である葉夢得の随筆とがともに採っているのである。葉夢得が道教・仏教に親和的であったことは確認したが、『感応篇』と同じ挿話を善行として扱っている点は、儒教と道教とが期せずして交錯した興味深い事例と言える。

二―四　「善人」をつくり育てる

ここで再度『省心』に戻りたい。普通人は一体いかなる方法で「善人」になるのか。

教子弟無他術。使耳所聞者善言、目所見者善行、善根于心、則動容周旋無非善。譬如胡越交居、再世則語音変。幼則視父兄、長則視朋友。雖然善悪有種、視先世如何耳。『省心』第五六条[26]

【子弟を教えるのに他の方法はない。耳に善言を聴かせ、目に善行を見せ、心に善が根付いたら、一切の立ち居振る舞いが善となる。例えば北方の胡人と南方の越人と同居していれば、次の世代は発音が変化してくる。幼い時は父兄を見、長ずれば友人を見る。善悪にはその種子があるが、それにはその親を見れば良い。】

子弟たちを教える方法は一つしかない。耳に善言を聞かせ、目に善行を見せることだ。そうすれば善が心に根付き、あらゆる振る舞いが善になると言う。例えば朱熹であれば「居敬窮理」を唱え内なる涵養が大切であると言うだろう。心学を唱える陸九淵は言うまでもなく、事功派の陳亮でさえ内面的な心の涵養を説く[27]。儒者が道徳修養を語る場合は基本的には内面からの充実をまず第一とする。それに対して、この『省心』の、善を外側から詰め込んでゆくという方法は極めて特異なものであると言えよう。日常道徳という位相にあってもこのような考え方は他には見られない。

では自己というのは、もともと空っぽのもので、外から与えられるものによって善にも悪にもなるのであろうか。『省心』は決してそうではないと言う。「良知」はもともとちゃんと内に備わっている。ただそれが忘れられがちなのだと言う。

事親孝者、事君必忠、何以知之。良知固存。雖妻子不能移其愛。推此以尽為臣之道、則爵禄安能易其守。子惟知有親、焉得不孝。臣惟知有君、安得不忠。所以良知者、其可忘乎。『省心』第六一条

【親に仕えて孝である者は君子に仕えても必ず忠を尽くすが、それがどうして分かるのか。それは良知がもともと

とあるからである。妻子であってもそれを変化させることはできない。これを推し及ぼして臣下たるべき道を尽くせば、官位や俸禄など簡単に守ることができる。子はただ自分に親があることを理解していれば不孝などは起こり得ない。臣はただ君主がいることを理解していれば不忠などあり得ない。良知を忘れることなどあり得ないのだ。】

ではいかにして普通人たちに「善」を指向させるのか。その動機付けが次に問題となる。この点に関しては前章、前々章でも触れたが、彼らは「利」によって普通人たちを「善」へと導いた。それは『省心』においても例外ではない。[28] 前章では「利」と「善行」との関係を確認したが、ここでは「利」そのものの内容について少々詳しく見たい。

二―五　「安楽」と「逸楽」

『省心』において善行を尽くして後に至る「利」は二種類に大別できる。その一つは「安楽」「逸楽」である。いくつか例を見てみたい。

知足則楽、務貪則憂。　『省心』第一二条
【足るを知れば楽しみ、貪ることに務めれば憂う。】
知足者貧賤亦楽、不知足者富貴亦憂。　『省心』第八七条
【足るを知る者は貧賤もまた楽しく、足るを知らない者は富貴でも憂う。】

「足るを知る」というのは「分に安んじる」と同様、現在の境遇に充実感を見出そうという、日常道徳における重要な徳目の一つである。ここでは「足るを知」ればそこには「楽」があり、そうしないと「憂」であると述べられている。「善行」すれば「楽」であり、「不善行＝悪行」すれば「憂」なのである。『省心』はこの「楽・憂」の語を、人生の価値を判断する基準として多用する。(29)

しかし「善行」すればただちに「楽」、「悪行」すればただちに「憂」なのではない。「楽」「憂」はあくまで結果としてもたらされるものである。次の言葉を見てみたい。

行坦途者肆而忽、故疾走則蹶。行険途者畏而謹、故徐歩則不跌。然後知安楽有致死之道、憂患為養生之本。可不省諸。　『省心』第二九条

【平らな道を行く者は好きなように歩けるので油断するがゆえに疾走してつまずく。険しい道を行く者は恐る恐る一歩もゆるがせにしないのでゆっくりと歩き足を踏み外すことはない。その後安楽には死に繋がる道があり、憂患に養生の道があることを知る。このことをおろそかにしないようにすべきである。】

「楽」な道程は怠慢に繋がり結果として死に至るのであり、「憂」であれば恐れ慎む故に養生の本となるのである。「善」であれば結果としての「楽」に至ることができるが、「楽」な道のりは結果として「死」に至ることになる。

心可逸、形不可不労。道可楽、身不可不憂。形不労則怠惰易弊。身不憂則荒淫不止。故逸生于労而嘗休、楽生于

憂而無厭。是逸楽也、憂労其可忘乎。　『省心』第六六条
【心は安逸なるべきだが、体は労苦すべきである。道は楽しむべきだが身は憂うるべきである。かたちは労苦しないと怠惰になり窮弊しやすい。身は憂患していないと荒んでしまって止めようがなくなる。だから逸楽は労苦憂患から生まれるのでそこに留まり厭うべきではない。逸楽にあっても労苦憂患を忘れてはならない。】
少不勤苦、老必艱辛。少不服労、老不安逸。　『省心』第一七八章
【若い時に勤苦しないと老いてから必ず艱難辛苦することになる。若い時に労苦していないと老いても安逸にはなれない。】

修養の過程ではあくまで「労苦」すべきなのである。「楽」は「憂」を経た後に初めて得られる。「善行」自体は決して「楽」なものではなく、「労苦」を伴うものなのである。あるいは「労苦」を「楽」と思うことができる境地が「楽」なのであるとも言えるが、普通人たちにそのような境遇を楽しめと無理強いすることはできない。だからこそ「労苦」して「善行」を積めば、最後には「楽」が訪れると説くことで人々を道徳修養へと導き入れるのである。[30]

二—六　応報思想

もう一つの「利」は天が下す賞罰である。『省心』では善行・悪行に対する天の反応があからさまに語られており、その応報に対する信頼は前章の葉夢得以上とさえ言える。いくつか例を見てみたい。

為善則善応、為悪則悪報。成名滅身、惟自取之。　　　　　　　　『省心』第九四条

【善をなせば善が応じ、悪をなせば悪が応じる。名を成すも身を滅ぼすも、自分次第なのだ。】

禍福者天地所以愛人也。如雷雨雪霜皆欲生成万物。故君子恐懼而畏、小人僥倖而忽。畏其禍則福生、忽其福則禍至。　　　　　　　　『省心』第三八条

【禍福とは天地が人を愛している証拠である。雷雨雪霜はみな（天地が）万物を生成せんとしているのである。ゆえに君子は（天地を）恐れるのであり、小人は僥倖だとしていい加減になる。災禍を恐れて（身を慎んでいれば）福が生じ、自らの幸福を（僥倖だとして）いい加減にしていると災禍がやってくるのである。】

また陰徳の勧めを説くところもある。ここまで至ると、もはや『感応篇』など善書の発想に近い。

為善不求人知者、謂之陰徳。故其施広、其恵博。天報必豊。是故聖人悪要誉、君子恥姑息。　　　　『省心』第一四一条

【善をなしてそれを他人に知られることを求めない、それを陰徳と言う。ゆえにその実践は多岐に渡り、様々なところに恩恵をもたらす。天報も必ず豊富にある。よって聖人は栄誉を求めることを憎み、君子は一時しのぎを恥じる。】

夙興夜寝、無非忠孝者、人不知、天必知之。飽食煖衣、恬然自衛者、身雖安、其如子孫何。　　　　『省心』第八八条

【日夜職務に励み忠孝である者は、人は知らなくとも天は必ずそれを知る。飽食して、良い服を着ていて、それを恥とも思わず我が身を守っている者は、自身は安泰だとしても子孫はどうなるか分かったものではない。】

不自重者取辱、不自畏者招禍、不自満者受益、不自是者博聞。吉凶悔吝自天、然無有不由己者。

『省心』第四七条

【自重しない者は恥辱を味わい、自ら恐れない者は災禍を招き、自らに満ち足りていない者は益を受け、自らを良しとしない者は見聞が広い。吉凶悔吝は天からやってくるのだが、それは自らが招き寄せるのである。】

朝起きてから夜寝るまでずっと気を抜くことなく忠孝であらねばならない。自重しない者、畏れ慎まない者には災禍が訪れ、現在の自分に満足せず精進する者には天が吉をもたらす。しかし現実には善行に天が必ず福をもって報いてくれるわけではない。そのことは前章でも葉夢得が述べていた。それに対し『省心』は次のように語る。

『省心』第三七条

善悪報緩者非天網疏。是欲成君子而滅小人也。

【善悪の報応がゆるいのは天網が疎なのではない。君子を成長させて小人を滅ぼそうとしているのである。】

葉夢得の場合、善行とそれに対する天の応報との不一致はあくまで偶然であるとされていたが、『省心』において、それは「君子を育成し小人を滅ぼす」ためであるという。善行に対して天報がただちになければ、君子はより精進するであろうし、小人であればすぐに怠けて堕落するであろうとの意味と思われる。ここでは天報の疎漏を天の意志として積極的に、より好意的に解釈する態度を示している。善行と天との感応関係に対する無条件の信頼と、時に生じる不均衡をさらなる道徳修養へと繋げていくこの論法は、宗教的とすら言えるものである。

『省心』第一七七条

善悪之報速則人畏而為善。天網雖勿漏、恐太疎則流中下之性。

【善悪の報応が早ければ人は恐れて善をなす。天網は漏らすことが無いけれども、応報が疎ければ中下の性に流れてしまう。】

しかし基本的に善悪の応報は速やかなものである。なぜなら応報が疎かったならば、人性は中・下に流れていってしまうからである。普通人たちの心性はややもするとに怠惰に流れがちである。その心を繋ぎ止めるには速やかな反応が常に求められるのである。ここで次にこの人性の維持ということについて考えてみたい。

二―七　善性の維持

さて安楽や天報という「利」を目の前にぶら下げられ、善言を聞かせ善行を見せるなどして善性をその内側に詰め込まれた普通人は一体どのような状態にあるのか。

人之制性、当如堤防之制水。朝培暮植、猶恐蟻漏之易壊。若汎濫不固、一傾而不可覆也。『省心』第一〇六条

【人が自らの性を制御するのは堤防で水を制御するようなものだ。蟻の巣穴ほどの穴が開けば崩壊してしまうとして、朝に晩に培い育てる。もし水が溢れてきて抑えきれなくなったら、一気に流れ出て元に戻すことはできない。】

人が自らの内にある性を取り扱うのは、堤防に遮られ貯まっている水を制御するようなものであると言う。朝から晩まで四六時中漏れてはいないかを点検せねばならない。何しろこの善性は小さな穴からでも漏れ出ていき、そして一旦溢れ出したらもう元には戻せないからだ。『省心』において、漏れ出すというのは「不善を行うこと（人性如水。為不善如就下[31]）」である。この水の比喩自体は、『孟子』告子の「人性之善也、猶水之就下也」から採っているのであろうが、堤防によって絶えず防ぎとめておかなければならないという発想は『省心』独特のものである。さらに『省心』で語られる「性」は、例えば程頤や朱熹ら道学者の解釈する「性」とは明らかに異なっている。道学においては、「性」は「理」と結び付いて人間性を決定付ける普遍的・根源的性格を持つものであるが、『省心』に見られる「性」に関する言説はほとんどと言って良いほど下へ流れていこうとする水の比喩によって構成されている。またこのような性の捉え方は、性善説か性悪説か（または性無善悪説か）といった、宋代に再燃した性の属性に関する議論からも遠い位置にある。この従来の性説の範疇に当てはまらない『省心』の性をどのように解釈したら良いのであろうか。見聞きすることによって内に根付き蓄えられ、油断すると外に流れ出てしまうもの。それを今の言葉では「意識」と呼ぶのではないか。そうであるとしたら「善性」とは「善の意識」あるいは「善を保とうとする意識」と言えるであろう。

人性如水。水一傾則不可復。性一縦則不可反。制水者必以堤防、制性必以礼法。　『省心』第一九八条
【人の性は水のようなものだ。水は一旦流れると元には戻せない。性も放っておけば戻すことはできなくなる。水を制御する者は必ず堤防を用いる、性を制御するには必ず礼法を用いる。】

人性如水。曲直方円、随所寓善悪邪正、随所習富貴声色。皆就下、不労習者。人若非見善明用心剛、強忍力行、

則決堤壊防、不流蕩者幾希。　『省心』第一六〇条

【人の性は水のようなものだ。曲直方円どのような形にも変化するため、やどる善悪邪正の形そのままに従い、自分が慣れ親しんだ富貴や外見の美しさなどに従う。しかも性は（水のように）下の方、楽な方へと流れていく。人がもし善をはっきりと見据えず心をしっかりと把持して忍耐強く行動しなかったら、堤防が決壊するごとく放縦しない者はほとんどいない。】

不定形で善悪邪正いかようにも傾斜し得る内的意識は、自らの内側においてそれを善の領域に保とうと努めるだけでなく、礼という「善なる形式」に沿って行動することで善の外にはみ出すことを免れるのである。

第三節　善人たちの世界

様々な訓致と修養を経てようやく善人となった普通人たちは、では一体どのような世界に住むのか。彼らは「俗」や「人情」などの、時と場所によってその姿を変え、長期の不動性を持ち得ない文化的構築物を普遍的価値観の基盤と見なしていたが、(32)そのような「土地」にいかにして倫理的世界をうち立てるのか。

事君如事父。以実不以文、以誠不以巧。尊而畏之、愛而敬之。尊則不敢欺、畏則不敢侮。愛則不忍隠、敬則不忍犯。　『省心』第二一三条

【君主に仕えるには父に仕えるようにすべきだ。誠実さをもってすべきで表面を飾ったりしてはならない。尊敬して畏怖し、愛して敬うべきだ。敬って欺かず、畏怖して侮らず。愛していれば隠しごとなどできず、敬っていれば逆らうことなどできない。】

父君に仕えるには「誠実」が大事であると言う。父が「慈」で子は「孝」、兄が「友」で弟は「恭」、これはお互いにそうでなければならない道理である。しかし子は父の「慈」を待ちその後で「孝」であったり、弟が兄の「友」を待ってその後で「恭」であったりしてはならない。それは人を責めるのに「信」を用いてその後に「誠」をもって報いるようなものだ。

父慈子孝、兄友弟恭、相須之理也。然子不可待父慈而後孝、弟不可待兄友而後恭。譬猶責人以信、然後報之以誠。

『省心』第六二条

ここにも「誠」の字が確認できる（「信」も「まこと」を意味しよう）。善人の世界においては、「誠」によって人と人とは結び付く。「誠」を介して人は倫理的関係を形成するのである。例えば朱子学的な理解では、人と人とは四端から仁義礼智、そして最終的には内在―超越的性格を持つ「理」によって媒介され整然たる秩序のなかに組み込まれる。しかしここに見られるような善人の「誠」とは「誠意」、つまり「まごころ」のことである。この「まごころ=誠」は、『中庸』や『易』などを引いて宋学で形而上学的に展開される「真実無妄の太極」であるとか「誠是道理之実処、中即誠矣」（『語類』巻六二―一九）、あるいは「誠、実理也。亦誠慤也」（『語類』巻六―二八）といった解釈を通して見えてくるような性質のものではない。つまり「理」のように、あらゆる存在の奥深くに普遍的に備わっているものではなく、また超越者として万物の上に君臨している絶対的原理ではない。『省心』における「誠」は、単なる「善意」という名の道徳感情であり、さらに言えば「善の方に傾いた気持ち」である。この「誠」の観念は『感応篇』でも非常に重要な役割を果たしている。

合而言之、皆不誠也。大抵誠者、天之道也。思誠者人之道也。今乃捨誠而習為虚誣詐偽、即是戻天之道而失人之道也。『感応篇』巻七「虚誣詐偽」李昌齢伝

【（虚誣詐偽は）合わせて言えば、みな「誠」ではない。おおよそ「誠」とは天の道である。「誠」を思うのは人の道である。いま「誠」を捨ててうそいつわりを積み重ねているのは、天の道に逆らい人の道を見失ってしまっているのである。】

「虚誣詐偽」つまり「誠実でないこと」は、天の道に逆らい人の道を失わせることであると言う。

於温公者、至誠二字平生行之、未嘗少離。即是無不誠矣。『感応篇』巻一一「知善不為」伝

【司馬温公においては「至誠」の二字を平生から実践していて、そこから乖離することがなかった。この態度こそ「誠」に他ならない。】

昔鄧至善教導又能遇人以誠。其後子孫皆躋膴仕。熙寧九年、神宗御集英第進士時、長子綰已為翰林学士侍立上前。又唱名至其季弟績。綰下殿謝。又唱名至其二孫、又下殿謝。上顧而笑、王恭公従旁称美曰、此其父鄧至善尽誠教

導所致也。　　　　『感応篇』巻二〇「恚怒師伝」伝

【昔、鄧至は至善なる態度で教導し人には「誠」をもって相対した。その後彼の子孫はみな高官にのぼった。熙寧九年（一〇七六）神宗が進士に及第した者を集めた時、長男の綰はすでに翰林学士となって皇帝の前に立っていた。（彼は合格者の名前を読み上げていき）末の弟である績の名を呼び、績が来た時綰も殿を降りて皇帝に挨拶した。また二人の孫の名前も呼び、彼らが来た時また綰も殿を降りて皇帝に挨拶した。皇帝は振り向いて笑うと、王恭公は傍らで誉め称えて、これも父の鄧至がよく「誠」を尽くして教導したからでしょうと申し上げた。】

鄧至が「誠」をもって教導していたら、子孫たちはみな高官に昇ったという。そしてこの「誠」はどのような形で人同士を結び付けるのか。

自信者人亦信之、胡越猶兄弟。自疑者人亦疑之、身外皆敵国。　　　　『省心』第三三条

【自ら信じる者はまた人に信じられる。胡越がまるで兄弟のごとしである。自ら疑う者はまた人に疑われる。自分以外はみな敵国人となる。】

「自ら信ずる」とは「自らを誠と思う」と解して良いであろう。「誠」をもって対すれば、相手も「誠」をもって応じてくれる。それは打てば響くような呼応の関係にある。あるいは感応の関係にある。「誠」以外の倫理的観念にも同様の論理は貫通している。

孝于親則子孝。欽于人則衆欽。　『省心』第一九条
【親に孝であればその子も自分に孝を尽くす。人を敬えばみなも自分を敬ってくれる。】

つまりこの「誠」は人と人の間に通ずる「こころ」の中にあるのであり、それを越えたどこか抽象的な空間に浮かんでいるわけではない。「誠」が本当に相手に通ずるかどうかに関して『省心』は疑いを持たない。よって「理」を説く必要が生じないのである。「理」の不在を前提とすると次の紋切り型の言葉も別の見方ができるであろう。

天下有正道、邪不可干。以邪干正者、国不治。天下有公議、私不可奪。以私奪公者、人弗服。
『省心』第一一二条
【天下に正道あれば、「邪」はそれを侵すことができない。「邪」が「正」を侵せば国は治まらない。天下に公議あれば、「私」はそれを簒奪することはできない。「私」が「公」を簒奪すれば人が服従することはない。】

天下には「正道」「公議」があり「邪―私」はそれを阻むものであるという認識である。小島毅氏は黄宗羲の『明夷待訪録』を分析し、「皆の見解が一致すればそれがただちに〈公議〉なのではない。道理にかなった正しさに裏打ちされて、はじめて〈公議〉として通用するのである」と述べる[33]。しかし「道理」が「誠」という共通感覚の中にしかない『省心』においては、「道理にかなった正しさ」でさえもおそらく「〈道理にかなった正しさ〉であると皆が考える」ことによって成立していると想像される。

この「誠」はまた人と人の間のみに存するわけではない。

蛮夷不可以力勝而可以信服。鬼神不可以情通而可以誠多達。況渉世与人為徒、誠信其可捨諸。『省心』第九二条

【夷狄は力によってでなく「信」によって心服させるのである。鬼神は情によってではなく「誠」によって（こちらの意志を）伝えるのである。ましてや世の中や人々と付き合っていく場合、「誠信」が必ず必要である。】

漁猟不同風、舟車不並容。飲食嗜好、礼儀貪残、四夷与中国、殊絶若氷炭。至于推誠則不欺、守信則不疑。六合之内可行。動天地、感鬼神、非誠信不可。『省心』第三四条

【魚の漁と鳥の猟ではその形態が異なり、船と車では置かれる場所が違う。飲食の嗜好、礼儀のあるなしは、四夷と中国のように隔絶している。しかし（交渉の時に）「誠」をもって推し進めれば欺かれず、「信」を守れば疑われない。世界中すべて同様である。天地を動かし鬼神を感動させるのは「誠信」以外にないのだ。】

両文ともほぼ同内容であるが、後者の方が表現はより強烈になっている。「誠」は各地域によって異なる風俗を越え、そして礼的秩序つまり中華文化の境界を越えて、夷狄との心的結合をも可能にする。さらに天地を動かし鬼神を感応させ得るのは「誠信にあらざれば不可」であると述べる。「誠」はこのように中国内の人と人とを結び付けるだけにとどまらず、人と夷狄、人と天地、人と鬼神とをも結合させるのである。

『省心』はこのような「善人」たちの世界の実現に向けて、「善言」をあくまで分かりやすい口調で愚直なまでに繰り返し語り続けるのである。

【注】

（1）出身地が『全宋詞』では「河陽」とあるが、『四庫全書総目』は「懐州人」とし、『宋史』では兄の邦彦も「懐州人」である。河陽と懐州との距離は約二五キロほどであり、その違いにあまり問題はないと考える。

（2）「李邦彦、字は士美、懐州の人。父浦は、銀工であった。邦彦は進士を伴って遊ぶことが好きで、河東の挙人の入京する者は、必ず寄り道して邦彦を訪れた。彼が砦を造営すると、浦もまた銀工をやめて一緒に仕事をした。かつ資金も支給されたため、それから邦彦の誉望はますます高まった。太学に補欠で入学し、大観二年（一一〇八）に上舎及第し、秘書省校書郎・試符宝郎を拝命した。……邦彦はよく宮中の人に仕え、彼らを推薦したり誉めたりして、あっという間に中書舎人・翰林学士にまで昇進した。宣和三年（一一二一）には尚書右丞を拝命、五年（一一二三）には左丞に転じた」。「李邦彦字士美、懐州人。父浦、銀工也。邦彦喜従進士游、河東挙人入京者、必道懐訪邦彦。有所営置、浦亦罷工与為之。且復資給其行、由是邦彦声誉奕奕。入補太学生、大観二年上舎及第、授秘書省校書郎、試符宝郎。……邦彦善仕中人、争薦誉之、累遷中書舎人、翰林学士承旨。宣和三年拝尚書右丞、五年転左丞」。『宋史』巻三五二

　また『省心雑言』の項安世による跋文（一二〇四）には「李公生于太平之世富貴之家、老于南遷之後」という記述も見られる。ちなみに序跋などから李家の系譜を辿ると、李浦―李邦献―李古卲―李岐剛―李景初となる。

（3）「藻は実践の学は日用に現れるとかつて言ったことがある。その基本は正心誠意にある。その効果は、小さなものなら〈斉家〉、大きなものなら〈治国〉に至る。これがすなわち聖賢が代々伝えてきた心法である。河内李公太中先生は『省心雑言』一編を著して、子孫に訓戒を残した。（その説は）終始〈孝弟忠信仁義道徳〉の説に沿ったものである。それらは実践が極まって言となって表れたもので、（その記述は）簡にして法度を備えており、『大学』とは表裏の関係にある。私は先生から暗愚ではないと判断していただけたようで、暇日蔵していた該書を取り出して、私に授けてくれた。……この書には、誠に聖賢の心法が宿っており、それはまるで『老子』の中で道徳を語るがごとくであり、聖人であればこれを採用するに違いない。そこでこれを刊行して、その伝法を公開することにした。ああ、今の学者は、文飾には余りあっても内実が不足しており、大本の部分を枯渇させている。またその言葉を実践できる者も少ない。この書がなかったならば、いかにして聖賢の心法を見ることができただろう。門生右奉議郎権通判

興元軍府主管学事兼管内勧農事賜緋魚袋馬藻跋」。「藻嘗謂、践履之学、見于日用。其本在于正心誠意。其効、小用之以斉家、大用之以治国。是乃聖賢相授之心法也。河内李公太中先生著『省心雑言』一篇、以貽訓子孫。始終不離乎孝弟忠信仁義道徳之説。践履至到、発而為言、簡而有法、与『大学篇』相表裏。先生不以藻為愚、暇日出所蔵、以相付授。……是書也、実聖賢心法所寓、如老子之言道徳、聖人将有取焉。乃刊而集之、以公其伝。吁今之学者、文有余而実不足、涸源蹙本。能践其言者鮮矣。微此書、何以見聖賢之心法也。夫門生右奉議郎権通判興元軍府主管学事兼管内勧農事賜緋魚袋馬藻跋」。馬藻『省心』跋

（4）「祖父の敷文が平居の折に自らが『省心雑言』と名付けた一篇は、みな箴規訓戒の辞である。岐剛が児童の時、その版本が蜀で刊行されているのを見たことがある。それには名士らがいくつも序跋を付けていた。この書は士大夫らに愛重され、池陽や新安でも刊行された。それらの本はみな（作者は）祖父であるとしていた。嘉定戊辰（一二〇八年）に、わたし（岐剛）が都に転勤した際、（『省心』が）書店で刊行され、その小本が市場で売られているのを見たが、それらは林和靖の作だとされていた」。「先大父敷文平居自号『省心雑言』一編、皆箴規訓戒之辞。岐剛児童之時、尚及見其手稿板行于蜀。名公鉅卿書其前後者不一。士大夫愛重之、以其本刊于池陽于新安。皆以為大父之文也。嘉定戊辰岐剛調官都城、見書坊有刊、小本鬻于市、以為林和靖之作」。李岐剛『省心』跋。

　なお林逋（九六七—一〇二八）は、銭塘の人。字君復。諡は和靖先生。

（5）尹焞（一〇七一—一一四二）、洛陽の人。字彦明。号は和靖処士。

（6）宋の李邦献撰。邦献は懐州の人。太宰邦彦の弟。官は直敷文閣に至る。この書は宋代に臨安の刊本があり、林逋撰と題されていた。あるいは尹焞の撰とされていた。宋濂による跋文では、林逋ではなく尹焞が作者だという説に関して、和靖という号が偶たま同じであったために起こった誤りであり、それらは皆本当ではないと述べている。（宋濂は）王佖が編した『朱子語録続類』の内に、『省心録』、乃沈道原之作」という文があることから、それは必ず基づくものがあるのであろうと推測し、沈道原の書であると定めた。陶宗儀の『説郛』は（『省心』の）数条を採録し、林逋の作と記しているが、これも定論ではない。今『永楽大典』の掲載する『省心』二百余条を考えるに、宋代の版木が全て用いられていると思われる。前には祁寛・鄭望之・沈濬・汪応辰・王大実の五つの序があり、後には馬藻・項安世・楽章の三つの跋、また邦献の孫耆（〃岐〃の誤り）剛及び四世孫の景初の跋が三首あり、みなこの書を邦献の作としている。耆剛はかつて手稿本を見たと言い、世が林逋の作だと言っているのは誤りだと述べている。李氏の孫から出た説であれば、でたらめではあるまい。また王安礼の「為沈道原作墓誌」を見ると、（沈の）著した『詩伝』『論語解』

等の書を列挙しているのに、そこには『省心雑言』の名が無い。（『省心』が）沈道原の作ではないと判断するに十分な材料であろう。宋濂が根拠とする『朱子語録』中の沈道原作者説も、はっきりとしない。この書の内容は適切にして簡要、質朴にして該博、世俗に範を垂れ励ますという方面において非常に効果がある。謹んでその誤りを正し、李氏の書と定め、その異同を考証した」。「宋李邦献撰。邦献懐州人。太宰邦彦之弟。官至直敷文閣。是書在宋有臨安刊本、題為林逋撰。或又以為尹焞所撰。至宋濂跋其書、則謂逋固未嘗著、焞亦因和靖之号偶同而誤、皆非其実。而王佖所編『朱子語録続類』内、「有『省心録』、乃沈道原之作之」文、必有所拠、当定為沈本。陶宗儀『説郛』録其数条、仍署為林逋所作、迄無定論。今考『永楽大典』、具載是書、其二百余条、蓋依宋時槧本全帙録入。前有祁寛・鄭望之・沈濬・汪応辰・王大実五序、後有馬藻・項安世・楽章三跋、並有邦献孫耆岡及四世孫景初跋三首、皆謂此書邦献所作。耆岡且言曽見手稿、而弁世所称林逋之非。其説出於李氏孫、自属不誣。又考王安礼「為沈道原作墓誌」、具列所著『詩伝』『論語解』等書、並無『省心雑言』之名。足証確非道原作。宋濂拠因『朱子語録』定為道原、其亦考未審矣。其書切近簡要、質而能該、於範世励俗之道頗有発明。謹釐正舛誤、定為李氏之書、而考証其異同如右」。『四庫全書総目』巻九二、子部儒家類二「省心雑言　永楽大典本」

（7）「景初の四世の祖、提刑敷文は丞相文和公の介弟である。太平の世に成長するも憂えていた。優れた才を持ちその精神は正直、見識は遠くまで及ぶも人の限界というものもはっきりと認識していた。その考えは壮大にして言葉は抜きん出ていた。人との往来が多くても応答はきちっとしていた。しかし人々は彼が貴人であるとは知らなかった。彼は建炎から紹興の間、三朝に仕えた。……耳順の年を越えて、辞職することを求めた。人は彼を漢の二疏（疏広と疏受）が林下に遊んだのになぞらえた。八〇歳を越えると、人は彼を洛中の諸老になぞらえた。晩年に坐右の言葉数十条を著して子孫たちを訓導した。その書を『省心雑言』と名付けた。その内容は明白かつ透徹、沈着にして痛快。様々な語録の中でも他に並ぶものがない。刊行されてから久しいが、景初の祖父である通守古邵も以前に刊行したことがある」。「景初四世祖提刑敷文乃丞相文和公之介弟。生長太平中更憂患。稟賦厚而神気正、識見遠而界限明。抱負偉而発舒奇、経渉多而酬応定。人不知其為貴人也。是以仕建紹間、歴事三朝。……年踰耳順、力上掛冠之請。人以比漢二疏優遊林下。寿踰八秩、人以比洛中諸老。晩年書所見于坐右、凡数十条、以訓子孫。名曰『省心雑言』。明白洞達、沈著痛快。雑之語録中莫弁。刊行已久、景初王父通守古邵、亦嘗鋟梓」。　『省心』李景初跋

（8）『四庫全書総目』に「王大実」とあるのは誤り。

（9）参考に全文を掲げておく。「敷文は一冊の家訓を著し『省心雑言』と名付けた。『書経』に〈人心惟れ危うし、道心惟れ微なり。惟れ精惟れ一、允に厥の中を執れ〉と言い（大禹謨）、また〈徳を作せば心は逸にして日び休う、偽を作せば心は労して日び拙な

し〉、と言う（周書）。いわゆる省心とは注意深く災難を防ぎ、その根本に帰ることを言う。とことんまで偽りを退け徳を進めてゆくだけである。戊子暮春、掲陽の王大宝書す」。「敷文以家訓一冊見示、名以『省心雑言』。書曰人心惟危、道心惟微。惟精惟一、允執厥中。又曰、作徳心逸日休、作偽心労日拙。所謂省心者、防危精微、以復其初。屏偽進徳、以臻其至、如斯而已。戊子暮春掲陽王大宝書」。

（10）「金人が都に肉薄しており、李綱・种師道は辞職したが、邦彦は割地の意見を堅持した。太学の学生陳東ら数百人が宣徳門で待ちかまえて上書し、邦彦や白時中・張邦昌・趙野・王孝迪・蔡懋・李棁らはみな国賊であり、これを取り除くべきだと請願した。邦彦が朝廷から帰るときには群衆が指さして罵り、その上殴打しようとさえしたが、邦彦は馬を疾駆させてこれを免れた」。「金人既薄都城、李綱・种師道罷、邦彦堅主割地之議。太学生陳東数百人伏宣徳門上書、言邦彦及白時中・張邦昌・趙野・王孝迪・蔡懋・李棁之徒為社稷之賊、請斥之。邦彦退朝、群指而大詬、且欲殴之、邦彦疾駆得免」。『宋史』巻三五二

（11）一応「善」に言及している条数を挙げておきたい。四条・一七条・二一条・二四条・三五条・三七条・五一条・五五条・五六条・六七条・七八条・八一条・九四条・一〇二条・一〇三条・一〇四条・一〇五条・一〇九条・一一三条・一一七条・一三二条・一三四条・一三九条・一四一条・一四六条・一六〇条・一六九条・一七七条・一八六条。

（12）もちろん「善人」という語自体も用いられている。以下に例を載せておく。「善人と付き合っても終身得るところがない者がおり、不善人と付き合いその行動の全てに従ってしまう者がいるのはなぜか（与善人交有終身了無所得者、与不善人交動静語黙之間亦従而似之、何耶）。」（『省心』第一〇五条）、「善人は徳を広め行い瑞祥を天より下し、悪人は災禍を広めて余殃を後世に残す（善人種徳、降祥于天。悪人種禍、貽殃于後）」（『省心』第二〇〇条）。

（13）木村英一氏訳（講談社文庫）参照。次の訳文も同様。

（14）この文は『正蒙』中正篇第八に見える。「善人欲仁而未致其学者也。欲仁、故雖不践成法、亦不陥於悪、有諸己也。不入於室由不学、故無自而入聖人之室也」。

（15）もっとも吾妻重二氏の指摘によれば、宋学者のなかでも司馬光だけは聖人を到達点とせず、善人を目標としたとのことである。「司馬光は性説について、後漢・揚雄の善悪混在説を採ったが、一般人に可能なのは、性に含まれるその善の要素を伸張させて『善人』になることであって、聖人なのではなかった。」（吾妻重二〔2000〕）

（16）「（梅尭臣は）『黄帝経』を口ずさんでいるわけであるから、梅尭臣の静坐が養生と関わらないはずがないのだが、大上段に振りかぶってやっているわけではなく、雨が降ってどこにも行けなくなったので自然に坐り始めたのである。王禹偁と梅尭臣の静坐に

は白居易のような気負いは見られないが、それだけ生活の一部になりきっていたことが分かる。……欧陽脩のこのような（養生の技術はうまくやれば身体を強健にし病気を駆逐できるという）考え方は、養生法を積極的には日常生活に取り込まないタイプの士大夫が、養生法一般に対して持っていた観念を代表しているだろう。過度の「生命への執着」には辟易しながらも、その実用性は認める不即不離の態度と言ったところか。だからこそ欧陽脩は病気にかかったら養生法を始め、治癒したらたちまちやめてしまったのである。とにかく士大夫の世界に養生法が相当普及していたことの証明にはなるだろう」。（大平桂一〔1994〕）

(17)　道蔵本（北京：文物出版社、一九八八年）を用いた。

(18)　『中国道教史』第三巻第八章「道教在金与南宋的発展、改革及道派分化」の記述も同意見である。（吉岡義豊〔1952:68 - 80頁〕、卿希泰〔1993：100頁〕）

(19)　真徳秀は、建前では『省心』を儒教的道徳を勧めるための書と位置付けている。「世では〈感応〉は老仏から出ているとだけ言っているがそれは間違いである。『書経』は「善を作せば祥を降す」という文があり、『易経』には「善を積めば余慶あり」という言葉があり、それらは〈感応〉の道理を述べているのである（世謂感応之云独出於老仏氏非也。『書』有「作善降祥」之訓、『易』有「積善余慶」之言、大抵皆此理也）」。（『省心』跋）。

仏老の言葉は儒にも以前からあるというこの態度は、前章の葉夢得と同じである。

(20)　卿希泰〔1993：100頁〕。

(21)　『感応篇』巻一「積徳累功」の伝には「伝に言う、徳とは日々新たなることを意味する。功とは日々用いることを意味する。農夫が心配しながら豊作を望み、商人が休まず商売に励むように、今日も徳を積み明日も徳を積み、今日も功を立て明日も功を立てよ（伝曰、徳也者日新之謂也。功也者日用之謂也。苟能閔閔然如農夫之望歳、汲汲然如商賈之営財、今日積其徳、明日又積其徳、今日累其功、明日又累其功）」とあり、また巻三〇「吉なる人は善を語り善を見善を行う、一日に三善あれば三年後に天が必ず福を下してくれる。凶なる人は悪を語り悪を見悪を行う、一日に三悪あれば三年後に天が必ず災禍を下す。どうして善に努めないでいられようか（吉人語善視善行善、一日有三善三年天必降之福。凶人語悪視悪行悪、一日有三悪、三年天必降之禍。胡不勉而行之）」の伝に「必ず（善を語り善を見善を行うこの）三者を欲するだろうが、この三者はみな自らの日用に存しているのである（必欲三者皆善在我日用而已）」と言う。

(22)　実際『感応篇』の中にも三者を調停しようとしている様子が確認できる。例えば巻一「不欺暗室」の伝に「伝に言う、『太上』の〈暗室を欺かず〉は、すなわち『中庸』の〈君子はその睹ざる所を戒慎す〉のことである（伝曰、『太上』所謂不欺暗室、即『中庸』所謂君子戒慎乎所其不睹）」と『感応篇』の説明に『中庸』を引いている。あるいは続けて同箇所に「塵」についての問答において「儒教はこれを世と言い、仏教はこれを劫と言い、道教はこれを塵と言うのである（儒謂之世、釈謂之劫、道謂之塵）」と儒・仏・道がひとつのことを別々の言葉で言っているだけであると述べている点からそれははっきりと見ることができる。もう一例挙げておけば「伝に言う、賢聖には三種類ある。仏家で言えば三乗中人であり、道家で言えば五種仙人であり、わが儒で言えば孔孟がそれである。教えはそれぞれ違うけれども、その精神や出発点はみな同じである（伝曰、賢聖有三。在仏家言之、三乗中人是也。在道家言之、五種仙是也。在吾儒言之、孔孟諸君是也。立教雖各不同、心地法門則皆一也）」。巻一一「訕謗賢聖」伝。

（23）他に次のような例がある。「『太上感応篇』という作品は、まさに後世千年万年を開くものであり、愚夫愚婦が善を行うための門である（『太上感応篇』之作、正所以開千万世、愚夫愚婦為善之門也）」『感応篇』先挺跋。「愚夫愚婦らは、みな善に移り罪を遠ざけることを知っている（庶愚夫愚婦、皆知遷善遠罪）」。『感応篇』陳天昌跋（一二三八）。

（24）また次のような例もある。「伝に言う、『雲笈七籤』では一人の命を救うことができたら三百日寿命が延びる。もし救った人が善人であったら寿命は二倍延びる（伝曰、『雲笈七籤』曰、能救一人之命、当延紀之年。若所救又是善人延寿又当倍之）」『感応篇』「救人之危」伝。「道を真っ直ぐに進んで偏ることがない、これを善人と言う……規矩を曲げ道理に背きよこしまである、これを悪人と言う（直道而行、無偏無党、是曰善人……曲則背理、為佞為邪、是曰悪人）」。『感応篇』巻一〇「以直為曲、以曲為直」鄭清之賛。

（25）趙概（九九六—一〇八三）は『中国歴代人名大辞典』によれば、「応天府虞城の人、字は叔平。仁宗天聖五年の進士。開封府推官となる。出でて知洪州となり、長江沿岸に石堤を築き、洪水の憂いを取り除いた。知制を歴任し、翰林学士となる。嘉祐の間に出世していって枢密使、参知政事となる。太子少師にて致仕す。卒して康靖と謚される」。『省心』にはこの趙概がよく引き合いに出されている。小林義廣氏の『欧陽脩　その生涯と宗族』第一章「欧陽脩小伝」によれば、欧陽脩ははじめ同僚であった寡黙な趙概を内心軽んじていたが、自身がスキャンダルに巻き込まれた際、趙概一人が唯一庇護する側に立ったとのエピソードを載せている（小林義廣〔2000〕）。

（26）この善言を聞かせ善行を見せるという方法は、その意図するところは異なるものの『孟子』尽心上の次の文に基づいたものであろう。「孟子曰、舜之居深山之中、与木石居、与鹿豕遊、其所以異於深山之野人者幾希。及其聞一善言、見一善行、若決江河、沛然莫之能禦也」。

（27）「人が生まれたときは静なる状態であるが、動の状態になれば移動していく。それは外物がそうさせているのではなく、人心がそうさせているのである。耳目鼻口は、動の状態の始まりである。（人生而静、動則有遷。非物使之、人心則然。耳目鼻口、実動之権」。（『陳亮集』巻一〇「耘斎銘」）。また「人心・道心」論をもって説明している箇所もある。「人は生というものを持ってはいるが形という私的なものにとらわれているため、人心を消すことはできない。しかし自身は必ず天地から真の正しさというものを授かっているので道心も備わっている。日常においてこの二者はともに働いていて勝ち負けを繰り返している。一身の是非得失や天下の治乱は全てこれと関わっている。（夫人自有生而梏於形体之私、則固不能無人心矣。然而必有得乎天地之正、則又不能無道心矣。日用之間、二者並行、迭為勝負、而一身之是非得失、天下之治乱安危、莫不係焉。）」（同巻二〇「又丙午秋書」）

（28）例えば「広く財を集める者は子孫に禍害を残し、人によって声や顔色を変える者は自らの命を斧で削っているに等しい（広積聚者遺子孫以禍害、多声色者残性命以斤斧）」（第三一条）などがある。『省心』は葉夢得同様、純粋に「利」のためだけの「善行」も否定する。「善をなす者は利を言わず、利を追う者は善を見ない。舜になるか盗跖になるかはここで決まる。命を捨てて義を取るのはもとよりするべきことではない。利を目の前にしても義を考えることは、聖人の選ぶところである。それを言うこともできないのでは、実践することができないのも当たり前だ。（為善者不云利、逐利者不見善。舜跖之徒、自此分。捨生取義、固不可得。見利思義、聖人亦取之。殆哉、不可言。況可為乎）」（第五一条）。

（29）他にも「常に服従しようとする者は争いごとをせず、常に楽しむ者は自足している（欲常服者不争、欲常楽者自足）」（第九九条）、「帆をいっぱいに張って大江を走り、駿馬に乗って大地を駆ける、これは天下一の快楽なるも、思い返すと憂いがわいてくる。むしろ争いごとのない地で、一人みなにずっと遅れて馬を駆る、そして人もわたしも笑い合う、これ以上の楽しみはない（張飽帆于大江、驟駿馬于平陸、天下之至快、反思則憂。処不争之地、乗独後之馬、人或我嗤、楽莫大焉）」（第一〇一条）などが挙げられる。

（30）もちろん「富貴」という「楽」の境遇そのものは「悪」ではない。「富貴であっても道をしっかりと得ている、伊尹がそれである。貧賤にあっても道をしっかりと守っている、顔淵がそれである。ともに聖人・賢人である。（伊尹は）鼎を背負って湯王に仕え、（顔淵は）陋巷で粗末な食事をしていたが、それぞれの安楽と苦労を同列に論じることはできない」「富貴以道得、伊尹是也。貧賤以道守、顔淵是也。倶為聖為賢。負鼎于湯与箪瓢陋巷、労逸憂楽、不可同日而語也」（『省心』第一一四条）。

（31）『省心』第一〇五条。

（32）緒方賢一〔2001〕

（33）小島毅〔1998〕

第四章 「編集」という名の思想―劉清之の『戒子通録』をめぐって―

はじめに

本章では、南宋時代（一一二七―一二七九）に官僚として、また学者として生きた劉清之（一一三四―一一九〇）と、彼が編集した家訓集『戒子通録』について考察する。はじめに劉清之という人物について記述し、次いで宋代における家訓の出版状況を紹介し、最後に『戒子通録』という書物の特徴および、この書物に込めた劉清之の意図について述べる。彼の名は思想史的には、日本でも広く読まれた『小学』という書物を朱熹と一緒に編纂した人物として知られているにすぎない。今、あえてこの無名と言って良い人物に注目した理由は最後に至って明らかになると信じている。

第一節　劉清之について

劉清之、字は子澄、号は静春先生。江西臨江（清江）の出身である。

上海図書館蔵『笪橋劉氏総譜』の記述によれば[1]、この劉氏一族は江西を中心に、代々科挙及第者を輩出する家柄であった。子孫達も直系ではないものの[2]、その後も綿々とその血統と家学を継承していたようで、明代以降にもこの劉氏を尊崇する人物がいたことが確認でき[3]、現代においても子孫達は祠廟を作り祖先の顕彰に努めている[4]。

『宋史』によれば[5]、劉清之は兄の靖之に就いて学び、紹興二七年（一一五六）に進士に及第、袁州宜春県主簿（帳簿をつかさどる官）を命じられるも、赴任前に父が亡くなる。喪が明けた後、改めて厳州建徳県主簿に任ぜられる。彼が任に就くと税と労役の不公平は無くなり、訴訟沙汰も止んだという。次いで吉州万安県丞（副長官）となる。一帯に日照りによる飢饉が発生した際には、劉清之は各地を視察して民衆から詳しく事情を聞き、税と用役を減じ、常平米（米価を安定させるために貯蔵してある米）を減らすよう建議し、さらに穀物を大量に備蓄している家からそれらを買い取り、民に等しく分配するよう求めた。彼のこの事績は地方長官の龔茂良によって朝廷に報告され、諸公もこれを支持した。

中央から派遣されてきた発運使（穀物・茶・塩の売買及び財政をつかさどる）の史正志が劉清之に対して、半端な土地しか持たない農民から税を取り立てるよう求めたところ、彼はそれを拒否する[6]。参知政事（副宰相）となった龔茂良は丞相である周必大（一一二六―一二〇四）[7]とともに劉清之を当時の皇帝高宗に推薦する。推された劉清之は皇帝の前で、民の苦しみ、兵の奢り、役人たちの腐敗から語り起こし、さらに「用人（いかに人を用いるか）」について「賢否を弁ず・名実を正す・材能を使う・換授を聴く（才能に応じて任官する）」の四つが重要であると述べる。以後、太常寺主簿（尚書省六曹を補佐する九寺の一つ。礼学をつかさどる）、母の喪が明けた後は鄂州通判（副長官）、衡州に赴任（職位不明）、光宗の時に知袁州（州の民政・軍事をつかさどる）をもって終わる。臨終の際には紹興年間（一一三一―一一六二）の従臣である高閌の『送終礼』をもって葬礼を行うよう遺言を残す。彼の著した「諭民書」

一篇は、家族の和睦、身を慎んで他人を救うこと、婚姻や葬礼の大切さを説いたものであるが、言葉は率直にして簡明であり、個々の家にはこの一書が置かれていたと言う。不正には断固として反対し、常に民衆の側に立って任務を遂行する剛直な性格の人物が以上の記述からは浮かび上がってくる。後、清代に至って臨江に大成殿が重建された折には、劉清之も郷賢祠に祀られることとなる[8]。

学者としての劉清之の活動は、進士及第後、博学宏詞科を受験しようとするが、朱熹（一一三〇—一二〇〇）に面会して今までの学問を棄てて義理の学を志す[9]。当時高名な儒者であった呂祖謙（一一三七—一一八一）や張栻（一一三三—一一八〇）らと親しく交わり、道学者であり、吏部尚書（官吏の人事をつかさどる中央官庁の長官）であった汪応辰[10]や『続資治通鑑長編』全六八七巻を編纂した李燾らも彼を敬い慕っていたと言う。朱陵道院と槐陰精舎などの書院を建て、臨蒸精舎を増築し、そこで熱心な講学活動を展開し、学問のための場所の開発、後学への教育にも心を砕いた。呂祖謙や朱熹の書院で講義を行ったこともある。朱熹と陸九淵（一一三九—一一九二）が数日に渡ってお互いの意見をぶつけ合った、歴史的に有名な鵝湖の会にも参加している。

朱熹と出会って科挙のための学問を棄てたと先に述べたが、弟子となったわけではなく、友人として（劉清之は朱熹の四つ年下）交遊を続けていた。陸九淵は、やや地域は異なるものの同じ江西地方において講学活動を行っており[11]、『宋元学案』『宋元学案補遺』の記述によればお互いに弟子を紹介し合ったりもしていたようである。

劉清之の著書は『宋史』に記されているものでは、列伝においては『曽子内外雑篇』『訓蒙新書外書』『墨荘総録』『祭儀』『時令書』『続説苑』『文集』『農書』、そして『戒子通録』が、また『宋史』巻二〇四・芸文志三には「劉清之『衡州図経』三巻」とある。『朱子語類』巻一〇一・第二条には、程子の弟子達の文章を採集した『続近思録』を劉清之が編集したとの記述がある。元の王礼『麟原前集』巻九「静春先生伝」には、槐陰精舎にて行った学者との問答百余篇を集めて『槐陰問答』と名付けたと記されている。

しかし今日、彼の著書は『戒子通録』以外全て散逸して残らない。その著作を残す努力がされなかったのか、または戦乱によって焼けてしまったのか、早々に失われてしまったようで、『宋史』以降では『清史稿』巻一四七・芸文志三に『戒子通録』が載せられているだけである。

当時は師の言葉を弟子達が記録する語録が盛んに編集されたが、劉清之のものは残っていない。また書簡も無い。弟子達が師の手稿を保管していたとの記録もあるが[12]、出版されるには至らなかったか失われたかしたようである。

また残存する彼の詩文は『宋名臣言行録外集』巻一四に一二条、元の王礼『麟原前集』巻九「静春先生伝」にいくつかの発言、『宋詩紀事』に三つの詩が残る。また呂祖謙の『東萊別集』巻一〇には劉清之の書いた呂祖謙の追悼文が、魏了翁の『鶴山集』巻一〇五には「貢茅亭記」が、羅願の『羅鄂州小集』巻四には「鄂州張烈女祠堂碑」、清謝旻監修の『江西通志』巻一二四には「萍郷県学記」がそれぞれ採録されている。さらに『全宋文』巻五七九九には「請修復炎帝祠宇奏」と「河南穆先生文集跋[13]」「蒸湘岣嶁祠壇記[14]」が載せられている。

明末から清にかけて黄宗羲（一六一〇―一六九五）らによって編纂された『宋元学案』は、宋・元代の学術系統をコンパクトに整理している書物として有用であるが、第五九巻には劉清之を筆頭とする「清江学案」が立てられている[15]。『宋元学案』という書物は後に失われてしまった文章を収めているという点で資料的価値を有しているが、劉清之に限っては上記の『宋史』『宋名臣言行録外集』からの引用が載せられているだけである。また弟子や友人達の著作の中にも劉清之に関する記述は存在するものの、事績の断片を窺い知ることができるに過ぎず、彼の学問の全体像を示すような文章を見つけることはできない。

彼の学問の内容や傾向については、以上の理由から詳しいことは分からない。散在する文章や発言の断片から推測するほか方法が無いのである。

劉清之の基本思想は朱子学に代表される道学であると考えて良いと思う。『朱子語類』には劉清之の「宋代では『太極図』『西銘』『易伝序』『春秋伝序』の四篇の文章だけが良い」という語が収録されている。[16]『太極図』の作者は周敦頤、『西銘』は張載、『易伝序』『春秋伝序』はともに程頤の文、いずれも北宋の道学者として南宋代に尊崇されていた人物である。だからといって彼が道学信者、朱子学信者であったわけではない。別の所では「学を志すならば、ただ性理学（＝道学）に関する書物だけを伝え味わったり、善き士大夫だけを慕ったりしているのでは、文章に目が眩んで、訓詁に溺れ、異教に流れる者と同じ轍を踏む[17]」とも述べている。道学だけを盲信する態度は偏っていると言うのである。また「真儒にひたすら従って徳業を考察する者は、名を好む者だ。経書の師は遭遇し得ても、人間としての師にはなかなか巡り会えない[18]」とも言う。彼が朱熹や陸九淵と異なるのはこの点ではないだろうか。朱熹の理学にしても陸九淵の心学にしても、人間の、あるいは世界の真の姿とは何たるかを、経書や心の奥底に徹底的に入り込むことを説いている。劉清之の場合は、彼らよりは現実の方にウエイトを置いているようである。彼が弟子の韓冠卿に語った「先生が弟子の韓冠卿に伝えた教えは〈実〉の一字だった[19]」という言葉からもそれは窺えよう。

第二節　家訓及び家訓集の出版と『戒子通録』

宋代には多くの家訓が出版された。[20]貴族社会の崩壊、科挙による官吏登用制度の全面的な導入、中央集権制度の確立などといった、唐後半から宋へと至る大きな社会変革の中にあって、宋代の士大夫たちは族譜を編纂し、義荘を設置するなどして、自らの一族の安寧と存続を目指した[21]。家訓編纂の流行もこれらの動きと連動している。科挙に及第して名家となった士大夫は、今後も家が没落しないよう子孫に繁栄してもらわねばならない。そのためには家族の結束がより求められることとなる。家訓の重要性が知識人の間に浸透していったゆえんである[22]。家訓の内容は多岐に渡る。直接自分の子孫を名指しして非常に具体的な訓戒をほどこすものがあれば、一般の読者を想定して一般的な道徳を説くものもある。宋代はまた「家訓集」が数多く編纂された時代でもある。主なものとして、呂祖謙『家範』、司馬光（一〇一九―一〇八六）『温公家範』、孫景修[23]『古今家誡』などが挙げられる。劉清之の『戒子通録』もそのような流れの中で製作されたと見て良い。家訓集とは、古今の家訓や子への戒めを綴った詩文から取捨選択して一冊にまとめ上げた書物である。家訓集のルーツは、唐代に欧陽詢らによって編纂された類書『芸文類聚』（巻二三・人部七・鑑誡）に求めることができる。ここには経書に始まり、諸子百家や漢代から魏晋南北朝に至る様々な家訓的な内容を持つ詩文が多数収録されている。『芸文類聚』のこの箇所は単に「鑑誡」を集めたものである。しかし後の家訓集を編纂しようという者が、この書中の「鑑誡」を参考にしたであろうことは想像に難くない。例えば『戒子通録』に引用されている魏の王粛の「家誡」という文章は『芸文類聚』以外の文献に全く見られない。劉清之が『芸文類聚』を参考にしたことは明らかである。

ここで、後の論旨にも深く関係するため、四庫全書所収の『戒子通録』全体の構成を紹介しておきたい。

・御製書宋劉清之紀左伝叔向母之事
・四庫全書提要（全文は以下の通り）

臣等謹案、『戒子通録』八巻、宋劉清之撰。清之字子澄、号静春、臨江人。紹興二年進士。光宗時、知袁州。宋時本伝称其生平。著述甚多、是書其一也。其書博採経史群籍、凡有関庭訓者、皆節録其大要。至於母訓閫教、亦備述焉。史称其甘貧力学、博極群書。故是編採摭繁富、或不免於冗雑。然其随事示教、不憚於委曲詳明、雖瑣語砕事、莫非勧戒之資、固不以過多為患也。元虞集甚重其書、嘗勧其後人刻諸金谿。後崔棟復為重刻。顧自宋以来、史志及諸家書目、皆不著録。惟『文淵閣書目』載有二冊、亦無巻数。外間伝本尤稀。今謹抛『永楽大典』所載、約略篇頁、釐為八巻。所引諸条、原本於標目之下、各粗挙其人之始末、其中間有未備者、今並為考補増注、以一体例。惟自宋以前時代錯出、頗無倫次、蓋一時随手摘録、未経排比之故。今亦姑存其旧焉。乾隆四十六年九月恭校上。

・元　虞集（一二七二―一三四八）序〔執筆年不詳〕字伯生　蜀郡人

昔静春先生、輯凡為人父者之戒其子言、載書伝者、以為『戒子通録』、意其所以謂之「通録」者、豈不以天下之為人父者、各以其愛子之心、而為之戒。天下之為人子者、皆可因其所戒、而省念之。如聞其父之命、親在求諸容色辞気之接、而不能尽也。即此書以充其所未達、親没思其精神志意之微、而有不及聞也。即此書以徴其所欲、知一語黙動息、無非受命於其親者矣。天理寧有間断乎、集嘗得其書、而敬愛之、服行講明、不敢後也。他日至臨川、劉氏之族在金谿者多賢俊(24)、毎出其先世遺書、相示僕、嘅然問之曰、『戒子通録』無恙乎、有曰、儆叔熙者対曰、是吾世守以保族者也。敢忘之乎、集曰、子之家顕且二三百年、豈偶然乎。

・元　陳黄裳序〔大徳庚子（一三〇〇）春〕眉山

・元　曽福昇序〔大徳庚子秋〕廬陵

・元　崔棟序〔大徳庚子十月〕河東

〔巻二〕全四七章

『烈女伝・胎教』、『礼記・内則名子辞』、『儀礼・冠辞』、『儀礼・婚辞』、『戒書・周武王』、『漢　孝武』、『梁　簡文帝』、『周公』、『文儆伝　周書』、『書顧命　周成王』、『礼記・緇衣・葉公子高』、『魏武帝』、『戒子言　魏文帝』、『蕭嶷〔南斉〕』、『戒子言　光武帝〔後漢〕』、『勅後主辞　蜀漢先生〔劉備字玄徳〕』、『帝範　唐太宗』、『戒皇属　国朝太宗類苑』、『論語・季子・陽貨』、『家戒　王粛〔魏〕』、『杜恕〔魏　字務伯〕』、『嵇康〔魏〕』、『戒子言　仲孫玃〔魯　大夫　孟釐子『史記・孔子世家』〕』、『文選・孫叔敖〔春秋　楚〕』、『欧陽地余〔前漢　元帝〕』、『厳光〔後漢　光武帝期〕』、『樊宏〔後漢〕』、『辛憲英〔後漢　辛毗《三国志》魏書巻二五〕』、『源賀〔魏『魏書』巻四一列伝二九〕』、『宋隠〔魏〕』、『向朗〔『三国志』蜀書〕』、『曹袞〔魏　曹操子〕』、『士会〔『左伝』宣公伝十七年〕』、『高漢筠〔晋〕』、『荀勗〔晋〕』、『戒子言　阮籍〔晋〕』、『崔冏〔北斉〕』、『牛宏〔隋〕』、『傅奕〔唐〕』、『房喬〔唐〕』、『閻立本〔唐〕』、『穆寧〔唐〕』、『張覇〔後漢〕』、『誨子弟言　朱仁軌〔唐〕』、『戒子孫言　王祥〔晋〕』、『李襲誉〔唐〕』、『姚崇〔唐〕』

『顔氏家訓　顔之推〔北齊・北周〕』、『序訓　柳玭〔唐〕』

〔巻二〕全二一章

〔巻三〕全三一章

『幼訓　王褒〔梁　王規〕』、『曽子　告子言　史鰌』、『司馬談〔漢〕』、『何曽〔晋〕』、『殷仲堪〔晋〕』、『謝僑〔梁〕』、『劉賛〔唐〕』、『疏広　告兄子言〔東漢〕』、『孔臧　戒子書〔漢〕』、『東方朔〔前漢〕』、『鄭玄〔後漢〕』、『劉向』、『司馬徽〔後漢〕』、『王修〔魏〕』、『王祖〔魏〕』、『諸葛亮　家戒』、『羊祜〔晋〕』、『商袁〔晋〕』、『司馬越〔晋〕』、『李暠〔晋〕』、『陳顕達〔宋・南斉〕』、『王僧虔〔宋・斉〕』、『徐勉　戒子書〔梁〕』、『玉筠〔梁〕』、『李恕〔唐・中宗〕』、『姚信〔梁〕』、『楊椿〔北斉〕』、『馬援〔後漢〕』、『楊侃〔斉〕』、『張奐〔漢・霊帝〕』、『石奮　責子言〔漢〕』

〔巻四〕全一一章

『命子詩疏　陶潜〔東晋〕』、『示子詩　杜甫〔唐〕』、『韓愈〔唐〕』、『寄子詩　盧仝〔唐〕』、『誚子言　賀敦〔隋〕』、『与子弟書　韋世康〔隋〕』、『李勣〔唐〕』、『与子言　房彦謙〔隋〕』、『寄兄子詩　杜牧〔唐〕』、『庭誥　顔延之〔宋・武帝〕』、『名子説　劉禹錫〔唐〕』、『中枢亀鏡　蘇瓌〔唐・中宗〕』

〔巻五〕全二三章

『蘇丞相　訓子孫詩〔北宋　蘇頌〕』、『邵康節　戒子〔北宋〕』、『孫宣公〔北宋　孫奭〕』、『陳師徳〔宋　陳定〕』、『胡翼之　遺訓〔北宋　胡瑗〕』、『劉彦冲〔南宋　紹興通判　劉韮〕』、『張忠献　遺令〔南宋　張浚〕』、『范魯公　戒従子詩〔北宋　建隆宰相　范質〕』、『与兄書　晏元献〔北宋　康定丞相　晏殊〕』、『責弟書　杜正献〔北宋　慶暦丞相　杜衍〕』、『戒子姪詩　韓忠献〔北宋　嘉祐丞相　韓琦〕』、『書示子　欧陽文忠〔北宋　欧陽脩〕』、『唐質粛〔北宋　天聖侍御史　唐介〕』、『与子書　韓忠憲〔北宋　景祐参知政事　名億　字宗魏〕』、『名不二説　蘇先生〔北宋　蘇洵〕、『訓子孫文　司馬文正〔北宋　司馬光〕』、『張無尽〔北宋　紹聖執政　張商英〕』、『戒子弟言　王文正〔北宋　景徳丞相　王旦〕』、『戒子言　高瓊〔北宋　景徳大将〕』、『唐既〔北宋　元符隠士　字潜〕』、『家訓　楊文公〔北宋　天禧翰林学士　楊億〕』、『江端友〔靖康初進士〕』、『庭戒　宋景文〔北宋　嘉祐従臣　宋祁〕』

〔巻六〕全一七章

『家戒　黄太史〔北宋　黄庭堅〕』、『家庭談訓　梁况之〔北宋　元祐執政〕』、『唐子滂〔字恵潤〕』、『皇考戒　柳開〔北宋初　開宝六年進士〕』、『示子詩　王禹偁〔北宋〕』、『張太史〔北宋　元祐史官　名耒　字文潜〕』、『戒子孫　賈文元〔北宋　慶暦宰相〕』、『戒子弟　黄庭堅〔北宋〕』、『関澮〔北宋　政和中書〕』、『范文正〔北宋　范仲淹〕』、『戒子弟言　范忠宣〔北宋　范純仁、字尭夫〕』、『鄒忠公〔北宋　元符諫臣　名浩　字志完〕』、『胡文定〔北宋〜南宋　胡安国〕』、『送終礼　高司業〔南宋　紹興従臣　高閌〕』、『教子語　家頤〔字養正　眉山人〕』、『示子辞　何耕〔宋　字道夫　号恬菴〕』、

『童蒙訓　呂舎人〔北宋　呂本中〕』。

〔巻七〕全三五章

『母訓　戒子言　鄒孟軻母〔『烈女伝』〕』、『敬姜』、『楚子発母』、『師春姜』、『孟仁母』、『厳嫗〔漢　号万石　厳嫗子延年〕』、『陶侃母〔晋〕』、『許善心母〔隋〕』、『崔氏〔隋・唐　大卿鄭善果母〕』、『李景譲母〔唐　浙西観察使〕』、『責子言　田稷子母〔斉〕』、『問子言　雋不疑母〔漢　京兆尹〕』、『答子言　習氏〔呉威遠将軍李衡妻〕』、『張鎰母〔唐　乾元殿中侍御史〕』、『戒子言　董昌齢母〔唐　元和〕』、『孫氏〔孫権族孫女〕』、『崔元暐母〔唐　益州都督　崔博陵〕』、『陳夫人〔北宋　淳化判三司　新淦人〕』、『何氏〔北宋　真宗　名臣伝　陳尭咨母〕』、『戒女書　李氏〔宋　建炎〔趙〕〕』、『告子言　叔向母〔晋〕』、『謂子言　李絡秀〔晋　安東将軍周浚妾〕』、『宋氏〔晋　韋逞母〕』、『王孫賈母〔斉　大夫〕』、『別子言　范滂母〔後漢　滂字孟博〕』、『戒兄女言　庾袞〔晋〕』、『勉子言　劉氏〔晋　何無忌母〕』、『女戒　荀爽〔後漢〕』、『女訓　蔡邕〔後漢〕』、『班昭〔後漢〕』、『程暁〔魏〕』、『李晟〔唐〕』、『戒公主　太祖皇帝〔魏〕』、『北宋　張載〕』。

〔巻八〕全一章

『弁志録　呂太史〔南宋　呂祖謙〕』。

『戒子通録』を収める『四庫全書』の提要（解説）では、『戒子通録』は当初『永楽大典』に収められており、『四庫全書』の編集者はそこから抜き出して原本の形を推定しながら八巻本に編集し直したとある。『永楽大典』は何度も戦争や火災などの被害に見舞われており、現存する『永楽大典』には『戒子通録』は残っていない。ともあれ明代に『永楽大典』が編集された時点では『戒子通録』は残っていたということである。また明代のブックリスト『文淵閣書目』『秘書書目』『晁氏宝文堂書目』にも『戒子通録』の書名を確認できる。

元代人虞集らの序文によれば、虞集は金渓において『戒子通録』を重刻し、また眉山、廬陵、河東の各地でも印刷出版されたことが確認できる。南宋から元を経て明に至るまで、広い範囲で『戒子通録』が読まれていたことが分かる。

また『戒子通録』全体の大よその内容は以下の通りである。（文淵閣本に基づく）

第一巻：『列女伝・胎教』から始まり、ついで『礼記』内則・名子辞、『儀礼』冠辞・婚辞などの経書の引用、それ以後は古代から唐代に至るまでの訓戒から成る。初めの数条は子供が生まれる前、生まれた後の命名、成人の儀礼、婚姻の儀礼と、人の成長に合わせた配列になっている。全二二葉

第二巻：『顔氏家訓』と劉玭『序訓』の二著からしか引用していないが、『顔氏家訓』から一四葉半、『序訓』からは一九葉半、合わせて二四葉とかなり大部なものとなっている。それだけ劉清之がこの二著を重要に考えていたということか。

第三巻：魏晋南北朝の訓戒を中心に構成されている。全二六葉。

第四巻：唐代の訓戒を中心に構成されている。全二〇葉半。

第五巻：宋代の、つまり劉清之にとっての同時代の訓戒を中心に構成されている。全二五葉半。

第六巻：第五巻と同じく宋代の訓戒を中心に構成されている。最後の呂本中の『童蒙訓』からの引用は一一葉にも渡る。全三五葉。

第七巻：古代から宋代に至る女性の訓戒を収める。全一九葉と五行。

第八巻：宋代人である呂祖謙が収集した古今の訓戒から成る。宋代と正史からの採録が比較的多い。全二四葉半。

巻ごとの長さはほぼ統一されているものの、各条は長さも揃っておらず、内容が重複しているものもある。全体の配列は『四庫全書』の編者が行ったのであろうが、原著からの取捨選択は劉清之自身の手になるはずである。そして

この書物を読んだ大概の読者は、多くの家訓がただ並列されてだけだと感ずるに違いない。その傾向は特に第四巻、第五巻と第六巻の唐～宋代の訓戒を集めたところに顕著である。例を挙げてみたい。人には仁義礼智が必要であるという儒教倫理を様々な角度から説いている文章群である。

「子に孝を求めるには、まず親が慈を示すべきだ。(25)」（巻四・顔延之）
「父が孝行者であれば、子も必ず孝行者である。教えずとも孝となるものだ。(26)」（巻五・張無尽）
「忠孝が人に備わっているのは、衣食が片時も人と切り離せないようなものだ。(27)」（巻四・劉禹錫）
「人の家は兄弟の間でも義が必要である。(28)」（巻六・柳開）

以上、人の貧富は時の運だと述べる。

「心を存して公を尽くせば、神明が自然と助けてくれる。(29)」（巻五・欧陽脩）
「仕官窮達には、時の命運というものがあるのだ。(30)」（巻五・唐介）
「子弟の賢不肖は人によるが、貧富貴賤は天による。(31)」（巻六・家頤）
「学業の責任は自分にあるが、富貴は時の運である。自分の責任であれば努力しなければならないし、時の運であれば静かに待つ他ない。(32)」（巻六・何耕）

善を好み悪を憎むことを説き、忠孝を説き、家族の和睦を説き、修身を説き、利他を説き、節倹を説く、それらが立場を換え、言葉を換えて何度も何度も説かれる。よりシンプルに整理して記述することは可能であるし、朱熹との共著『小学』は実際そのように編集されている。ここで両者の構成を比較してみたい。『小学』の構成は次のようになっている。

内篇：〈立教第一〉〈明倫第二〉〈敬身第三〉〈稽古第四〉

外篇：〈嘉言第五〉〈善行第六〉

内篇は経書の引用を中心に儒教的な倫理を説き、外篇は漢代以後の様々な言行録を採取している。内篇と外篇とは、理論篇と実践篇といった関係に近いかもしれない。外篇は宋代人の言葉や文章を多く収め、『戒子通録』と重複する部分も少なくない。後に見る朱熹との書簡のやり取りからして『小学』の編纂に関わった劉清之が、自分でも同系統の書物を編んでみたくなったと考えて良いかと推測される。そしてできあがった『戒子通録』は『小学』と全く異なった構成となったのである。『小学』がテーマごとに厳密に言葉を選んで立体的に構成されているのに対し、『戒子通録』の方はテーマによる分類もなく、類似の言葉が平面的に並んでいるだけである。『小学』の編纂に深く関わった劉清之はあえてこのようなスタイルを選び取ったと考えざるを得ない。だとすればその理由はどこにあったのだろうか。

第三節　編集者としての劉清之

ここで一旦『戒子通録』から離れて、劉清之が行った様々な編集作業について見ておきたい。本章冒頭にも記したが、劉清之が名を知られているのは、朱熹と共に『小学』を編纂したからであるが、実は彼は朱熹と他の書物も編纂しているし、他の人物とも、そして一人でも、多種多彩な編集活動を行っているのである。それをここで確認しておきたい。

三—一　朱熹との編集活動

劉清之と朱熹の二人は様々な書物の出版を計画し、実行に移していた。朱熹の文集『晦庵先生朱文公文集』に収録された書簡からその一端を窺うことができる。以下、時系列に沿って配列してみた。[33]

・一一七一年：劉清之は朱熹に、江西の高安において『太極説』が印刷されたものを見たと報告した。[34]『文集』巻三二「答張欽夫仁疑問」

・一一七七年：『小学』の編集に際し、劉清之が引用した馬援、范純仁の学問態度に対して批判した。[35]『文集』巻三一「答張敬夫」一

・一一七九年：朱熹は『五君子祠堂』の出版を計画し、劉清之に「周濂渓祠記」の印刻を依頼した。[36]『文集』巻三四「答呂伯恭」七三

・同年：朱熹が「白鹿洞賦」を執筆する際に、劉清之が故実を採取してきた。[37]『文集』巻一「白鹿洞賦」

・一一八一年：朱熹は劉清之の編纂した『曽子』のために序文を書いた。『文集』巻八一「書劉子澄所編曽子後」

・一一八五年：朱熹は劉清之への書簡の中で「今回の『小学』の改訂を見たが、古今の故事を増量し、冒頭の部分を最後に回して、初学者が本を開いたらすぐに役立つようにする。そして最後に周子、程子、張子らによる教育論と、村落の取り決めである郷約や雑儀などを置いて下篇とし、全六章にする」と述べた。[38]『文集』巻三五「与劉子澄」

一二

・一一八六年：『小学』刊行後、朱熹は劉清之に「『小学』を刊行できたことは喜ばしい。たださらに中身を増損できればなお良い。史伝中の嘉言善行や近世の諸先生方の緊切なるお教えをまだ載せ切れていないので、補填できればさらに良くなるのだが[39]」と述べる。『文集』巻三五「与劉子澄」一四

・一一八八年：朱熹は劉清之が編纂した『女戒』と『家訓』を読み、意見を述べた[40]。『文集』巻三五「与劉子澄」一五

以上確認できた限りでも、一一七一年から一一八八年に至るまでの一八年間、二人は共同で書物を編集し、また意見を交換し合っていたことが分かる。そして、一一八八年の書簡に見える『家訓』こそ、『戒子通録』のことであると思われる。劉清之が亡くなるのは翌々年の一一九〇年であり、この書以外に該当する書物が見られないからである[41]。

三―二　その他の人物との編集活動

呂祖謙の文集には以下のような書簡が収められている。

・一一七三年：呂祖謙が張載の文集『横渠集』の刊行を計画し、版木を数枚刻していたところ、劉清之が成都に張載の子孫が住んでいて最もよい形の「誨諭」を保存しているとの情報を聞いてきたので、作業を一旦中止して早速人を派遣した[42]。『東萊別集』巻七・尺牘一「与汪端明」

・朱熹に宛てた書簡の中で、北宋の道学者達の書物を出版するという話題の中で「『太極説』が江西の高安に来るの

を待って、その版木を劉清之に保管させるべきだ[43]」と述べる。『東萊別集』巻七・尺牘一「与朱侍講[44]」

・『横渠集』の善本が無いことを苦慮した呂祖謙は子供らを手伝いに使って校訂作業を行った。劉清之が、「江西の贛州に本を出版したい者がいますから、私が持っていって版木に彫らせましょう」と申し出た[45]。同右

三―三　個人的な編集活動

劉清之が個人で編集・出版した書物については以下のようなものが挙げられる。

・羅願（一一三六―一一八四）の遺稿を劉清之がまとめて『鄂州小集』六巻として刊行した。『鄂州小集』四庫全書提要

三―四　書籍収集者としての劉清之

・劉清之の父滁のいとこに高名な学者である劉敞（字原父、号公是一〇一九―一〇六八）・劉攽（字貢父、号公非一〇二三―一〇八九）兄弟がいる[46]。周必大『文忠集』には、劉清之・靖之兄弟が周必大のもとを訪れて、家に所蔵する劉敞・劉攽の文集や詩について、さらに劉敞の息子である奉世の原稿に跋文を依頼するくだりが書かれている。

以上、劉清之が書物の収集者として、編集者として並々ならぬ情熱を持って活動していたことが分かった。

唐代に登場した印刷術は、宋代に至って大いに発展、普及する。それに伴い中国各地で本が出版されるようになる。人々は自分や父祖や師の著作を出版しようとし、それを請け負う書店も生まれてくる。北宋の有名な文学者である蘇

軾は、自らの詩文集が勝手に編集・出版され販売されていることに不満を述べている。[47] そして劉清之が生まれ、出版・講学活動の場としていた江西という土地は、また出版文化の盛んな地域でもあった。[48]

さらに書物を収集するという彼の志向は先祖伝来のものでもあった。彼の曽祖劉式には数千巻に及ぶ蔵書があり、夫人である陳氏はそれを「墨荘」と名付けた。一度荒廃した墨荘を劉清之の父親は再建し、劉清之はそれを受け継いだ。[49] 朱熹や多くの士大夫がこの墨荘を訪れて、詩文を作るなどして交遊を図った。[50] 劉清之の著書の中にあった『墨荘総録』とはおそらくこの墨荘に所蔵された書籍の目録だったのであろう。

第四節　「編集」の思想

先に劉清之が『戒子通録』を編集するに際して、似たような内容を持つ『小学』と意図的に違う構成にしたのではないか、という疑問を呈した。それは『小学』が童蒙訓的な性格を持ち、『戒子通録』が家訓集であることと関係があるのだろうか。ここで今一つの比較対象として司馬光の『温公家範』を挙げてみたい。この『温公家範』は過去の様々な家訓を抜粋して編集されているという点において『戒子通録』と同様の作業を経て成った書物である。『温公家範』の構成は以下のようになっている。

・巻一：『周易・家人卦』、『大学』、『孝経』、『書経・虞書、尭典』、『詩経・大雅・文王之什・思斉』〔治家〕『春秋左伝・隠公三年』、『春秋左伝・昭公二六年』、『礼記・内則』、『春秋左伝・僖公二三年』、『国語・魯語下』『漢書・巻四六・万石衛直周張伝』

・巻二以下の構成：巻二　祖／巻三　父母／巻四　子（上）／巻五　子（下）／巻六　女　孫　伯叔父　姪／巻七　兄　弟　姑姉妹　夫／巻八　妻（上）／巻九　妻（下）／巻一〇　舅甥　舅姑　婦　妾　乳母

『易』の家人の卦から説き起こし、経書と評価の定まった古典の引用がそれに続く。第二巻からは、家族それぞれに対する訓戒が書かれるが、その順序は「祖・父母・子・女・孫・伯叔父・姪・兄・弟・姑姉妹・夫・妻・舅甥・舅姑・婦・妾・乳母」、つまり家族の中心から周縁へと徐々に移っている。『易』によって家族の原理を説き、次いで権威ある経典の家族に関する言葉を配置し、次に個々の家族への訓戒へと移るという構成になっている。『温公家範』は、完全に体系的な構造を備えていると言える。劉清之は本書を目にしただろうか。『戒子通録』には（『温公家範』ではないものの）司馬光の「訓子孫文」を採録しているのだから参考にしなかったはずはない。また『温公家範』ほど厳密ではないものの、『袁氏世範』や『家訓筆録』[51]など他の家訓集も程度の差こそあれ、一定の構造というものを有している。

『戒子通録』の構成を今一度見直してみたい。

第一巻は経書の引用、それ以後は古代から唐代に至るまでの訓戒から成り、第二巻は『顔氏家訓』と劉玭『序訓』の二著からの引用、第三巻は魏晋南北朝の訓戒を中心に構成、第四巻は唐代の訓戒を中心に構成され、第五巻と第六巻は宋代の訓戒を中心に構成されている。第七巻は古代から宋代に至る女性の訓戒を収め、第八巻は宋の呂祖謙収集による古今の訓戒から成っていた。一巻から六巻までは、古代から宋代へと時代が下るように構成され、七巻は女戒のみ、八巻は番外篇として同時代の家訓集を採録と、一見、一定の構成があるように窺える。ここで朱熹が劉清之に宛てた次の言葉を紹介したい。

「以前見せてもらった『家訓』ですが、大体完成されているように思えます。ただ引用文の選択について、もう少し経・史・子・集（などの古典）を増やし、経書を前に置き、（分量は）必ずしもこんなに多くはいらないでしょう。精選していけばもっと良くなります。[52]」

朱熹のアドバイスに従って劉清之は『戒子通録』を改編したのであろう。改編前の姿を復元するには朱熹の言葉を逆に辿っていけば良い。まず第一巻ははずす。第二巻は分量の不自然さからして原形のままかもしれない。第三巻は『芸文類聚』から取ったものがかなり見受けられる。朱熹のアドバイス通りに古典から、しかも手近なところから採録したのであろう。残るは第四巻以降の唐宋の家訓および「女戒」である。「三―一」における朱熹の一一八八年の書簡に「劉清之の『女戒』と『家訓』を読み異議を唱えた」とあったことからも「女戒」は劉清之の手になるものだと考えられる。

『戒子通録』の当初の姿とは、唐宋の家訓と「女戒」が内容の重複も厭わず、ただただ平面的に並置されている、といったものだったはずである。

唐宋の文を中心に採用しているということは、今すぐに役立つことを求めたのではないだろうか。千年以上前の経書では、目の前で起こっている様々な現代的問題にただちに対処できない。「女戒」に関する朱熹の意見には「まだ完全でなく、内容も浅いから、『小学』のように古典から言葉を引いてくると良い[53]」とある。劉清之の念頭にあったのは、やはり「ただちに役立つ家訓集」であったと思われる。

結果、『小学』のような内容上の分類もせず、『温公家範』のような立体的な構造も持たず、『戒子通録』は、「初めと終わり」や「中心と周縁」を持たず、全体のバランスも取れていない極めて特異な形態を持った書物として姿を現してくる。

今ひとつの特徴として挙げられるのは、他人の家訓集をそのまま自分の家訓集に採録している点である。第六巻末尾に採られている呂本中の「童蒙訓」と第八巻全体を占める呂祖謙の「弁志録」は、両方とも彼らが編んだ家訓集である。他人がそれぞれの視点で編纂した家訓を取り込めば、統一性がより取れなくなることは容易に想像できよう。朱熹が「必ずしもこんなに多くはいらない」と評したように、劉清之の編集に際しての基本的な姿勢は「とにかく現代の訓戒を多く取り入れること」、そしてそれを「あえて並列させること」であったのであろう。

おわりに

ここまで宋代に多く編纂された家訓集の一つである『戒子通録』について、作者の劉清之という人物像から、また書物の構成から検討を加えてきた。その書物としてのあり方がどれほど特異なものであったかはもう繰り返す必要は無いであろう。

『戒子通録』を収める『四庫全書』の提要の執筆者でさえ、本書は「編採は繁富であり、冗雑を免れない(54)」と評している。「しかし」、とこの執筆者は続ける。この書は「様々な事象に対して、教えを示す」ことができ、「委曲をはばかることなく」それゆえに「こまごまとした言葉」に至るまで「勧戒の語でないものはない」。そしてこの「過多は何ら欠点ではない」のだと。

ここで我々が読者になって原初の『戒子通録』を手にしてみることにしたい。

「孝」について何か指針を得たいと思ったとする。書物を開くと、そこには様々な人による「孝」についての言葉が並んでいる。我々は自身の抱えている問題に対して、その中から一番適しているアドバイスを選ぶことができる。たとえ適切な答えがなかったとしても、いくつもの意見を参考にできる。

答えが一つしか書いてない家訓集では、我々はその言葉を押し頂くか、もしくは反発するしかない。一つの問題に対して複数の回答を並列させること、すなわち自分の思想を理路整然とした態度で示す行為とは正反対のことを、劉清之はあえてしてみせたのだ。言うなれば「編集」の中に自らを拡散させることが、劉清之の「思想」だったと言えよう。「哲学者」である朱熹がこのようにして作られた書物を「鄙俗で表層的」だと考えるのも当然であろう。劉清之は自らの思想を伝えるために『戒子通録』を編集したのではない。そのまなざしの先には、現実の様々な問題を抱えて、その解決のヒントを求めて喘いでいる読者がいるのである。出版というメディアが中国において勃興し始めた宋代、その中でも劉清之の生きた江西地方は出版文化の盛んな地域の一つであった。ゆえに彼のような存在がいつか登場するのは必然だったとも言える。

もう一つ付け加えたいのは、古代から宋代に至る家訓に類する文章を博捜して、とにかく書物の中に組み込むという行為には、それなりに積極的な意味があったのではないかということである。宋代は類書と呼ばれる一種の百科全書が数多く編纂された時代である。『四庫全書総目提要』子部・類書類を参照すると、唐代は『芸文類聚』『北堂書鈔』他七種で、宋代は『事類賦』から始まり、『太平御覧』『冊府元亀』『事物紀原』『玉海』『合璧事類』など二九種が載せられている。類書類存目では唐代のものは二種、宋代のものは三六種となっており、宋代が「類書の時代」であったことが分かる。『提要』に載っていないが『事林広記』も宋代の編纂である。(55)

劉清之の友人である呂祖謙は『歴代制度詳説』という類書を編み、また『宋文鑑』(別称『皇朝文鑑』)という宋代文人の文学作品と文章の総集を作っている。

このような時代背景を鑑みれば、劉清之は家訓における類書的作品というものを念頭に置いて『戒子通録』を編集していたとも考えられる。

ここ数年、家訓集が中国や台湾で続々と出版されている。それらの書物の多くが『戒子通録』を参考に編集されており、また引用している。そしてそれら書物の中で『戒子通録』はバラバラに解体されて、あちこちに散在している。もしかしたら『戒子通録』は、現代に至ってようやくその本来の効果を発揮し始めたと言えるのかもしれない。

【注】

（1）『笪橋劉氏総譜』（劉桂芳等主修、全一四冊、鉛印、江西笪橋安成堂、一九四七年。上海図書館蔵）

（2）次子の劉成季が進士に及第したことは確認できるが（嘉定『同治清江県志』巻七）、孫（晋之）の代以降については不明。

（3）解縉（一三六九―一四一五　江西吉水の出身）は、劉清之の弟子である解斉賢（『宋元学案補遺』巻五九）の後裔。彼の文集『文毅集』には、解氏の先祖が代々劉清之の学を受け継いでいたことを述べる文章が散見される。

（4）中国では、各一族がwebサイトを運営し、一族の結束に用いている。劉氏一族も同様で、祠廟についての情報もそれに負っている。

（5）『宋史』巻四三七・列伝一九六・儒林七

（6）『宋史』巻四二九・列伝一八八・道学三・張栻にも以下のような記述がある。「史正志は発運使であり、名は均輸という。州県の財賦を尽く奪っており、遠近は騒然、士大夫たちも争ってその害を訴えた」とある。

（7）周必大も劉清之と同じく江西廬陵の出身。劉清之の死を看取った。彼の文集『文忠集』には劉清之やその親族に関する記述が数多く見られる。
（8）『同治臨江府志』巻七
（9）朱熹と会う以前に何を学んでいたかは史料が無いため明らかではない。伝には「兄の靖之に学んだ」とあり、靖之は経書の訓詁から近世諸儒の諸説まで学んでいたとされている（『宋元学案』巻五九清江学案、劉靖之）。それ故兄について学んだ劉清之もそれを継承していると考えて良いかと思う。
（10）『宋元学案』巻四六では彼を筆頭とする「玉山学案」が立てられている。
（11）劉清之の活動していた清江は江西（当時は江南西路）の北部中央に、陸九淵は江西の北東部の金渓を本拠地としていた。
（12）『宋元学案補遺』巻五九、清江学案補遺には、弟子の解斉賢が劉清之の原稿を子孫に伝えたとある。
（13）『文献通考』巻一〇三
（14）嘉慶『衡陽県志』巻三八
（15）『宋元学案』に収められた劉清之の文章は、『宋史』『宋名臣言行録外集』『麟原前集』巻九「静春先生伝」からの引用から成る。
（16）「劉子澄言、本朝只有四篇文字好。太極図、西銘、易伝序、春秋伝序。」『朱子語類』巻一三九・第四二条・論文上
（17）「常曰、苟志於学而乃唯性理文書是伝是玩、善士大夫是攀是慕、与向来眩于文章、溺于訓詁、流于異教者同一轍也。」『宋名臣言行録外集』巻一四
（18）「従学士真儒、考徳問業、則曰是好名者。経師易遇、人師難遭。」『宋名臣言行録外集』巻一四
（19）「其教先生（韓冠卿を指す）也、以一実字。」『宋元学案』巻
（20）代表的なものとして、柳開（九四七―一〇〇〇）『柳氏家戒』、趙鼎（一〇八五―一一四七）『家訓筆録』、葉夢得（一〇七七―一一四八）『石林家訓』、袁采（一一四〇―一一九五）『袁氏世範』、陸游（一一二五―一二〇九）『放翁家訓』、真徳秀（一一七八―一二三五）『教子齋規』等が挙げられる。これはほんの一部である。
（21）族譜については、「欧陽脩における族譜編纂の異議」（小林義廣〔2000〕）を、義荘については、「宋代蘇州の范氏義荘について」（遠藤隆俊〔1993〕）を参照。
（22）宋代全般における家訓の出版状況・内容分析・背景については、かつて論じたことがある。緒方賢一〔2001〕
（23）生没年不詳。蘇轍（一〇三九―一一一二）によるかなり長文の序文のみ残る。
（24）この虞集の序文によれば、元代には陸九淵の学の本場である金渓でも劉氏一族が活躍していたことが確認できる。

(25)「欲求子孝、必先慈。」
(26)「父孝、子必孝。不教亦須孝。」
(27)「夫忠孝之於人、如食与衣不可斯須離也。」
(28)「人之家、兄弟無不義。」
(29)「但存心尽公、神明自祐。」
(30)「仕宦窮達、各有時命。」
(31)「子弟之賢不肖係諸人、其貧富貴賤係之天。」
(32)「学業在我、富貴在時。在我者不可不勉、在時者静以俟之。」
(33)書簡の年代測定は陳来『朱子書信編年考証』(上海人民出版社、一九八九年)を参考とした。
(34)「又劉子澄前日過此、説高安所刊『太極説』見今印造。」
(35)「子澄所引馬范出処、渠輩正坐立意不強而聞見駁雑、胸中似此等草木太多。」
(36)「熹昨拝書、以『五君子祠堂』記文為請、……「濂渓祠記」荊州已寄来矣、已属子澄書而刻之。」
(37)『白鹿洞賦』本文の割り注に「劉清之子澄亦裒集故実来寄」の一文がある。
(38)「『小学』見此修改、益以古今故事、移首篇於書尾、使初学開巻便有受用、而末巻益以周、程、張子教人大略及郷約雑儀之類別為下篇、便定著六篇。」
(39)「『小学』能為刊行、亦佳。但須更為稍加損益乃善。…中略…史伝中嘉善行及近世諸先生教人切近之語、亦多有未載者。更望刷出補入、乃為佳也。」
(40)「向読『女戒』、見其言有未備及鄙浅処。…向見所編『家訓』、其中似已該備…。」
(41)この家訓がいつから『戒子通録』と呼ばれるようになったのかは現在のところ不明。
(42)「少稟、近欲刊『横渠集』已数板矣。而子澄具道、嘗聞誨諭在成都、所伝得於横渠之孫最為詳備。今即令輟工専遣人往拝請。」
(43)「『太極説』竢有高安、便当属子澄収其板。」
(44)朱熹のこと。
(45)「此間方刊『横渠集』、断手当首、拝納説文、苦無善本、見令嗣説、過多讐校。昨見劉子澄説、贛州方欲刊書、自可径送渠令鋟木也。」

(46)『中国思想辞典』（日原利国編、研文出版、一九八四年）によれば、劉敞は『春秋』研究を一変させたと言われ、劉攽は司馬光と一緒に『資治通鑑』を編纂したことで知られる。また『臨江府志』巻六では「臨江の二劉」と称えられている。二人及び奉世は『宋元学案』では欧陽修を筆頭とする廬陵学案に置かれている。

(47) 井上進〔2002〕

(48) 張秀民〔2006〕

(49)『晦庵先生朱文公文集』巻七七「劉氏墨荘記」を参考にした。

(50) この墨荘はその後も荒廃を繰り返しつつも劉氏一族の心の拠り所となり続けた。それは現代にまで及んでおり、今は職業訓練学校という姿を取りつつも、学問の場としての命脈を保っている。（参考、許懐林〔江西師範大学〕「伝統与現代　従劉氏墨荘到培根職業学校的変遷」摘要、「二〇〇六年族群・歴史与文化亜洲聯合論壇：人物与地域研究検討会」）

(51)『家訓筆録』が『温公家範』を参考にして作成されていたことを柳立言氏は指摘している。（「従趙鼎『家訓筆録』看南宋浙東的一個士大夫家族」『宋代的家庭和法律』上海古籍出版社、二〇〇八年）

(52) 原文は「向見所編『家訓』、其中似已該備。只就彼采択、更益以経・史・子・集中事、以経為先、不必太多、精択而審取之尤佳也」『晦庵先生朱文公文集』巻三五「与劉子澄」一五

(53)「向読『女戒』、見其言有未備及鄙浅処、伯恭亦嘗病之。間嘗欲別集古語、如『小学』之状、為数篇。」『晦庵先生朱文公文集』巻三五「与劉子澄」一五

(54)「提要」の原文は第二節に全文を載せている。

(55) 酒井忠夫〔2011〕

〔附論〕宋以後の家訓

宋以後に編纂された家訓をいくつか紹介しておきたい。いずれも刊行後、大いに流行・普及したものである。『中国叢書綜録』を繙くと、採録されたものだけでも、明清代に膨大な数の家訓類が刊行されたことが分かる。書名と編者を載せて、その多さを実感してみたい。

［元代］

・許魯斎先生訓子詩一巻　許衡

・鄭氏家範（鄭氏規範）鄭太和

・旌義編一巻　鄭濤

・義門鄭氏家儀一巻

・居家制用　陸梳山

［明代］

・宗儀一巻附家人箴一巻　方孝孺

・曹月川先生家規輯略一巻　曹端

・家訓一巻　霍韜

・許氏貽謀四則一巻　許相卿

・教家要略二巻　姚儒
・陸氏家訓一巻　陸樹声
・椒山遺嘱一巻（別名：楊忠愍公遺筆一巻・楊忠愍公家宝訓・楊椒山先生遺訓）楊継盛
・燕貽法録（一名、燕貽家訓）一巻　方宏静
・龐氏家訓一巻　龐尚鵬
・家庭庸言二巻　王祖嫡
・姚氏薬言一巻　姚舜牧
・訓児俗説一巻（訓子言）　袁黄
・治家条約一巻　荘元臣
・温氏母訓一巻　温璜述
・家矩一巻　陳龍正
・奉常家訓一巻（奉常公遺訓）王時敏
・家誡要言一巻　呉麟徴
・蘇氏家語　蘇士潛
・法楹一巻　閔景賢
・五経孝語一巻　朱鴻
・四書孝語一巻　朱鴻
・宗伝図考　江元祚

・全孝図説　江元祚
・孝字釈　江元祚
・全孝心法　江元祚
・誦経威儀　江元祚
・曾子孝実附録一巻
・孝経彙目　江元祚

［清代］

・孝友堂家規一巻　孫奇逢
・孝友堂家訓　孫奇逢
・叢桂堂家約一巻　陳確
・家訓一巻　張習孔
・霜紅龕家訓一巻　傅山
・楊園訓子語一巻（張楊園訓子語・張楊園先生訓子語・楊園先生訓子語・訓子語）　張履祥
・楊園先生近古録四巻（近古録）　張履祥
・聖人家門喩一巻　魏象枢
・朱柏廬先生勧言一巻　朱用純
・朱柏廬先生治家格言一巻　朱用純
・湯文正公家書一巻　湯斌

・于清端公家規範一巻
・王氏宗規一巻
・范魯公訓従子詩一巻
・王中書勧孝歌一巻附八反歌
・治家格言釈義二巻　戴翊清
・家政須知一巻　丁耀亢
・治家格言詩一巻　馬国翰
・高氏塾鐸一巻　高拱京
・燕翼篇一巻　李淦
・宗規一巻　鐘于序
・蔣氏家訓一巻　蔣伊
・忍園先生家訓一巻　鄭起泓
・御定孝経衍義一百巻　葉方藹・張英等
・聡訓斎語二巻（聡訓斎語一巻）　張英
・聡訓斎語一巻　張英撰、（民国）周学熙節録
・恒産瑣言一巻（張文端公恒産瑣言一巻）　張英
・徳星堂家訂一巻　許汝霖
・求可堂家訓一巻　廖冀亨

・尋楽堂家規一巻　宝克勤
・澄懐園語一巻　張廷玉
・澄懐園語一巻　張廷玉、（民国）周学煕節録
・寒灯絮語一巻　汪惟憲
・一斎家規一巻　郝玶
・双節堂庸訓六巻　汪輝祖
・梅叟閒評四巻　郝培元撰、郝懿行注
・強恕堂伝家集四巻　夏錫疇
・家誡録二巻　孟超然
・伝経堂家規一巻　董国英
・枕上銘一巻　紀大奎
・紀氏敬義堂家訓述録一巻　紀大奎
・書紳録一巻　紀大奎
・家規二巻　倪元坦
・里堂家訓二巻　焦循
・山窗覚夢節要一巻　葉舟
・教家約言一巻　李元春
・尋常語一巻　劉沅

・示児長語一巻　潘徳輿
・庭訓筆記一巻　陰振猷
・来復堂家規一巻　丁大椿
・資敬堂家訓二巻　王師晋
・曽文正公家訓二巻　曽国藩
・省心雑録一巻　彭慰高（鈍舫老人）
・成人篇一巻　張寿栄（書隠老人）
・水北家訓一巻　沈夢蘭
・姚氏家俗記一巻　姚晋圻
・遺訓存略二巻　顔続
・福永堂彙鈔二巻　賀瑞麟
・復堂諭子書一巻　譚献
・資政公遺訓一巻　汪之昌
・与埍遺言一巻　黄保康
・問青園遺囑一巻　王晋之
・吉祥録一巻　鄔宝珍
・竹廬家話　胡翔瀛

以上、「家訓」に分類されているものだけを挙げた。皇帝の勅命で編まれた「鑑戒」、女性や児童への訓戒を集めた

「婦女」や「蒙学」、また学問を勧める「勧学」、諭俗文や郷約を集めた「俗訓」までも含めると、その数は数倍になる。そして『中国叢書綜録』に採録されていない家訓も相当数存在したであろうことは想像に難くない。

ここからは宋元明清と時代が下るに従って急激に数が増加したこともはっきりと見て取れる。清代の家訓のこの膨大さは、印刷技術・出版事業が完全に普及したという技術的な背景もあろうが(1)、思想や文化といったものが、一握りの知識人によってリードされるものでは無くなったことも示していよう。そしてそれは宗教における民間宗教の成立、善書や宝巻の普及、文芸において説唱や演劇など庶民文芸が流行したことなどとも無関係ではない。

また明清代には朱元璋の『祖訓録』や康熙帝の『聖諭広訓』など、皇帝の撰した家訓が広く普及し、また女性に向けた、あるいは女性が撰した『温氏母訓』『女範捷録』などの「女訓」が多く編纂され、さらに当時台頭してきた商家も『士商十要』『生意世事初階』などの家訓を製造し始めた。加えていくつかの家訓を合本したり、テーマごとに既成の家訓を抜き出して一冊の書物を作るといった「家訓集」が多く作られたことも大きな特徴である(2)。例えば前者は『古今図書集成』に収められた『家範典』、後者は『五種遺規』などが有名である。これらの書物は宋代の家訓創生期に単発的には見られたものだが、それぞれが大きな潮流となったのはこの時代の新たな現象である。以下、各時代の主要な家訓の概略を述べる。

［元代］

・『旌義編』一巻　鄭濤

『四庫全書総目』の記述によれば、鄭濤、字は仲舒、浦江（現上海）の人。官は太常礼儀院博士。宋の建炎年間初期の鄭綺を始祖とし、濤はその八世に当たる。六世孫の太和がまず家規五八則を作り、七世孫の欽とその弟の鉉が九二則を追加して、全部で一五〇則とし、これを石に刻した。鄭濤は礼などを時代の変遷に合わせる必要があるとして改訂を行って、全一六八則としてそれを上巻とし、さらに諸家の伝記や碑銘などから鄭氏に関するものを集めて下巻とした。また『宋元学案』巻八二・北山四先生学案に記録が見える。『明史』巻二二〇には「今義門鄭氏之家範、布之天下」と見える。

『旌義編』家訓部分の全体の構成は、冠婚喪祭についての記述が大半を占めている。また条文のあちこちに「儀式は『文公家礼』に従う」という記述が見えるように、朱熹の『朱子家礼』を手本としていることが分かる。

時節の祭礼に関する記述から始まり、毎朝の一族揃っての祠堂での儀礼が続く。そこでは善書に書かれるような「積善余慶」を子弟に朗読させるといったことも盛り込まれている。家を切り盛りする家長の仕事の記述が続くが、その内容は多岐に渡っており、子弟らに礼を遵守させることから財産の管理、さらには家族らの功過を「勧懲簿」なるノートに記録するというものまで含まれる。冠礼に関する部分では、子弟に『四書』の暗唱を課すとともに家譜や家範も暗唱させている。婚礼の部分では、再び『朱子家礼』に従うよう指示している。喪礼の箇所では、この礼が久しく廃れていることが語られ、やはり『朱子家礼』に則って行うべきことが記される。最後は宗族全体に関する事柄が詳細に述べられる。例えば一族の貧しい者を救済すべきこと、跡継ぎのない者を援助すべきこと、会合における決まり事、一族及び郷村での事務仕事、子弟の教育について、婦女について、男女間の距離についてなどである。

『元史』を編纂し、明朝の儀礼や制度を定めた、明初の知識人である宋濂（一三一〇—一三八一）は、同郷で親交を結んだ鄭氏のために「『旌義編』引」「故浦江義門第八世鄭府君墓版文」「（題義門鄭氏）続譜図」などを著している。(3)

・鄭泳『鄭氏家儀』

鄭泳は鄭濤の弟で、字は仲潛。官は温州路総管府経歴。『旌義編』も一緒に編纂している。司馬光の『温公書儀』と『朱子家礼』を元に、時代の要請に合わせて増減して作成したもので、「通礼」「冠礼」「婚礼」「喪礼」「祭礼」の五部からなる。後に見る曹端「陰徳保後」にも引用されている。(4)

〔明代〕

・楊継盛『楊忠愍公遺筆』

楊継盛（一五一六―一五五五）、字仲芳、号椒山、謚忠愍。容城（現河北省中部）の出身。嘉靖二六年（一五四七）の進士。刑部員外郎、兵部武選司などを歴任。専横を極めていた厳嵩を弾劾し死罪となる。厳嵩が倒れ穆宗が立つと謚忠愍が贈られ、さらに旌忠祠が建てられた。『楊忠愍公遺筆』はその名の通り遺言集であるが、後の人々には家訓として機能した。『明史』芸文志には「楊継盛家訓一巻」とある。

全体は、妻への諭言「愚夫諭賢妻張貞」、子供への諭言「父椒山諭応尾、応箕両児」に分かれる。「愚夫諭賢妻張貞」の内容はまさに遺言そのもので、自分の死後、子供達を育て家を経営していくことを懇々と綴る。「父椒山諭応尾、応箕両児」は二人の息子に残した言葉である。志を立てて君子となるべきことから始まり、心の修養と正直忠厚の重要性、家族の和合、賭博女色などに惑わされないこと、切磋して学問すべきことと続き、他人との関係において謙遜誠実が大切であること、冠婚喪祭は『朱子家礼』に倣うこと、家を治めるには謹厳であることなどが説かれる。

また本書の第二部において展開される応報思想への言及が見られるのも特徴の一つである。相当する箇所を引いておく。「分毫も心に違い理を害うの事を為すべからざれば、則ち上天は必ず你を保護し、鬼神は必ず你を加佑す。否なれば則ち天地鬼神は必ず你を容れず。」

・袁黄『了凡四訓』

袁黄（一五三三―一六〇六）[5]は、字坤儀、号了凡、蘇州府呉江県の出身。[6]雲谷禅師に師事して功過格を授けられ、自己の運命が宿命などに縛られるものでないことを了解し、積善に努めた。万暦一四年（一五八六）には科挙に及第、宝坻（現天津市宝坻区）の知県となる。その後、兵部職方司主事に進む。豊臣秀吉の朝鮮出兵の際には従軍して加藤清正の軍を撃退している。功績を同僚に妬まれ官籍を剝奪される。以後、家居して終わる。本書の一部である「立命篇」は自伝であるが、家訓の働きも持った『戒子文』『訓子言』とも呼ばれる。また別名は『陰騭録』で善書にも分類される特異な書物である。酒井忠夫氏の整理によれば、まず自伝として「立命篇」が書かれ、彼の『省心録』『祈嗣真詮』や功過格と合わせて『陰騭録』が成立、清初には抄出された『了凡四訓』が出されたとのことである。「立命篇」は自伝と言いつつも、死生や夭寿などの運命について、善悪と禍福の関係について、また日々の善行と修養について、極めて分析的かつ明快に説かれており、このような書物であれば、後世において家訓の一種としての働きを担ったのも頷ける。

・龐尚鵬『龐氏家訓』

龐尚鵬（一五二四―一五八〇）、字少南、号惺庵、広東南海（現広州市）の出身。浙江巡按、福建巡撫などを務める。清廉潔白な役人として声望が高かった。『龐氏家訓』は全部で八節から成る。題目はそれぞれ「務本業」「考歳用」「遵礼度」「禁奢靡」「厳約束」「崇厚徳」「慎典守」「端好尚」。タイトルだけだと、宋代のものとそれほどの差異は見えないが、「民家の常業は農商を出でず」と、農業商業の重要性を強調している点などは、経済が急激に発展した明という時代を反映していると言える。また冠婚喪祭を『朱子家礼』に則って励行することを述べている。さらに学問は「気質変化」を尊ぶのだと述べている点などは思想史的観点からも興味深い。

［清代］

・孫奇逢『孝友堂家訓』

孫奇逢（一五八四―一六七五）、字啓泰、号鐘元、夏峰先生と称される。直隷省容城県（現河北省徐水県）の出身。万暦二八年（一六〇〇）年に郷試に合格するが、生涯仕官しなかった。黄宗羲、李顒とともに「清初の三大儒」と呼ばれる。『理学宗伝』他多くの書物を編纂している。『孝友堂家訓』は、まず幼い子供達の養育を語ることから始まる。まず愛を知り、少し成長すると敬を知るが、やがて後天的に得る知識がそれら初期の本性を失わせてしまう。そして習慣が本性となってしまうともはや取り返しが付かなくなる。だから子弟の教育は一番大事なことだと述べる。また孝悌・謹厚・朴拙などの大切さが強調され、年長者や教師を敬うことや一家の和睦などが規矩に合っていることが説かれる。続いて読書が道理を明らかにし善人になるために緊要であること、家を治めるには忠実が大切であること、などが説かれる。また人生の第一の喫緊事は人の短所を見ないこと、自己修養には「忍」の一字を尽くすこと、また喪祭の礼はほとんど廃れてしまっているが、日常生活においては謹厳に守らなくても良い、人の心は満足することを知らないなど、どちらかというと現実重視の言葉が連ねられる点が特徴的である。

・朱用純『朱柏廬勧言』『治家格言』

朱用純（一六一七―一六八八）[7]、字致一、自号柏廬、昆山（現江蘇省昆山市）の出身。清朝には一生仕えず郷里で朱子学を教えて生涯を終える。『朱柏廬勧言』は、「孝悌」「勤倹」「読書」「積徳」の四節から成る。前の三節は「人として当然行うべきこと」として語られ、その筆致もさして珍しいものではない。第四節の「積徳」は言わば朱子学的思考の領域から大きくはずれる内容となっており、極めて興味深い。朱用純は積徳を孟子の性善説に近づけて、人には善を行う内なる徳が備わっているので、それを日々発揮すれば積徳になり、それを近いところから徐々に遠い所に及ぼしていけば良い。こうして陰徳を積んでいればやがて善人（本文では「好人」）になることができる、富貴はその結果にすぎないと説く。

『治家格言』は一般に『朱子家訓』と称されている。早朝に起床して掃除をし、一日が終わったら自己点検をするという記述から始まり、節約・質朴・清潔・禁欲などがそれに続いて語られる。祖先祭祀と子弟教育の大事さ、金銭に貪欲であってはならぬこと、飲酒の戒め、商売の権利を独占しないことなどが綴られ、人の道に反したようなことをすればすぐに破滅が訪れると述べる。さらに訴訟の戒めなどといった、家訓によく見られる言葉に続き「善行を人に見られることを欲すというのは、真の善ではない」という議論が最後に提示される。美人を見て淫らな心を起こすと妻女に災いが起きる、怨みを表向きは隠して、こっそりと弓を放ったりすると災禍は子孫に及ぶ、と唐突に応報説が開陳される。結論は分に安んじて天命に従うことだということになるのであるが、特徴は対句が多用されていることで、『格言』全体の分量が少ないことも相まって、コンパクトで分かりやすいものとなっている。自分の家庭のことや時勢のことなどには触れず、基本的に原則論的な言葉が並べられている。しかし内容はそれほど苛烈なものではなく、また朱子学者であるからといって『朱子家礼』を実践せよと迫るわけでもない。このような、厳し過ぎない内容のためか、この『格言』は後に広く普及することとなる。

・曽国藩『曽文正公家訓』

曽国藩（一八一一―一八七二）、字滌生、諡文正、湖南省湘郷県の出身。道光一八年（一八三八）の進士。当時は太平天国軍が全国を席巻しており、清軍はなす術もなかった。曽国藩は私兵による湘軍を組織して太平軍と戦い、同治三年（一八六四）には南京を攻略し鎮圧に成功、両江総督として終わる。また学問的には桐城派を継承する湘郷派の創立者である。彼は家族に膨大な手紙を書いており、それらは『曽文正公家書』としてまとめられており、『曽文正公家訓』は、その中から家訓に相当するものを、抽出して編纂した、上下巻およそ一〇万字に及ぶ大部なものである。冒頭、「咸豊六年丙申九月廿九日夜手諭時在江西撫州城外」の題が置かれ、「字諭紀鴻児、家中之来営者、多称爾挙止大方、余為少慰。凡人多望子孫為大官、余不願為大官、但願為読書明理之君子。勤倹自持、習労習苦。可以処楽、可以処約、此君子也……」と文が続く。「紀鴻」とは曽国藩の次男の名で、次の書簡には「咸豊八年七月二十一日舟次樵舎下去江西省城八十里」の題の後に「字諭紀澤児」と長男の名がまず記されて、「余此次出門、略載日記。即将日記封毎次家信中……」と続いている。よって体系的な形を取っておらず、上巻は咸豊六年から同治元年までの五三通、下巻は同治二年から同治九年までの六五通と「日課四条同治十年金陵節署中日記」から成る。六五通目の手紙は自らの人生を回想する形で書かれており、「附忮求詩二首」は「善莫大於恕、徳莫凶於妬」から始まる教訓的内容の長い五言詩、そして最後の「日課四条」は「一曰、慎独則心安」「二曰、主敬則身強」「三曰、求仁則人悦」「四曰、習労則神欽」と分かれ、それぞれに解説が加えられる、いわゆる家訓的な体裁となっている。この「日課四条」が書かれた同治一〇年（一八七一）は曽国藩の亡くなる直前である。書簡の内容をいくつかを抜き出すと、読書の必要性・倹約生活・富貴は運命によるが、学んで聖賢になるかどうかはひとえにおのれ次第である・作詩・注疏の読み方・天文歴数の学・祭祀・時事問題・日常の報告についてなど多岐に渡っている。家訓全体、特に上巻は読書についての言葉を基調にしており、そこに様々な話題が附帯して語られるという形になっている。

【注】

（1）井上進〔2002〕

（2）徐少錦〔2003〕、王長金〔2006〕の記述を参照。

（3）『宋濂全集』中国・浙江古籍出版社、一九九九年

（4）『曹端集』中国・中華書局、二〇〇三年

（5）生没年に関しては諸説あるが、今は『世界人名大辞典』（岩波書店、二〇一三年）に従う。

（6）袁黄については、西澤嘉朗〔1946〕、石川梅次郎〔1970〕、酒井忠夫〔1999〕参照。

（7）生没年は一六二七―一六九八という説もある。

第二部

第一章　『太上感応篇』の思想的諸特徴―勧善書における日常倫理―

はじめに

本章は、宋代に書かれた善書である『太上感応篇』の、思想面におけるいくつかの特徴の素描を目的とする。

第一部が基本的に儒教的な場における日常倫理を扱ったものであったとすれば、ここで扱うのはいささか道教寄りの日常倫理である。ただ、完全なる道教サイドの書物かというと決してそうではない。この『太上感応篇』は、一般的な士大夫が家族秩序維持のために記した家訓と共通する部分もあれば、地方に赴任した官吏が郷村の教化のために著した諭俗文とも重なる内容もあるユニークなテクストである。

まず善書とは、民衆の道徳的教化を目的として編纂された書物である。「善を勧める書」なので一般的にそう呼ばれる。この善書のジャンルに含まれる書物は、明清代に爆発的に流行・出版され、その内容・形式は多岐に渡り、どこからどこまでを善書に含めるかについても議論がある[1]。

ここで扱う『太上感応篇』は、最初期に編纂された善書と認識されている。テキストは『道蔵』太清部所収のものを用いる[2]。構成は、全三〇巻から成り、「経」は全部で二一六条、一三七〇字。経文の大半は基本的に四字に分けられているが、五字句、六字句、七字句のものもあり統一はなされていない。各条に「伝」「賛」が付される形式になっている。「伝」は「経」の注釈で、宋代人の具体的なエピソードが多く挙げられている。「賛」は一句四字、全一〇句の韻文となっている。

「経」の作者は不詳である。「伝」は李昌齢の著、「賛」は鄭清之の著とある。『太上感応篇』の成立がいつであるかについてはいくつか説が出ており、いまだ結論は出ておらず、本書も同様である。李昌齢の伝の成立が、巻一に記された乾道八年、つまり一一七二年以降であることは多くの論者が認めるところであり、著者も従うものである。作者に関しては現在に至るも不明、伝を著した李昌齢がどのような人物であったかについては様々な説が出ているものの決定的なものはまだ無い[3]。賛を書いた鄭清之は、生卒年は一一七六―一二五一年、字は徳源、号は安晩。鄞県（現浙江省寧波）の出身。若くして同郷の楼昉（生没年不祥、紹興四年〔一一九三〕の進士）について学ぶ。楼昉は呂祖謙に学んだというから道学の系統を継いだ人物である。嘉定一〇年（一二一九）に進士及第、峡州教授、泰国軍節度使、大傅などを歴任し、右丞相に至る。理宗朝の端平年間（一二三四―一二三六）に正しい人事が行われたのは鄭清之の尽力によると言う。諡は忠定、魏郡王を追封される。著作に『安晩集』六〇巻がある[4]。

また高名な儒学者で、朱子学の再興に大きな役目を果たす真徳秀（一一七八―一二三五）が跋文を著し（端平二年〔一二三五〕）、理宗（在位一二二五―一二六四）が「諸悪莫作、衆善奉行」の八字を御書し、銭百万を下賜して刊刻させた。

『太上感応篇』はまず冒頭において、善行には善果が、悪行には悪果がもたらされることを述べ、以後そのほぼ全てを善行と悪行の具体的な記述に費やす。例えば「敬老懐幼稚」、「昆虫草木、猶不可傷」、「竊人之能、蔽人之善」、「男不忠良、女不柔順」などなどであり、その教化の対象は「愚夫愚婦（襲幼采跋）」、すなわち一般人である。

経書の説く「仁義礼智」などの徳目は、その様々な注釈が作られていることから分かるように、知識人にとっても解釈が容易ではない。『太上感応篇』は「善を行いなさい」とだけ言って済ますのではなく、これが善行だ、これが悪行だと一つ一つ具体的に例を挙げて示しているが、このような体裁であれば「仁とは何か」から説き起こす必要がなく、教養の無い庶民でも理解しやすい。鄭清之や真徳秀ら、道学サイドの儒者がこの書を推した理由もその辺りにあるのではないか。

さて、従来の『太上感応篇』に関する研究は二つに大別できる。一つは書誌学的研究を主眼とするもので、吉岡義豊氏、酒井忠夫氏のものなどが挙げられる。[5] 二つ目は善書研究、道教史研究の一環として『太上感応篇』を扱うもので、鄭志明氏、陳霞氏などの研究がある。[6]

思想内容に関する研究の多くは、該書が『抱朴子』内篇の巻三対俗篇と巻六微旨篇の引用から成っていることを指摘するにとどまり、[7]『太上感応篇』自体がオリジナルな思想を有しているかについての検討を加えているものは極めて少ないと言って良い。また思想に関して言及している場合でも、まずそのほとんどが応報思想をめぐって、それが功利主義的な性格を持つものか否かを問うことに費やされている。[8]

本章では『太上感応篇』が『抱朴子』とは異なる思想を持つこと、それが宋代という時代と切り離せないものであること、さらに善行には善果が現れるという応報の論理が功利主義なのかについて検討していきたい。

まずは『抱朴子』との比較を行ってみたい。実際に両者を対照してみた結果、全二一六条中、実に半分以上の一三一条が『太上感応篇』の創作であることが分かった。[9]『抱朴子』という書物は、本質的には金丹や仙薬、房中術などの修養を通じて神仙になるための様々な方法を記したものである。『太上感応篇』が『抱朴子』から採ったのは、その中の倫理的行為に関するほんの一部である。[10]『太上感応篇』の第一の目的は、善行を通じた延年であり、神仙になることではない。『太上感応篇』の作者は、『抱朴子』の中から自らの関心に関わるもの、あるいは自説に妥当するものを選び、そこにアレンジを加えている。そしてこのアレンジした部分、すなわち『抱朴子』とは異なる部分に『太上感応篇』の思想的特徴を見出すことができる。もしかしたら作者は『抱朴子』に欠けている要素を補った程度の意識しか持っていなかったかもしれないが、そこに我々は『太上感応篇』独特の思考を見出すことができる。

また同様に李昌齢が著した「伝」の部分にも見るべき箇所は多数ある。「経」の成立が北宋末から南宋初期であることは多くの研究者の認めるところであり、「伝」が一一七二年以降の成立であること、「賛」が南宋の鄭清之の作であること、「経」成立との間の時間が数十年ほどに過ぎないことも鑑みて、「伝」「賛」も宋代の思潮を反映したものとして適宜参照していきたい。

『太上感応篇』の創作部分の大部分、巻七の第五三条から巻三〇の第二二三条までは、基本的に「悪行」をより詳細に述べることに費やされている。例えば『抱朴子』にはない「経」から挙げると、第一三五条から第一四〇条には「千求不遂、便即呪恨。見他失便、便説他過。見他体相不具而笑之。見他才能、可称而抑之。埋蠱厭人。用薬殺樹」とある。求めても得られなければ恨みを抱き、他人の過ちを言いふらし、他人の不具を笑い、他人の才能を妬み、蠱毒を使って人を呪い、毒薬で樹木を枯らすなどなど、細かな悪行が多岐に渡って羅列されている。ちなみに口語である「他」を三人称として用いているところからも、この条が近世の産物であることが分かる。(11) 以下、『抱朴子』には見られない創作部分を内容に従って分類・紹介していきたい。

（一）　宗族および朋友関係の重視

最初に人間関係に関する記述から見ていくことにしたい。まず挙げるのは「経」第五八条「攻訐宗親」、「経」第一五五条から一五六条「用妻妾語、違父母訓」、「経」第一八七条から一九三条「不和其室、不敬其夫。毎好矜誇、常行妬忌。無行於妻子、失礼於舅姑、軽慢先霊」である。これらは家族及び宗族の不和を諌める句である。

また「経」第五六条「謗諸同学」の「伝」では朋友関係の大切さを説き、北宋の郭贇（九三五―一〇一〇）が同学の李勉に示した友情や、同じく北宋の韓億と李若谷[12]が貧しい時から科挙及第後も仲睦まじかったことなどをエピソードとして紹介し、「経」第一五四条「妄逐朋党」の「伝」では、朋党の禍の始まりと言われる范仲淹の事跡を例に挙げている。さらに第五六条の伝では、「人倫有五。曰君臣、曰父子、曰兄弟、曰夫婦、曰朋友、居于其一。然則朋友之道、豈為軽乎。況諸同学平日相処於硯席之間、雍容笑語、非不親厚。其可妄起妬心而輒加毀謗乎」と挙げて、朋友関係の中でも同学の重要性を強調しているのは注目に値する。

以上は、宗族や科挙における人的ネットワークの構築が宋代の知識人にとって避けて通れない問題となっていたことと符合していると言って良い[13]。

（二）訴訟の戒め

「経」第一五三条では「闘合争訟」が悪行として語られる。「伝」には「竭家財以用之、鬻田園以継之。於親則失養、於妻則失愛、於子則失教。日不暇奔走於訟庭之間、受制於官吏之手。雖有高堂大廈、安得而居乎。暖衣飽食、又安得而自享乎。嗚呼、争訟日甚、怨仇愈深、如火燎原、不可撲滅。…（中略）…吾未見不殃及其身又遺患於子孫矣」とあり、訴訟に追われて、財産は尽き家族は失われ、その禍は子孫にまで及ぶのだと説かれている。それを防ぐには「忍」が大事だとここでは強調されている。

宋代に宗族や郷村において訴訟沙汰が頻発しており、それを戒める条文が家訓にも多く見られることはすでに確認した。南宋の裁判記録『名公書判清明集』には、後継者をめぐるもめごと、遺産や財産の争い、土地所有に関するいざこざ、男女の婚姻や離婚にまつわる紛紜などが縷々綴られている。このような状況は宋代以後の史料に頻繁に現れると、大澤正昭氏は指摘している。(14) 川村康氏は『名公書判清明集』をさらに分析し、南宋期には宗族が族内の問題を自らの力では解決できなくなり、役所による裁定に頼らざるを得ない状態がままあったと指摘する。(15)

かような事態を、あえて善書という書物にさえ書かねばならなかったところから、訴訟沙汰が当時の人々の重大な関心事であったことが理解できる。

(三) 善行と善人

第三四条の「伝」に次のような言葉が見られる。「遏悪揚善。在『易』謂之君子、在『篇』謂之善人」。悪を止め善をあげる者を『易』では「君子」と言い、『太上感応篇』では「善人」と言う、とある。道徳行為の主体を、『易』のように君子ではなく、善人と呼ぶとことわっているわけである。儒教サイドで顕彰される君子とは立ち位置を別のポジションに置きたいということなのであろう。あるいは君子という言葉からみなが想像してしまうようなものとは違うイメージを造形したいのではないかと推察される。では善人は、君子とはどこが異なるのか。君子とは、通常の理解で言えば「道徳的に立派な人物」であり、「小人」の対極にあるような人格である。宋学ではこの君子に対して様々な考察をめぐらしている。例えば張載は「君子之道、成身成性以為功者也」(『正蒙』中正篇第八)と述べ、程頤は「君子之志所慮者、豈止其一身。直慮及天下千万世」(「洛陽議論」『程氏遺書』巻一〇)、朱熹は「君子、成徳之名」、「徳

之所以成、亦曰学之正、習之熟、説之深、而不已焉耳」（『論語集注』学而第一）と言い、陸九淵は「専志於義、而日勉焉、博学審問、慎思明弁而篤行之。…（中略）…由是而仕、必皆共其職、勤其事、心乎国、心乎民、而不為身計。其得不謂之君子乎」（「白鹿洞書院論語講義」『陸九淵集』巻二三）と言う。

いずれも君子を「単なる立派な人」ではなく、むしろ聖人に近いような極めて高潔な人格として語っている。おそらく宋代の知識人にとって、君子という存在は容易に近づけないような、手の届かない高みにまで登ってしまったと感じられたのではないか。そこでより身近で到達可能な人物像として善人という存在が新たに造形されたと考えられる。もちろん善人なる語は宋以前から存在していたが、新たな役割、または新たな意味を附与されたのである。

では善人はどのようなものとして語られているのだろうか。第三四条の「伝」の続きを参照したい。「大抵人非尭舜、安能毎事尽善[16]。其不善者即名為悪。我能為之遏之、使之不至自棄。復得勉而従善人。誰不貴於善。一言一行、苟有可取、即名為善。我能為之揚之、使人皆得聞」。大抵の人は尭舜のような聖人ではないのだから、全ての行いにおいて善を尽くすことなどできない。だから不善なものであれば悪と見なして行わないようにすることだ。善を尊ばない者などいないのであるから、一言一行の中に取るべきものがあれば、それを善と見なして行うようにし宣揚するのだと言う。日常の中で生起する様々な事柄に一つ一つ対応していき、それが善いものかどうかをチェックして、時には不善も行うこともあるが、その場合は次に繰り返さないようにするのだと述べている。

さらに、北宋の趙概が悪を抑えて善を揚げることを務めとしていたこと、邵雍が人の善を語ることを楽しみ、人の悪を言わなかったことなど、先人たちが日常生活中で行っていたいくつかのエピソードを引き、これらが「『太上』所以称為善人」と締めくくっている。

『太上感応篇』の語る善人とは、このように、日常においてささやかな善を積み重ねていく人のことである。

そしてこのような善人というものの捉え方は先に見た『省心雑言』の善人観とも相呼応するものである。

善を行っていくことの保証として導入されるのが善果である。善行には善果が、悪行には悪果がもたらされる考え自体は『易』や『書経』にもあるもので（「積善之家、必有余慶。積不善之家、必有余殃」『易』坤卦、「作善降之百祥、作不善降之百殃」『書経』商書・伊訓）、別に珍しいものではない。しかし経書が成立した時代に考えられていたのは、天人相関説などと結び付いた、為政者にとっての心構えといったものであろう。『太上感応篇』ではこの善行善果悪行悪果の論理が、一般の人にまで行き渡っていると説くのである。「経」第二二六条に「吉人語善、視善、行善、一日有三善、三年天必降之福。凶人語悪、視悪、行悪、一日有三悪、天必降之禍」と、一日一善ならぬ一日三善が語られ、それを三年積み重ねれば、天が福を下すという。そしてこの条の「伝」は「皆善在我日用而已」と、善は我々の「日用」にあるのだと説いている。そして『太上感応篇』における福とは「延寿」や「禄」を言う（「経」第三〇条「善人延寿」、「経」第四三条「福禄随之」）。また「大抵善人君子、其吉祥愷悌、足以招致福禄」という語も見える（「経」第四三条）。基本的には道教書なので神仙になれるとも書いてはあるが（「天仙一千三百善」、「地仙三百善」第一八条「伝」）、教化の対象は愚夫愚婦なのであり、彼らにとっては過酷な修行が必要な仙人になることは、福とは考え難かったであろう。

君子の対義語は小人であるが、善人の反対はと言えば悪人になる。第七七条と第七八条の「賛」では、「直道而行、無偏無党、是曰善人」（第七七条「賛」）、「曲則背理、為佞為邪、是曰悪人」（第七八条「賛」）と対比されていることから、明確に意識して用いていることが分かる。ただし悪人の語は他の箇所では確認できず、該書において全面的に取り入れているとは言い難い。

（四）「日用」の重視

前節にも出ていたが、『太上感応篇』では日常を特に重視する。「経」第一八条「積徳累功」の「伝」には「徳也者、日新之謂也。功也者、日用之謂也」と注釈を付ける。徳とは日々新たということで、功とは日用のことであり、そしてそれらを累積していくことだと述べる。「伝」は続けて「閔閔然、如農夫之望歳、[17]汲汲然、如商賈之営財。今日積其徳、明日又積其徳、今日累其功、明日又累其功」と綴る。農夫が収穫を待ちながら、商家が財を営むように、今日、そして明日と、毎日毎日を地味に積み重ねていくことが大事なのだ、と。

（五）「正直」「誠実」

『太上感応篇』では「忠孝・友悌」（「伝」第二〇条・第二一条）などの一般的な儒教の徳目も語られているが、注目したいのは「正直」や「誠実」（あるいは「誠」）といった語が頻繁に用いられている点である。「正直」の例は「司馬光為人正直、名聞海内…（中略）…呂伸公正直敢言」（第二二条「伝」）、「神霊者、聡明正直者也、在処皆有之也。所敬者道徳、所与者忠孝、所契者正直、所取者陰徳。然則人其可無是四者乎」（第四五条「伝」）など、「誠実」は「（李及と王隠の）二公誠実、豈不愈於虚誣詐偽而速入悪趣者乎」（第五七条「伝」）、「誠」は「（虚・誣・詐・偽は）皆不誠也。大抵、誠者天之道也。思誠者、人之道也。今乃棄誠而習為虚誣詐偽、即是戻天之道而失人之道也」（第五七条「伝」）、また「鄧至、善教導、又能遇人以誠。其後子孫皆躋膴仕」（第一四一条「伝」）と見える。

これら「正直」「誠実」の語は、経書にはほとんど用いられていない。通常、儒教では倫理的な観念を表す言葉と言えば「仁義礼智」や「忠孝」が用いられるし、我々もすぐにそれらの語を想起する。思うに、先ほどの「善人」の項と同じく、あえてそれらの語を使わずに、別の言葉で道徳行為を表現したいという意志があったのではないだろうか。同時に、日常の生活において道徳的行為を表す語の模索が試みられていたのであろう。前の部での家訓の分析においても、「誠実」の語が家訓という言説空間において多用されることを見たが、ここでもその一端が確認できたと言える。

（六）自己への視線

まず冒頭の「経」第一条が「太上曰、禍福無門、唯人自召」から始まっていることに着目したい。この第一条は、禍福には決まった入り口などはない、それはただ人が自ら招き寄せるのだと説いている。この語が『抱朴子』以上に、道徳的行為の実践をおのれに意識させる効果をもたらす。「経」第三六条から三九条の「受辱不怨、受寵若驚。施恩不求報、与人追悔」では、自己の感情や欲望をコントロールすることの重要性を強調し、「経」第五〇条から五二条の「以悪為能、忍作残害。陰賊良善、暗侮君親」では、他人に知られないようにして行う悪事、あるいは心の中での悪事を諌めている。つまり他者に対する悪行を諌めるだけでなく、おのれ自身しか知らない悪に対する点検および戒めを述べているのである。他人に知られない悪は悪なのかという命題は、現代の倫理学でも常に課題になっているテーマであるが、『太上感応篇』はそれをきっぱりと退ける。なぜなら天が、神々が見ているからである。神は実際の行動に現れた善悪だけでなく、行動を開始する前に心の中に生じた善悪をも察知するのである。

夫心起於善、善雖未為而吉神已随之。或心起於悪、悪雖未為而凶神已随之（「経」第二二四条）。

心に善なるものが起こったら、善をまだ実践していなくても、吉神がもうそれを察知して我が身に従っていると言う。悪の場合も同様で、悪が心にきざしたら、すぐさま凶神が我が身に従うと言う。善・悪が心中にきざしただけで、吉神・凶神がすぐさま従うというこの事態を、一体どのように解釈すべきなのだろうか。

「心に起こったこと」を吉神がただちに知るということであるが、これはどういうことなのであろうか。古来、人の体内には三尸という虫がいて（頭・腹・足の中）、庚申の日に、その人が行った善悪を天界に報告するという信仰があるが、『太上感応篇』にもそれは引き継がれている。「又有三尸神在人身中。毎至到庚申日、輒上詣天曹、言人罪過」（「経」第一一条）。また人の頭上には三台北斗神君がいて人の行動を常に記録していると言う。「又有三台北斗神君在人頭上、録人罪悪、奪其紀筭」（「経」第一〇条）。「伝」では、北斗の神は人を生み出し、身体を作り、生死や寿命を主宰すると言う(18)。また『業報因縁経』を引き、人の頭上三尺のところに七星の気が凝結して星となっていて、人が善を為すと大きく明るく輝き、悪を為すと小さく暗くなるとある。さらに竈の神もみそかの日に人の罪過を報告する。「月晦之日、竈神亦然」（「経」第一二条）。

体内と頭上と家の中と、そこらじゅうに神がいて人の行動と心を監視しているわけである。かように人は神々に取り囲まれているのであるが、ただし当然ながら神は目に見えない。もっとも、自身を監視する神を感じる人もいたであろうが。

『太上感応篇図説』という書物がある。『太上感応篇図説』は清朝・乾隆二〇年（一七五五）に黄正元（字泰一、号松庵、康熙五二年の武進士）という人物が整理・出版したもので、『図説』の名の通り、「経」の内容に合わせた絵を付けてある(19)。前頁で挙げた「又有三台北斗神君在人頭上、録人罪悪、奪其紀筭」という文に付けられた絵には、室内に「福禄寿」「仏」と書かれた祭壇がしつらえられ、その前に拱手してひざまずく人間が描かれている。また祭壇の上の香炉から上がる煙が上に行くほど広がって雲のようになり、その雲の上に蓮花があって、八本の腕を持つ神が趺坐している。次章でも触れるが、明代に編纂され、『太上感応篇』と同様に現代に至るまで読まれ続けられている『陰騭文』という善書がある。この書にも『陰騭文図証』という挿絵の付いたものが、蔣光煦（一八一三—一八六〇）という人物によって道光二四年（一八四四）に出版されている。「常有吉神擁護」という経文に対する挿絵は、家の外に立つ女性の頭上に雲状の気が浮かび、そこに二人の神が立っていて、それを見た二匹の悪鬼が逃げ出すという図柄である(20)。描かれた神の姿は道観に祭られている神像そっくりである。このように可視化された神々は、より人々にインパクトを与えたであろう。当時は文字の読めない人々が大半であったであろうから、誰かが読み聞かせながら紙芝居のようにその場面の絵を見せていたと想像される。

現代に生きる我々は、超能力者ではないので、他人の心の中のことは分からないし、他人も自分の心の中のことは分からないと考えているが、近世中国の人々は自分が考えたことがただちに近くにいる神に知られてしまうと信じていたということなのであろう。そうであれば人はおのれの心の動きに注意しなくてはならなくなる。他の条でも「凡念起于中、稍渉不正、即名為過」（第一三条「伝」）とあり、想念が心の中に起き、少しでも正しくなければ、ただちに過ちだと名付けられてしまうのである。では善果を求めて行う善行はどうだろうか。つまり現代で言えば功利主義的な道徳行為は認められるのか。この点に関しては跋文を書いている真徳秀が考察を行っている。「厳禱祈以徼福於鬼神、植因果以希報於冥漠。此又利心之尤而不足言善者也」。福を鬼神に求めたり報を天界に望むのは「利心」の甚だしきもので、善とは言えないと語られる。では利心を求めない善行は可能なのか、という問いには、儒家らしく『孟子』の「存其心、養其性」などを引き、人にはもともと善性を天から賦与されているのであるから、それをそのまま発揮すれば良いのだと説いている。

動機の不純な善行は退けられたが、逆に考えれば、善心から起こった行為であれば、それが失敗に終わったとしても神は見ていてくれていると考えることも可能である。よって神が見ていることを前提として人はものを考え行動を起こすことになる。普段の自分の心の有り様を常に観察し、自己点検することが必要となる。秋月観暎氏は、善書の一形態である功過格を分析し、積極的な道徳的・宗教的規制を自ら行わんとするこのような方式から「近世」的な性格を見出し得ると指摘する。[21]ただし秋月氏の言う近世的特徴とは、功過思想が「人間の自主的な修行、反省の為の準則として変化する」ことであり、筆者としては、この見方は「近世」に「自己」を見出そうとする傾向をたぶんに含んでいるように感じる。

（七）「陰徳」

「善行」には他者によって評価される「陽徳」と、誰も見ていないところで行われる「陰徳」とがある。「陰徳」という観念自体については次節で詳しく検討するため、ここでは『太上感応篇』に見られる陰徳を考えてみたい。まず「経」第一七条に「不欺暗室」とある。[22]「伝」では「『太上』所謂不欺暗室、即『中庸』所謂『君子戒慎乎其所不睹、恐懼乎其所不聞、莫見乎隠、莫顕乎微』。『相在爾室、尚不愧于屋漏。』」と記されているが、「君子…」は『中庸』第一章の語で、「相在…」は『詩経』大雅・抑の語である。いずれも誰もいない場所でおのれを戒慎することを語っている。「陰徳」の語は、他の箇所の「伝」にも見られるのでいくつか挙げておきたい（第四五条「所敬者道徳、所与

者忠孝、所契者正直、所取者陰徳」は既出)。

一夕夢神告曰、汝欲登科、須憑陰徳。　第二九条「伝」

陳挙曰、為善者、必享福報。積陰徳者、子孫必昌。不殄天物、不肆淫盗、不毀正教、善事也。救死扶傷、急人患難、無縦隠賊、陰徳也。不作善事、不積陰徳、則悪趣無所不入。　第二二六条「伝」

この陰徳は、もちろん前節の「自己への視線」と深い関係にある。ここで陰徳を実践する場面を想定してみたい。道端にゴミが落ちている。まわりには人は誰もいない。ゴミ箱はずっと先にしかないので、持って行って捨てようとすると手が汚れるし、第一面倒だ。ここで自分が拾わなくても特に誰かに咎められるわけではない。しかしこのゴミを拾ってゴミ箱に入れる行為は明らかに「善い」ことである。この「善い」行為を、頭上にいる神は、あるいは体内にいる三尸は見ていて評価してくれるであろう。わたしは、神が今自分が行った善行をきちんと見ていてくれて評価の対象にしてくれることを祈りつつゴミを拾う。しかしわたしは気が付く。動機の不純な善行は「善」とは見なしてもらえないのであった。神に見てもらうことを意識した善行は、明らかに不純な動機に基づいたものである。しかしこの今の心の中の逡巡は、すでに神に見られている(かもしれない)。ここまできてゴミを見なかったことにはできない。ゴミを拾わずに素通りしたら神によって「悪行」と裁定される(かもしれない)。わたしにできることはゴミを拾ってゴミ箱に入れることである。わたしは「神様すみませんでした。自分がゴミを見つけた時、わたしはあなたが見ているからではなく、確かに拾わなければいけないという気持ちがあったのです。その後に面倒だと思ってしまったのです。初心に戻ってゴミを拾います。あなたがどう裁定してもわたしはかまいません。今から拾ってゴミ箱に持って行きます」などと考えをめぐらしつつゴミを拾うだろう。おそらくごく普通の人が陰徳を実践しようとする場合に、以上のような考えを一度でも起こさないということは無いのではないか。

ここで問われているのは、動機の純粋性及び行為に伴う結果をめぐって心の中で起こる葛藤である。そしてその葛藤も神によって逐一観察されているのである（と「わたし」は考える）。自分の心に生起する全ての動きは、その一部始終を神にじっと見られている。そしてそのことをわたしも知っている。今現在の自分の心の動きを神の目から隠すことは不可能である。わたしは自分の心の動きに絶えず敏感であらねばならない。このような操作は視点を変えると、おのれの心の動きを神の視点から見ることでもある。自分を見る目は、神が自分を見る目と重なっている。

ここでもう一度『太上感応篇』第一条「禍福無門、唯人自召」に立ち戻りたい。「伝」はこの条について次のようにコメントをしている。

一念未起、則方寸湛然、有同太虚。何者為善、何者為悪。及一念纔起、趣向不同、善悪既殊、禍福即異。此『太上』所以言『禍福無門、唯人自召』也。大抵一念起処、即禍福之門。『篇』中之言、皆其事也。

一念が起こる前は、心の中には善も悪も生まれておらず、太虚のようである。そこにほんの僅かでも想念が萌せば、すでにその瞬間に善悪は決していて、そして禍福も同時に定まっているのだと言う。この文を改めて考えてみると、人はもはや善念を起こすことだけが許されているということにならないだろうか。想念が起こるたびに神にチェックされるという、どこにも逃げ場のない状態に「わたし」は置かれることになる。実際は、人はそのように一瞬一瞬に至るまで神を意識しながら生きているわけではなく、もっと鷹揚に対処しているであろうが。

興味深いのは、例えば善を行うこと自体が「幸福」かどうかといった西洋の倫理思想的な考え方が見られない点である。彼らにとってはあくまで善果が訪れることが幸福なのであろう。つまり善悪を神が察知し禍福を下すという、おのれと神との関係の中に、倫理的な形式が構築されているのである。

以上、『太上感応篇』という書物の様々な特徴を列挙してみた。ここには、家訓や諭俗文との、思想的特徴を含めた様々な類似点が確認できた。善書が宋代に起こった三教鼎立の運動の中で制作されたとすれば、それもある意味当然のことと言える。奥崎裕司氏は宋代における善書の発生を「儒教の民衆化」であり、「民衆的規範意識の客観化」であったと説く(23)。またブロカウ氏は善書の発生と商業活動の活性化を結び付けて論じている(24)。善書の書かれた外的な要因は、社会的なもの、経済的なもの、様々であろうが、しかしそれは当時の人々の心性のあり方に関する分析と合わせて行われるべきと考える。本章は短いながらもその一端を目指すものであることを最後に記しておきたい。

【注】

（1）酒井忠夫〔1999〕

（2）水越知氏によれば、近年、元刊本の『太上感応篇』が影印されたとのことであるが、現在のところ未見である。水越知〔2009〕

（3）吉岡義豊氏は、李昌齢は南宋の李石だと比定するが、水越知氏は吉岡説に疑問を呈し、いくつかの証拠をもとに、その他の別人だと考えた方が矛盾がすくないと述べる。

（4）『宋史』巻四一四、『宋元学案』巻七三に伝がある。

（5）吉岡義豊〔1952〕、酒井忠夫〔1999〕

（6）鄭志明〔1988〕、陳霞〔1999〕

（7）例えば、『道教事典』の「太上感応篇」の項において、秋月観暎氏は「これらの諸説が『抱朴子』内篇の対俗篇（巻三）微旨（巻六）の所説を引用したものであることは周知のところである」と述べる。また、楠山春樹〔1983〕、吉岡義豊〔1952〕、陳霞〔1999〕らも同様の見解を示す。

（8）卿希泰・李剛〔1985〕、鄭志明〔1988〕、陳霞〔1999〕、朱栄貴〔2002〕

（9）『太上感応篇』の創作部分は以下の通り。量が多いので、条数だけを示す。第一条、第二条、第五条、第六条、第七条、第八条、第一〇条、第一五条、第一六条、第一七条、第二三条、第二四条、第二五条、第三二条、第三五条、第三六条、第三七条、第三八条、第三九条、第四〇条、第四一条、第四二条、第四三条、第四四条、第四五条、第四九条、第五〇条、第五一条、第五二条、第五三条、第五五条、第五六条、第五八条、第五九条、第六〇条、第六一条、第六三条、第六四条、第六六条、第六七条、第六八条、第六九条、第七一条、第七九条、第八〇条、第八一条、第八二条、第八三条、第八六条、第八九条、第九〇条、第九一条、第九二条、第一〇一条、第一〇三条、第一〇九条、第一一三条、第一一四条、第一一五条、第一一六条、第一一七条、第一一八条、第一二二条、第一二三条、第一二四条、第一二五条、第一二九条、第一三一条、第一三二条、第一三三条、第一三五条、第一三六条、第一三七条、第一三八条、第一三九条、第一四〇条、第一四二条、第一四四条、第一四六条、第一四七条、第一四八条、第一五〇条、第一五二条、第一五三条、第一五四条、第一五五条、第一五六条、第一五七条、第一六〇条、第一六一条、第一六三条、第一六四条、第一六六条、第一六七条、第一六九条、第一七〇条、第一七二条、第一七九条、第一八〇条、第一八三条、第一八四条、第一八七条、第一八八条、第一八九条、第一九〇条、第一九一条、第一九二条、第一九三条、第一九五条、第一九六条、第一九七条、第一九八条、第二〇一条、第二〇二条、第二〇三条、第二〇四条、第二〇七条、第二〇八条、第二〇九条、第二一〇条、第二一一条、第二一二条、第二一三条、第二一四条、第二一五条、第二一六条、第二一八条、第二一九条、第二二四条、第二二五条、第二二六条。

（10）朱越利氏も『太上感応篇』の作者が『抱朴子』の中の日常道徳的な部分を抜き出して書物を構成している点を指摘している。朱越利〔1985〕

（11）太田辰夫〔1981〕

（12）韓億（九七二―一〇四四）は字宗魏、先祖は霊寿（河北省中西部）の出身で咸平五年（一〇〇二）の進士、景祐四年（一〇三七）に参知政事。李若谷は字子淵、豊県（江蘇省徐州）の出身。仁宗の時に参知政事となる。

（13）宗族ネットワークに関しては、遠藤隆俊〔1998〕を、朋党及び科挙ネットワークに関しては、竺沙雅章〔1995〕、平田茂樹〔1998〕、岡元司〔2003〕を参照。

（14）大澤正昭〔1996〕。また梅原郁訳注の『名公書判清明集』も参照。梅原郁〔1986〕

（15）川村康〔1998〕

（16）この句は李白の「人非尭舜、誰能尽善」（「与韓荊州書」）を踏まえたもの。

（17）「閔閔然、如農夫之望歳」は『左伝』昭公三二年「閔閔焉、如農夫之望歳」に基づく。

（18）北斗神君は、北斗真君、北斗星君とも呼ばれ、戦国時代から信仰の対象となっており、人の寿命・富貴・貧賤をつかさどる神であった。『道教事典』「北斗星君」の項参照。

（19）『太上感応篇図説』については、酒井忠夫氏が版本考証を行っている。酒井忠夫〔2000〕今回は、中国・学林出版社から一九九六年に出版されたものを参照した。

（20）挿絵を描いたのは費丹旭（一八〇二―一八五〇）という画家。

（21）秋月観暎〔1978〕

（22）この語については、宮川尚志氏による「『暗室を欺かず』の語について」という論考がある。宮川尚志〔1983〕

（23）奥崎裕司〔1983：164頁〕

（24）Brokaw, cynthia J〔1991〕

第二章「陰徳」の観念史—三教混交状態における日常倫理—

はじめに

人之処生、不可不積陰徳。夫不積陰徳者、未見其有後也。

宋人撰『積善録[1]』第四条

【人の処世、陰徳を積まざるべからず。夫れ陰徳を積まざる者、未だ其の後有るを見ざるなり。】

陳挙曰、為善者、必享福報。積陰徳者、子孫必昌。不殄天物、不肆淫盗、不毀正教、善事也。救死扶傷、急人患難、無縦隠賊、陰徳也。不作善事、不積陰徳、則悪趣無所不入。

『太上感応篇』第二一六条「伝」

【陳挙曰く、善を為す者は、必ず福報を享く。陰徳を積む者は、子孫必ず昌んなり。天物を殄さず、淫盗を肆ままにせず、正教を毀たざるは、善事なり。死を救い傷を扶け、人の患難に急ぎ、隠賊を縦にする無きは、陰徳なり。善事を作さず、陰徳を積まざれば、則ち悪趣の入らざる所無し。】

「陰徳」とは文字通り「ひそかに行う徳」のことである。時代を遡って見ても、陰徳は古来より多くの書物の中でその大切さが強調されているにも拘わらず、中国思想およびその研究史の上で特に注目された様子も無い。本章の目的は、この「ひそかに行う徳」を陰徳という語によって代表させ、その観念の変遷を観察し、それがいかに近世という時代と関係を切り結んでいたかを明らかにすることにある。

陰徳の観念は、一般人に向かって道徳実践の大切さを説くことを本来の目的とした書物に現れることが多い。よって分析対象は儒教・道教といった区別を問わず、家訓・諭俗文[2]などの訓戒書、文人の随筆、『夷堅志』[3]などの説話集、正史や地方志[4]などの史書、『太上感応篇』や『太微仙君功過格』といった勧善書など広範囲に及ぶ。日常的な道徳を説く様々な書物の出版量は近世にあって爆発的に増加するが、今回はまず古代からの大まかな流れをトレースし、近世に至って「ひそかに行う徳」＝「陰徳」という考え方がそれ以前に比べていかなる展開を見せ、かつ内容にいかなる変化が起きたかを見てゆくことにしたい。

第一節　宋代以前の陰徳

宋代以前の陰徳については、劉滌凡氏の論考がある。[5]劉氏は、陰徳という言葉自体は使ってはいないものの、戦国時代からすでに同様の考え方は発生していたと説いている。ちなみに陰徳の語が具体的に出てくるのは漢代以降であり、[6]正史や近世以前の文章を収録した書物には陰徳に関する様々なエピソードが披露されている。于公や孫叔敖が行った陰徳についての記述は、後代にも延々と語り継がれてゆく。[7]次の（一）から（三）はいずれも後世の陰徳を語る書物がよく引くものである。

（一）夫有陰徳者必有陽報、有陰行者必有昭名。　漢　劉安『淮南子』巻一八　人間訓

【（一）陰徳有る者、必ず陽報有り、陰行有る者、必ず昭名有り。】

（二）臣聞之、有陰徳者必饗其楽以及其子孫。

漢　劉向『説苑』巻六「復恩」

【（二）臣之を聞く、此れ陰徳有る者、必ず其の楽を饗して以て其の子孫に及ぶ。】

（三）抱朴子曰、凡学道当階浅以渉深、由易以及難。志誠堅果，無所不済、疑則無功。非一事也。夫根荄不洞地、而求柯條干雲、淵源不泓窈、而求湯流万里者、未之有也。是故非積善陰徳、不足以感神明。

晋　葛洪『抱朴子』内篇「微旨」巻第六

【（三）抱朴子曰く、凡そ道を学ぶには当に浅を階して以て深に渉り、易由り以て難に及ぶべし。志誠に堅なれば果たして済らざる所なし。疑えば則ち功なし。一事に非ざるなり。夫れ根荄の地を洞たずして柯條の雲を干ぐを求むるも、淵源の泓窈ならずして万里を湯流するを求むるも、未だ之れ有らざるなり。是の故に善を積み陰徳をおこなうに非ざれば、以て神明を感ぜしむるに足らず。】

いずれも陰徳を行った者には、「陽報」「名声」「鬼神を感動させる」などの善報が訪れることを説いている。上掲の文は先の劉氏をはじめ、従来は因果応報の文脈で語られることが多かったが、ここでは陰徳とその応答という関係において語られている点を強調しておきたい。またこの時点では善行と陰徳との違いも明確には意識されていない。『抱朴子』には「積善陰徳」という一節があり、両者は別個に認識されているようだが、内容的な相違は記されていないのである。

次は『真誥』からの一節である。

夫学道者、行陰徳莫大於施恵解救、志莫大於守身奉道。其福甚大、其生甚固矣。

梁　陶弘景　『真誥』巻六　甄命授第二

【夫れ道を学ぶ者、陰徳を行うことの恵みを施すより大なるは莫く、志を解き救うことの守身奉道するより大なるは莫し。其の福は甚だ大にして、其の生は甚だ固し。】

これも陰徳とそれに対する善報に関する記述である。『真誥』には他にも多くの陰徳の語が確認できるが、その内容に大差はない。宋代以前の文章に見える陰徳の記述は、ほぼこのような「某々が陰徳を行いそれに対する天からの善報があった」という「エピソード紹介」の体裁を取っている。つまり、陰徳は因果応報説話の単なる一バージョンととらえられているに過ぎないのである。唐代後半に至って、ようやく「陰徳論」という陰徳を主題にした文章が李徳裕（七八七―八五〇）によって書かれる。

陳平称、吾多陰謀、道家之所禁。吾世即廃亦已矣。不能復起、以吾多陰過也。至曽孫何国絶。班生著陳平之言、以為世戒、理当然矣。而丙丞相才及子顕、黜為関内侯。至孫昌乃絶、国絶三十二復続，而張湯、杜周子孫、世有令名。皆在顕位、其故何哉。丙丞相於関宣之徳、可謂至矣。晋荀息以忠貞之故、不敢負献公、程嬰以托孤之義、不忍斯趙氏、所以継之以死、終不食言。丙丞相於史皇孫、微君臣之分、无親戚之情、而保養曽孫、仁心惻隠、置於閑燥、給以私財、介然拒天子之使、因是全四海之命。又奏記霍光、決定大策、既而顕微卿之美、削士伍之辞。深厚不伐、所未有。夏侯勝有陰徳者、享其楽、以及子孫。是宜篤人、世済其美、古所謂有後者、良謂是矣、焉在伝爵邑而已哉。張、杜有後者、豈用法雖深、而所治者或能去天下之悪、除生人之害、所以然也。

『全唐文』巻七〇九　李徳裕一四(8)

【陳平称すらく、吾陰謀多し、道家の禁ずる所なり。吾が世即ち廃さるも亦た已んぬるかな。復た起つ能わざるは、吾陰過多きを以てなりと。曽孫何に至りては国を絶たる。班生の陳平の言を著わし、以て世の戒めと為すは、理の当然なり。而して丙丞相の纔に子顕に及び、黜きて関内侯と為る。孫昌に至りては乃ち国絶さるるも三二歳にして復続す。而して張湯杜周の子孫、世に令名有り。皆な顕位に在ることの、其の故は何ぞや。丙丞相は漢宣の徳において、至れりと謂うべし。晋荀息は忠貞の故を以て、敢えて献公を負わず、程嬰が托孤の義を以てするは、趙氏を欺くに忍びず、之を継ぐに死を以てし、終に言を食わざる所以なり。丙丞相の史皇孫において、君臣の分を微かにし、親戚の情無けれども、曽孫を保養し、仁心惻陰たりて、閑燥に置き、給うに私財を以てし、介然と天子の使を拒み、是れに因りて四海の命を全うす。又た霍光に奏記して代策を決定し、既にして卿の美を顕徴し、士伍の辞を削る。其の深厚の伐せざること、古より未だ有らざる所なり。夏侯勝以為く陰徳の有る者は、必ず其の楽しみを享けて、以て子孫に及ぶ。是れ宜しく賢人を篤生し、世其の美を済う、古の所謂後有る者、良や是と謂う。焉ぞ爵邑を伝えて已むに在らんや。張杜の後有る者、豈に法を用うること深しと雖も、而れども治むる所の者或いは能く天下の悪を去り、生人の害を除くは、然る所以なり。】

この「陰徳論」は、「論」と銘打ってはいるものの基本的には様々なエピソードの紹介から成っており、特に陰徳そのものについての考察はなされていない。ただ、陰徳という語を他の言葉から切り離して論じようとしている点において、陰徳の観念史における画期であると言えよう。

また仏教者の説く陰徳もだいたい似たようなものである。『広弘明集』に収められた釈道安の「二教論」（五七〇）

には次のように言う。

夫纖介之悪、歴劫不亡。毫釐之善、永為身用。但禍福相乗、不無倚伏。得失相襲、軽重冥伝。福成則天堂自至、罪積則地獄斯臻。此乃必然之数、無所容疑。若造善于幽、得報于顕、世謂陰徳、人咸信矣。

『広弘明集』巻八

【夫れ纖介の悪は、歴劫も亡びず。毫釐の善は、永く身の用と為る。但だ禍福相い乗じ、倚伏すること無からず。得失相い襲い、軽重冥伝す。福成れば則ち天堂は自から至り、罪積まば則ち地獄は斯ち臻る。此れ乃ち必然の数にして、疑いを容るる所無し。善を幽に造し、報を顕に得るがごときを、世は陰徳と謂い、人咸な信ず。】

善悪と禍福の不即不離の関係を説き、陰徳はその「必然の数」である因果応報説の中に組み込まれている。福として天堂、禍として地獄に至ると述べている点以外は、「陰徳陽報」の原理から一歩も出ていない。陰徳そのものについて考察を加えているものもある。

所謂陰徳者何。猶耳鳴、己独聞之、人無知者。今吾所作、吾子皆知、何陰徳之有。

『隋書』巻七七列伝第四四　隠逸伝　李士謙

【(ある人に「あなたは陰徳が多い」と言われ)士謙曰く、所謂陰徳とは何ぞ。猶お耳の鳴るがごとく、己れ独り之を聞くのみにて、人の知る者無し。今吾の作す所、吾が子皆知る、何の陰徳か之れ有らんと。】

『隋書』の伝によれば、李士謙は、字は子約、趙郡平棘（河北省）の出身で、孝行をもって知られ、天文学に秀でていた。国子祭酒に抜擢されるも固辞し、生涯仕えなかった。彼自身の思想的立場はやや仏教的で、輪廻説を用いて応報説を述べている箇所もある。ちなみに『大蔵経』「仏祖歴代通載」巻一〇「李士謙喩報応説」では儒・仏・道三教の優劣を問われた際に「仏は太陽、道は月、儒は五星だ」と答えている。

陰徳とは、耳鳴りのように自分だけがそれを知っているものを言うのであり、自分の子供らまで知っているようなものを陰徳などとは言わない、と李士謙は述べている。誰も知らないからこそ陰徳なのである。あるいは誰も見ていないところでも善を行うからこそそれは陰徳と呼ばれ得るのである。ここには今まで見てきた陰徳とは違う要素が付け加えられている。

宮川尚志氏に「暗室を欺かず」の語についての論考がある。[9] この「真っ暗で誰もいない部屋の中でもうしろめたいことはしない」という言葉は、ここでの陰徳と内容をほぼ同じくしている。陰徳は元来、「人前で声高に行うのではないひそかな善行」というものであったのが、李士謙によって、「自分だけがそれを知り、他人に知られるようなことのない善行」という、より積極的な意味を附加されたのである。

以上、陰徳は唐代まで本格的な定義が試みられてこなかった。そこには「人に知られることのない善行」も含む「単なる善行」が、「陰徳」「陰功」「積善」といった言葉で表現されていたのである。

第二節　宋代の陰徳

宋代において陰徳の観念が一気に変化したわけではなく、先に確認した普通の善行と大差ない認識も当然残存していた。例えば朱熹は次のように語っている。

魯可幾問釈氏「因縁」之説。曰、「若看書『作善降之百祥、作不善降之百殃』、則報応之説誠有之。但他説得来只是不是。」又問、「陰徳之説如何。」曰、「也只是不在其身、則其子孫耳。」道夫

『朱子語類』巻一二六―第九三条「釈氏」

【魯可幾が釈氏の「因縁」説について質問した。朱熹が答えた。「『書経』の『善を作さば之に百祥を降し、不善を作さば之に百殃を降す』などを見れば、報応の説は本当にあるのだ。ただその説き方の是非があるだけだ」。また質問した、「陰徳の説はいかがでしょうか」。朱熹が答えた。「(応報が)その身になければ、子孫にあるのだ。」道夫】

李元綱の『厚徳録』[10]、陳録の『善誘文』[11]、李昌齢[12]の『楽善録』の三書はともに全く同じエピソードを採用している。陰徳を語るに適していると判断された挿話は、複数のテキストに採用されることでさらに広がっていくのである。

しかし従来の見方を維持しているとは言え、やはり陰徳が宋代において著しい変化を示していることは間違いない。

以下それを確認していきたい。

宋代は家訓の制作が本格的になってくる時期でもある。[13] 普遍的な内容のもの、特殊なものと、その種類は様々であるが、家の繁栄と存続を目的としている点ではみな共通している。ここで南宋の陸游（一一二五―一二〇九）の著した「放翁家訓」を参照したい。

吾惟文辞一事、頗得名過其実。其余自勉於善而不見知於人。蓋有之矣。初無願人知之心、故亦無憾。天理不昧、後世将有善士、使世世有善士、過於富貴多矣。此吾所望於天矣。

「放翁家訓」第一八条[14]

【吾惟だ文辞の一事のみにて、頗る名の其の実に過ぐるを得。其の余自ら善に勉むるも人に知られず、蓋し之れ有らん。初めより人に知らるるを願うの心無し、故に亦た憾む無し。天理は昧からず、後世の将に善士有り、世世をして善士有り、富貴に過ぎること多からしめん。此れ吾の天に望む所の者なり。】

自分は善を行ってきたけど、人に知られることはなかった。しかしそれを憾みはしない。天が見ててくれて、子孫に福をもたらしてくれるだろう、それがわたしが天に望むことだ、と述べている。陰徳という言葉こそ使っていないものの、ここで陸游が告白している「人に知られることなく密かに行っていた善行」とはまさしく陰徳と呼ぶべきものである。人が見ていなくても、天は見ていてくれるだろうと彼は言う。しかし後述するように、このような天に善報を期待しながら行う善事は、実は「正しい」陰徳ではないのである。ここではしかし、つい本音を出してしまったということなのだろう。[15]

三子与孫、皆任以官、不繇選調、世禄不絶。陰徳之報、蓋不誣矣。　宋　李元綱『厚徳録』巻四第四九条

【（鄭建中なる資産家は、大雨の時には瓦を車に載せて雨漏りをする家があれば修理し、家を建てた舎客には補助金を出して完成させてやるなどした。その後彼の子孫はみな科挙に合格・仕官した。）三子と孫、皆任ずるに官を以てし、選調に繇らず、世禄絶たれず。陰徳の報、蓋し誣ならず。】

科挙に合格することが家の興廃に直結する宋代であれば、それが善報の内容に取り込まれるのは当然と言えよう。他にも陰徳の結果、子孫たちが科挙に合格したという記事は宋代には枚挙にいとまが無い[16]。ここにも陰徳の宋代独自の変容を見ることができる。以下、宋代における陰徳観念に関して特記すべき要素を抽出して述べていきたい。

二―一「陰徳」の公認

第一に挙げるべきは、宋代において陰徳の語が公認のものとされたという点である。北宋の李昉が編んだ『太平御覧』巻第四〇三・人事部四四には「陰徳」の項が立てられている。そこには『左伝』『漢書』から始まる陰徳の事例が二一例載せられている。また陰徳の語自体の用例は他にも一七箇所で確認できる。陰徳のエピソードを収集するという行為自体は李士謙の「陰徳論」と変わりはないが、それが取り上げられる事情が大いに異なっている。『太平御覧』は朝廷の勅命によって編纂された百科全書であり、その全てに皇帝が目を通したと言われている。そこに独立した項目として取り上げるからには、その語が多くの人に認知されている必要がある。人々の知らない（あるいは興味のない）言葉を集めた辞書など意味が無いからである。『太平御覧』は北宋の太宗時代、西暦九八三年に完成している。

ここから、宋代のかなり早い時期に陰徳の語が項目として取り上げ得るほど世に流布した言葉であったことが分かる。

二―二 「陰徳〈論〉」の成立

陰徳の語が認知されていくとともに、この言葉を取り上げて考察しようという者たちが現れる。代表的な例として、石介（一〇〇五―一〇四五）の「陰徳論」、応俊編[17]『琴堂諭俗編』所収の「積陰徳」を挙げることができる。以下、石介の文を引用したい。

夫天辟乎上、地辟乎下、君辟乎中、天地人、異位而同治也。天地之治曰禍福、君之治曰刑賞、其出一也。皆随其善悪而散布之。善斯賞、悪斯刑、是謂順天地。天地順而風雨和、百穀嘉。悪斯賞、善斯刑、是謂逆天地。天地逆而陰陽乖、四時悖、三才之道不相離、其応如影響。禍福刑賞、豈異出乎。夫人不達天地君之治、昧禍福刑賞之所出、行君威命、執君刑柄、発仁布令、代君誅賞、而硜硜焉守小慈、踏小仁、不肯去一姦人、刑一有罪、皆曰存陰徳。其大旨謂不殺一人、不傷一物、則天地神明之所佑也。苟不以己之喜怒、而以天下之喜怒、殺傷雖多、天地神明福之矣。苟不以天下之喜怒、而以己之喜怒、害一人、損一物、天地神明固禍之矣。且天地能覆載、而不能明示禍福於人、樹之以君、假其刑賞、以嚮背善悪。人君能刑賞而不能親行黜陟於下、任之以臣、假其威権、以進退貪良。良者進之、君賞之也、天福之也、奚其徳哉。貪者退之、君刑之也、天禍之也、奚其仇哉。以進退於人、謂徳仇在己乎。欺天而無君也。州方千里、牧非其人、千里受弊。邑方百里、宰非其人、百里受弊。使一牧、一宰有罪而罷其誅、孰多千里、百里無辜而受其弊。是仁一牧、宰而不仁於千里、百里也。暴我鰥寡、虐我惸嫠、天地君所欲除而存之、違天地君也。違天地君而曰存陰徳、禍斯及矣。白額虎暴而害物、周処殺之而獲福。両頭蚍見而人死、叔敖斬之而得報。尸而官、塗而民、其害豈特白額虎、両頭蚍之比也。而能除之、陰徳隆奕而無窮矣。

『徂石先生文集』巻一一　論八篇「陰徳論(18)」

【夫れ天は上に辟き、地は下に辟き、君は中に辟く。天・地・人は位を異にして治を同じくするなり。天地の治を禍福を曰い、君の治を刑賞と曰い、其の出づるは一なり。皆其の善悪に随ひて之を散布す。善ならば斯ち賞し、悪ならば斯ち刑す、是れ天地に順うと謂う。天地に順えば風雨和し、百穀嘉す。悪ならば斯ち賞し、善ならば斯ち刑す、是れ天地に逆うと謂う。天地に逆えば陰陽乖れ、四時悖る。三才の道は相い離れず、其の応は影響の如し。禍福刑賞、豈に出づるを異にせんや。

夫れ人は天地君の治に達せず、禍福刑賞の出づる所に昧し。君の威命を行い、君の刑柄を執り、仁なる布令を発し、君の代りに誅賞して、硜硜焉として小慈を守り、小仁を踏み、肯えて一姦人を去かせず、一有罪を刑す、皆陰徳に存すると曰う。其の大旨に謂う、一人を殺さず、一物を傷つけざれば、則ち天地神明の佑くる所なり。苟くも己の喜怒を以てせずして天下の喜怒を以てすれば、殺傷多しと雖も、天地神明之に福す。苟くも天下の喜怒を以てせずして己の喜怒を以てすれば、一人を害し、一物を損うも、天地神明固より之に禍す。且つ天地は能く覆載して、禍福を人に明示する能わず、之を樹つるに君を以てし、其刑賞を仮りて、以て善悪を嚮背す。人君は能く刑賞して、親から黜陟を下に行う能わず、之に任すに臣を以てし、其の威権を仮りて、以て貪良を進退せしむ。良者ならば之を進め、君は之を賞し、天は之を福するなり。奚ぞ其れ仇ならんや。人を進退するを以て、徳仇の己に在るを謂うか。天を欺きて君無きなり。

州方千里、牧の其の人に非ざれば、千里弊を受く。邑方百里、宰の其の人に非ざれば、百里弊を受く。一牧、一宰をして罪有りて其の誅を罹らしむ。孰れの千里・百里の無辜にして其の弊を受くることの多きか。是れ仁なる一牧・宰なれども千里・百里に不仁なり。我が鰥寡を暴し、我が惸嫠を虐ぐ、天・地・君の除くを欲する所なれども之を存すれば、天・地・君に違うなり。天・地・君に違いて「陰徳に存す」と曰わば、禍斯ち及ぶ。白額虎の暴して物を害う、周処之を殺して福を獲。両頭虵見れば人死す、叔敖之を斬りて報を得る。尸たる官、塗たる民は、其の害豈に特だ白額虎・両頭虵の比ならんや。而して能く之を除けば、陰徳隆奕にして無窮なり。】

天地の治は君主の治とは同じものでなければならぬとし、君主の刑賞が天地に随っていれば天地は福をもたらし、そうでなければ禍をもたらすと言う。さらに人をその下位に位置付け、彼に天地君の意に叶う行動を求める。特に己れの喜怒と天地の喜怒が一致せねばならないと主張している点を強調しておきたい。そして天地の喜怒に沿った陰徳は隆奕無窮であると言う。天地と人間界との秩序の相同性を指摘し、両者の賞罰・喜怒の一致と不一致とを陰徳観念との関係において解説している。これらは、いわば天人合一の観点に基づいて陰徳を意味付けようとしていると言える。石介は仏教や老荘を極力排斥し、是非善悪の区別を厳格にして純正なる倫理学を確立しようとした人物であり、[19]この「陰徳論」も、陰徳を儒教的な天・地・人の関係において捉えているのである。

次にいささか長いが、応俊の「積陰徳」(『琴堂諭俗編』所収)を引いておきたい。論の便宜上いくつかに分割し数字を附す。

(一)人之所以能安身立家長育子孫者、不可但恃其智力而已。必積行陰徳而後為天地之所佑、鬼神之所福、則其身康強、其家昌盛、其子孫逢吉。苟惟矜恃智力、多行不義、不佑於天地、不福于鬼神、未有不禍敗而覆亡也。若不在其身、必在其子孫、故陰徳不可以不修也。（二）夫所謂陰徳者何也。知善之可欲而力行之、知不善之不可為而不為。不求知、不責報、不以隠顕二其心。夫是之謂陰徳。能行陰徳者、不矜智以詐愚、不逞勇以苦怯、不恃強以陵弱、不挟衆以暴寡、不以口腹之欲而戕殺物命、不以己私之利而妨害他人。凡事之有負於心、有害於物者、皆不忍為也。凡事之有便於人、有利於衆者、皆所楽為也。寧可輸人便宜、不可討人便宜。苟能如是、豈不為天地所佑鬼神所福哉。如近世所見人行数事、皆獲善報。（三）…（中略）…如此之類、不一而足、往往身獲寿考、家道興隆、子孫蕃盛、陰徳之報、豈誣也哉。（四）積善之家必有余慶、積不善之家必有余殃。此易辞也。易六十四卦、凡事不言必、独坤之文言論積善有慶、積不善有殃。断以両必字言之、以其効之必応也。夫聖人言積善、不於他卦、而独於坤卦者、以坤属陰、一元之善在坤為陰徳也。積陰徳者必有福慶、不積陰徳者必有禍殃。（五）蓋人有一二善、未必便有善報。然今日作一善明日作一善、積之不已、人欽神相福応必来。今日作一不善明日作一不善、積之不已、人怨神怒禍殃必至。故聖人繫辞又申之曰、善不積不足以成名、悪不積不足以滅身。成名即慶也、滅身即殃也。豈惟身名而已哉（六）。易之所謂余者、言其殃慶尚及子孫也。…（略）

〔応俊注〕倪尚書思勧積陰徳文。夫積土成山、積水成池、陰徳之在人也亦然。于公治獄不寃而子孫以興、孫叔敖埋蛇去害而其身以貴。報応之理、捷于影響。（七）夫所謂陰徳者、非独富貴有力者能為之、尋常之人皆可為也。（八）世有楽施者。施棺槨、砌水井、修橋路、行此等事、固其一念之善。然作用彰彰、在人耳目、此乃為陰徳也。惟能広推善心、務行方便、不沮人之善、不成人之悪、不揚人之過、人有窮乏吾済之、人有患難吾救之、人有仇讐、吾解之。不大斗衡以倍利、不深機穽以陥物。随力行之、如耳之鳴、惟己自知、人無知者、此所謂陰徳也。隋李士謙之語。今日為之、明日又為之、今歳作之、明歳又作之、則所謂積者如是而已。豈有甚高難行之事哉。（九）然世之人鮮有能至焉者、以其未知存心故也。

応俊編『琴堂諭俗編』巻下[21]

【(一) 人の能く身を安んじ家長を立て子孫を育くむ所以は、但だ其の智力を恃むべからざるのみ。必ず陰徳を積行して而る後天地の祐くる所と、鬼神の福する所と為る。則ち其の身は康強、其の家は昌盛、其の子孫は吉に逢う。苟くも惟れ智力を矜恃し、多く不義を行えば、天地に祐けられず、鬼神に福せられず、未だ禍敗して覆亡せざること有らざるなり。若し其の身に在らざれども、必ず其の子孫に在り。故に陰徳は修めざるべからざるなり。(二) 夫れ所謂陰徳とは何ぞや。善の欲すべきを知りて力めて之を行い、不善の為すべからざるを知りて為さざるなり。知らるるを求めず報を責めず、陰顕を以て其の心を二にせず。夫れ是れ之を陰徳と謂う。能く陰徳を行う者は、智を矜りて以て愚を詐かず、勇を逞しくして以て怯を苦しめず、強きに恃んで以て弱きを陵がず、衆を挟んで以て寡を暴さず、口腹の欲を以てして物の命を戕殺せず、己私の利を以てして他人を妨害せず。凡そ事の心に負う有り、物を害する有れば、皆為すに忍びざるなり。凡そ事の人に便有り、衆に利有るは、皆為すを楽しむ所なり。寧ろ人の便宜を輸すべきも、人の便宜を討つべからず。苟くも能く是くの如ければ、豈に天地の祐くる所鬼神の福する所と為らざらんや。近世見る所の人行の数事の如きは、皆善報を獲。(三)…(具体的エピソード・中略)…此くの如きの類、一ならずして足り、往往にして身寿考を獲、家道は興隆し、子孫は蕃盛す、陰徳の報、豈に誣ならんや。(四) 積善の家、必ず余慶有り。積不善の家、必ず余殃有り。此れ易辞なり。易の六四卦、凡そことに必を言わず、独だ坤の文言のみ積善に慶有り、積不善に殃有るを論ず。断ずるに両つの必の字を以て之を言うは、其の効の必ず応ずるを以てなり。夫れ聖人は積善を言うに、他卦においてせず、独だ坤卦にのみおいてするは、坤を以て陰に属せしめ、一元の善の坤に在りて陰徳を為さしめんがためなり。陰徳を積む者は必ず福慶有り、陰徳を積まざる者は必ず禍殃有り。(五) 蓋し人には一二の善有り、未だ必ずしも便ち善報有らず。然るに今日一善を作し明日一善を作し、之を積みて已まざれば、人欽び神相て福慶必ず来たる。今日一不善を作し明日一不善を作し之を積みて已まざれば、人怨み神怒りて禍殃必ず至る。…（中略）…（六）易の所謂「余」とは殃慶尚子孫に及ぶを言うなり。…（具体的エピソード・略）。

〔応俊注〕倪尚書思陰徳を積むを勧むるの文を附す。夫れ土を積みて山と成し、水を積みて池と成す。陰徳の人に在るも亦た然り。于公は治獄するに冤せずして子孫以て興り、孫叔敖は蛇を埋めて害を去らしめて其の身以て貴し。報応の理、影響に捷やかなり。（七）夫れ所謂陰徳とは、独だ富貴有力の者のみ能く之を為すに非ず。尋常の人もみな為すべきなり。[20]（八）世に施すを楽しむ者有り。棺槨を施し、水井を砌り、橋路を修め、此等のことを行うは、固より其れ一念の善なり。然れども作用は彰彰、人の耳目に在り、此れ乃ち陽徳と為すなり。惟だ能く広く善心を推し、務めて方便を行い、人の善を沮まず、人の悪を成さず、人の過を揚げず。人に窮乏有れば吾之を済い、人に患難有れば吾之を救ひ、人に仇讐あれば吾之を解く。斗衡を大きくして以て利を倍せず、機穽を深くして以て物を陥れず。力に随いて之を行うこと、耳の鳴るが如く、惟だ己のみ自から知りて、人の知る者無し、此れ所謂陰徳なり。隋李士謙の語なり。今日之を為し、明日又之を為し、今歳之を為し、明歳又之を為さしむ、則ち所謂積むとは是くの如きのみ。豈に甚だ高く行ひ難きの事有らんや。（九）然れども世の人の能く焉に至る者有ること鮮し、其の未だ存心を知らざるを以ての故なり。】

この「積陰徳」は、（一）陰徳と善報との因果関係を述べ、（二）陰徳の定義を行い、（三）次に具体的なエピソードを紹介し、（四）『易経』繋辞伝を引用し、なぜ「陰」なのかを坤卦を用いて説明し、（五）陰徳は毎日の積み重ねが大事であること、（六）その善報は子孫に及ぶことを具体例で説明する。さらに応俊は注において、（七）陰徳は「尋常之人」が容易に行えるものであることを強調し、（八）徳には「陽徳」と「陰徳」の区別があることを指摘し、（九）

いまだ陰徳を行う者の少ないのは、存心を知らないからだと述べて締めくくっている。先の石介は陰徳を天・地・人の世界との関係の中に位置付けようと試み、後者の応俊は経書を用いて陰徳の原理的な説明を試みている。隋の李徳裕の「陰徳論」がエピソードの羅列に終始していたのに対して、ここには明確な差異が見て取れる。特に応俊の「積陰徳」は、李子謙の言葉を援用しつつ、それを「陽徳／陰徳」の対比関係の中に置き直して解釈するなど、明らかにそれまでの陰徳に関する言説の総合化・体系化を試みている点において、従来の陰徳観から一歩も二歩も踏み込んだ解釈を施している。

またこれらの作業が二程子や朱熹といったいわゆる〝一流〟の思想家によって行われず、思想家として名を残したとは言い難い石介や地方官吏であった応俊によって書かれているという事実も興味深い。それは、陰徳が「天理」や「性情」といった語ほど思想家の興味を引かなかったということでもある。また儒教には「慎独」という語がすでにあり、そちらの方で一人の時における心的態度に関する思考が展開されたために、やや共通する内容を持つ陰徳が俎上に載せられなかったとも考えられる。これに関しては、応俊の書が諭俗文に属している点が重要である。陰徳の語は、宋代に多数量産される諭俗文や家訓に出現しているのであり、思想家による無視は、とりもなおさず陰徳という語が日常道徳という場において流通していた事実を逆に照らし出すものと言えよう。

二―三　「心」への傾斜

宋代の陰徳をめぐる言説において最も強調さるべきは、「心」が非常に重要視される点であろう。本章の冒頭に引いた『積善録』にも次のような言葉がある。

或曰、何謂業福。予対曰、蓋彼所聚之財、取之多不義、取不義之財、而広布施、設斎供、故謂之作業福。非積陰徳者也。夫所謂積者、常操不害物之心、出入起居、種種行方便如此、便是積陰徳也。　『積善録』第四条

【或るひと曰く、何をか業福と謂うかと。予対えて曰く、蓋し彼の聚むる所の財、之を取るに不義多く、不義の財を取りて広く布施し、斎供を設く、故に之を業福を作すと謂う、陰徳を積む者に非ざるなり。夫れ所謂積むとは、常に物を害わざるの心を操りて、出入起居し、種種に方便を行うこと此の如し、便ち此れ陰徳を積むなり。】

ここでは善行を実践しても、それが不義の財に由来するものであれば陰徳ではない、と説いている。そして「常に」「物を害わざるの心」を維持していなければいけないと言う。悪をなさないでいる心を常時保っていくことの必要性がここで強調されている。絶え間のない自己の内面への点検が求められているのである。

謂天蓋高、心実係余、余心歉焉、天其反夫。…（中略）…走嘗聞諸師曰、心者天之体也、有諸中斯必見諸外、動乎心所以感乎天也。君子尽其敬以尽心、安之為貴。一日心正、視舜為何人哉。因箴暗室以自警。

薛季宣『薛季宣集』巻三二「暗室箴」(22)

【謂えらく天は蓋し高く、心は実に余に係る、余の心歉ざれば、天は其れ反するか。…（中略）…走嘗て諸を師に聞いて曰く、「心は天の体なり、諸を中に有らしめて斯ち必ず諸を外に見わす、心に動きて天を感ぜしめる所以なり」と。君子其の敬を尽くして以て心を尽くし、之に安んずるを貴と為す。一日心正しければ、舜を見ること何人と為さんや。因りて暗室に箴して以て自ら警す。】

「天の体」とは、天が体内に形として内在化したものといったような意味であろうか。そうであるからこそ心が動けばそれは必ず外に現れ、天に感応する。よって誰もいない暗室のような場所でも自警しなければと述べている。己れの善心（あるいは悪心）は人ではなく天が見ていてくれる（あるいは監視している）。「心」への意識の傾斜が強まるとともに、「心」の「天」との結び付きはより強固となる。

また宋代に書かれた勧善書である『太上感応篇』や『太微仙君功過格』も「心」における善悪の問題を重要視する。以下、いくつか例を挙げておきたい。

〈経〉「不欺暗室」〈伝〉「伝曰『太上』所謂「不欺暗室」、即『中庸』所謂「子戒慎乎其所不睹、恐懼乎其所不聞」「莫見乎隠、莫顕乎微」。　　『太上感応篇』経第一七条及び伝

【暗室を欺かず。〈伝〉『太上』の所謂「暗室を欺かず」とは、即ち『中庸』の所謂「君子は其の睹ざる所を戒慎し、其の聞かざる所を恐懼す（第一章）」。「隠れたるよりも見わるるは莫く、微かなるよりも顕かなるは莫し（同）」なり。】

修合毒薬、欲害于人為十過。害人性命為百過、害人不死而病為五十過。害一切衆生禽畜性命為十過、害而不死為五過。挙意欲害為一過。　　又玄子『太微仙君功過格』「過律三九条　不仁門」

【毒薬を修合して人を害せんと欲するを十過と為す。人の性命を害うを百過と為す。害いて死せず病ましむるを五十過と為す。一切の衆生禽畜の性命を害うを十過と為す。害いて死せずを五過と為す。意を挙げて害せんと欲するを一過と為す。】

誦念経典、漏一字為一過。漏一句為五過。……若念誦之時、心意不専為五過。邪淫雑想及思悪事為十過。

『太微仙君功過格』「過律三九条　不善門」

【経典を誦念し一字を漏らすを一過と為す。一句を漏らすを五過と為す。……若し念誦の時、心意専らならざるを五過と為す。邪婬雑想及び悪事を思うを十過と為す。】

前節でも見たが、具体的な行為のはるか以前、心に僅かな邪念が生じただけでもそれは罪となる。『善誘文』「自警八莫」にも「心念妄想する莫かれ」という言葉があるが、勧善書においてはそれがただちに天の知るところとなるのである。そのような場では、人は一瞬たりとも気を抜くことができなくなる。秋月観暎氏は『抱朴子』から『太上感応篇』に至る間に道教において「心意主義」が進展したと指摘している。(23)『太上感応篇』と『太微仙君功過格』は道教文献であると同時に、勧善書という一般人に普段の行動の指針を記した書物でもある。以上を合わせ考えると、隋の李徳裕の「陰徳論」に端を発した「自分だけが知る善行」は、ここ宋代に至って全面的に日常道徳の領域に浸透したのだと言えよう。

第三節　宋代以後の陰徳

続いて明代以降の陰徳について略述しておきたい。儒教サイドにおいては、朱子学の成立・普及後、陰徳についての考察は停滞したと考えて良いように思う。明の曹端（一三七六―一四三四）の編んだアンソロジー「夜行燭」に「陰徳保後」という文章が収められているが、孫叔敖や竇禹鈞のエピソード、宋代の皇帝や司馬光らの陰徳を積めば子孫が繁栄するという言葉が採録されているだけで[24]、石介や応俊のような自分なりの考察はなされていない。

道教サイドでは『陰騭文』という勧善書が大きな存在となる（「陰徳」と「陰騭」は同義[25]）。勧善書は明清代に民間に大いに普及したが、『陰騭文』も『太上感応篇』、『関聖帝君覚世真経』と並んで、近世以降大変流行した書物である。道教サイドではこの書物の普及によって、「陰徳」の語よりも「陰騭」の方が普及したと考えられる。勧善書は一般的に道教文献に分類されるが、内容は儒・仏・道の要素が入り交じっており、家訓と共通する部分も多くある。明清代は陰徳観念が実際に知識人階層から民間社会へと広まっていった時期である。

ただ三言などの小説集では「陰騭」よりも「陰徳」の語の方がよく用いられている。とすると、それを受容する人々の属する階層や集団によって普及の仕方が異なるとも言えよう。

以上、中国近世に起こった「陰徳」観念の変容を見てきた。その変容を簡単に言えば、（一）「公」化、（二）一般化、多様化およびそれに伴う客観化、（三）「心」へのさらなる傾斜などであった。唐後半から宋にかけて注目を浴び、幾度か概念化の試みが行われたにも拘わらず、陰徳の語は一般化するには至らなかった。儒教サイドでは「慎独」、道教サイドでは「陰騭」に取って替わられ、思想史の上から姿を消したのである。

おわりに

以上、宋代に起こった「陰徳」観念の変容を見てきた。その変容とは簡単に言えば、（一）「公」化、（二）一般化、多様化およびそれに伴う客観化、（三）「心」へのさらなる傾斜などであった。最後にそれが起こった背景を少し考えてみたい。思潮の刷新が、現状に対するアクションとして起こるものだとする考えが一面にあるとすれば、宋代にこのような「陰徳」観念の変容が起こったのは、一つに出版文化の隆盛による読者層の拡大が挙げられるのではないだろうか。『太上感応篇』が印刷されて広く読まれたのは周知の事実である。今ひとつは当時の士大夫らが共有していたと思われる「俗」の頽廃に対する日常社会からの反応という視点である。そして風俗の廃頽は常に人の心の荒廃に結びつけて考えられる。ただ現状とそれに対する反応という関係がそれほど単純なものではないことも当然の事実であり、その点についての考察は今後の課題としたい。

【注】

（1）明万暦『稗乗叢書』所収のものを参照した。『楽善録』の版本に関しては水越知氏による考証がある。水越知〔2009〕

（2）小林義廣氏は、民衆教化を主な内容とする文章（他にも「勧諭文」「示俗文」などと呼称される）を使用頻度の多さから「諭俗文」と呼んでいる。本稿もそれに従う。小林義廣〔1988〕

（3）例えば『夷堅丙志』巻第三「楊希仲」では、受験生である楊希仲がある屋敷に滞在していた時、主人の夫人の誘惑を退けたことがあった。楊の妻は郷里にあって、楊に「暗室を欺かず」の徳があったため優秀な成績で登第するだろうと夢の中で言われ、実際郷試で一番になったという話が載せられている。

（4）例えば『嘉定赤城志』巻三七には「修陰徳」の項がある。

（5）劉滌凡〔1999：130 - 145 頁〕第四章「儒家徳報系統的建構、發展與功能傳播」第三節「徳報子系統—陰徳報的建構與發展」。ただし劉氏は、陰徳の語は儒教の言葉であると規定して論を進めており、道教との関わりについては全く言及していない。

(6) もっとも、「陰徳」の語自体が文献に登場するのはもっと前であるが（「以天産作陰徳、以中礼防之」『周礼』「大宗伯」、「天子理陽道、后治陰徳」『礼記』「昏義」）、「ひそかに行う徳」の意味で用いられるようになるのは漢代以降であろう。

(7) 于定国の父于公は裁判において公平を心がけ冤罪を見逃さなかったため、その子は丞相になった。（『漢書』巻七一雋疏于薛平彭伝第四一）。孫叔敖はそれを見たら死ぬと言われる両頭の蛇を見つけ、他人が見てはいけないと殺して埋めた。彼は死なかったばかりでなく大臣になった。（『全上古三代秦漢三国六朝文』巻九九闕名三楚相孫叔敖碑、『全上古三代秦漢三国六朝文』全後周文巻一一　庾信　自古聖人名賢画讃　孫叔敖逢蛇）

(8) 『全唐文』には他にも「陰徳」のエピソードが約六〇ほど確認できる。

(9) 宮川氏は六朝の文献に見られるこの語を分析し、太平道・五斗米道の指導者が信徒である流民客戸の信仰を支えるために必要であり、またそれは解体の危機にあった漢族社会を保持する役目も担ったと説明している。宮川尚志〔1983〕

(10) 例えば、『厚徳録』は巻一第二六条、『善誘文』は「竇諫議陰徳記」、『楽善録』は巻上第一〇条にそれぞれ竇禹鈞の陰徳説話を載せている。『厚徳録』の編者李元綱は高宗の時、学生であったことから、これが南宋の成立であることが分かる。『厚徳録』は叢書集成初編・百川学海所収。『宋史』芸文志では「『近世厚徳録』一巻」と載せられている。

(11) 陳録の弟である錬の序文によれば、該書の成立は嘉定四年（一二一一年）である。『善誘文』は筆記小説大観所収。

(12) 水越知〔2009〕参照。

(13) 緒方賢一〔1999〕

(14) 知不足斎叢書所収。

(15) 実際陸游は他のところで次のように述べて福報を求めて行う善事を否定している。「夫れ善を為すは自ずから是れ士人の常事なり。今乃ち後身の福報を規むること、市道の若く然り、吾実に之を恥ず。禍福報応無からしむるも、不善を為すべけんや（夫為善、自是士人常事。今乃規後身福報、若市道然、吾実恥之。使無禍福報応、可為不善耶）」。「放翁家訓」第七条

(16) 例えば『善誘文』「活蟻魁天下」「求登科第」、『斉東野語』巻七「朱氏陰徳」。

(17) 『天一閣蔵明代方志選刊続編　正徳瑞州府志』巻七の記述によると、応俊は天台の人。号は東野。景定（一二六〇―一二六四）のとき知新昌。自序によれば『琴堂諭俗編』という書物は、鄭玉道の『諭俗編』一巻と彭仲剛の『諭俗続』一巻を、応俊が一篇にまとめさらに本文を補い、さらに注釈を付けたものである。

(18) 『徂石先生文集』北京　中華書局、一九八四年。

(19)『中国思想辞典』(研文出版、一九八四年)「石介」の項(佐藤仁氏執筆)参照。
(20)「于公」以下は『積善録』第四条からの引用である。
(21)文淵閣四庫全書所収。
(22)薛季宣(一一三四—一一七三)『薛季宣集』(上海社会科学院出版社、二〇〇三年)。
(23)秋月観暎〔1978〕
(24)惟徳動天、善不可不修於身。惟天眷徳、善不可不伝於後。今人雖有愛子孫之心、而不知愛子孫之道、但惟以私利愛之而已、而不知私利之愛、乃趨火赴淵之籌・覆宗絶祀之計也。家厳明見此理、故常訓於家曰、「修身豈止一身休、要為児孫後代留。此保愛子孫之心也。」端既敬而礼之、因述古訓以明家厳之心焉。
司馬温公曰「積金以遺子孫、子孫未必能守。積書以遺子孫、子孫未必能読。不如積陰徳於冥冥之中、以為子孫長久之計。此先賢之格言、乃後人之亀鑑。」義門鄭氏家規曰「能愛子孫者、遺之以善。不愛子孫者、遺之以悪。」景行録曰「以忠孝遺子孫者昌、以智術遺子孫者亡。為子孫作富貴計者、十敗其九。為子孫作方便者、其後受恵。」(以下宋高宗の言、宋真宗の言、さらに王翁孺・祝二翁・孫叔敖・竇禹鈞・劉翶のエピソードが続くが省略)愚謂此燭十条、明積陰徳保後人之道也。前七条、明其理。後三条、実其事。惟冀吾家体之於心、行之於身、訓之於後、永永而不忘。因取家厳訓教之言、続成一絶、以告於後曰、「修身豈止一身休、要為児孫後代留。但有活人心地在、何須更問鬼神求。」
(25)酒井忠夫〔1999:509-544頁〕参照。袁了凡(?—一六〇二?)の『陰騭録』とは全く別のもの。

第三部

第一章　朱熹の「人情」について

はじめに

本章では、朱熹（一一三〇―一二〇〇）の思想における「人情」の役割について論じる。「情」は彼の倫理思想の実践的位相に大きく関わる概念であり、これを中心に朱熹の言説を改めて見直すことで、朱子学の「大系」がすくい取ることの無かったいくつかの要素を明らかにできればと思う。あえて名付ければ「感情の倫理学」とでも言えようか。

一般的には「情」という字の語義は、大きく「感情」と「実情」とに分けられるが、ここで言う「情」は前者に属するものを指す。従来の朱熹研究において「情」という言葉は心性論の範疇で論じられることが多く、極めて思弁的な色彩を帯びていた。そして「情」はその範疇の中では「形而上」的な概念の「性」と対をなす「形而下」的な存在として扱われ、「即理」である「性」に比して二次的な役割を果たすに過ぎなかった。[1] 実際、『朱子語類（以下『語類』）』の巻五「性理二、性情心意等名義」を中心とする「情」をめぐる議論を見る限り、確かにそれは十分首肯できる。と言うよりもむしろ『語類』からはそのような「情」観しか「一見」窺うことができない。おそらく「情」のこの二義的性格は、弟子たちによる『語類』の編纂、『北渓字義』のような朱子思想事典の流通、「朱子学」の成立などによって形作られていったのであろう。その過程で「情」は意味作用を限定され、道徳性を附与され、思想体系の中の一概念として回収されるに至ったのである。朱熹の文章を具体的に見ていくと、「情」は実際多様な相貌を見せており、後世の朱子学者たちが考えるほど単純明快なものではない。著作中に「情」の語は幾百とあるが、それらを検討した結果、見えてきたのは「性情」を一つの極として、そして「人情」をもう一方の極として、生の幅広い領域に渡って展開する実践的思考の跡であり、変容する世界の中でいかに倫理的たり得るかという問いである。

第一節　「人情」について

本節では「人情」について論じたい。朱熹の書中には「性」に対する概念として強く意識された「情」もあれば、以下に検討する朱熹自身も明確な意識を持たずに用いている「情」もある。後者をここでは一括して「人情」と名付けておく。性情論の「情」が心性論の根幹から心的作用の倫理的側面全てを覆う概念であったとしたら、ここの「人情」は日常語に近い言葉である。実際朱熹はそれを意識して使っている場合もあれば、ほぼ無意識に使っている場合もある。よってこの「人情」は朱熹の思想体系なるものと直接の関わりを持たない。朱熹自身はこの「人情」を哲学の概念としては重要視してはいないが、書中のあちこちに散見されるこの言葉を拾い集めていくと、従来見逃されていた彼の新たな一面を垣間見ることが可能になるのである。

まず『四書集注』に見られる「人情」をいくつか挙げてみたい。

愛悪、人之常情也。　『論語集注』巻六
【愛し憎むのは人の常情である。】
処貧難、処富易、人之常情。　『論語集注』巻七
【貧乏でいることは難しいが、金持ちでいることは易しい。これは人の常情である。】
独楽不若与人、与少楽不若与衆、亦人之常情也。　『孟子集注』巻二
【一人で楽しむのは人とともに楽しむのに及ばない。少数の人と楽しむのは大勢の人と楽しむのに及ばない。これもまた人の常情である。】
好栄悪辱、人之常情。　『孟子集注』巻三
【栄誉を好み恥辱を憎むのは、人の常情である。】

この「人の常情」とは、人が普遍的に持っている感情、あるいはどんな人でも等しく持っている感情の意であろう。最後まで改訂を重ね、自身が一字も増減できないと述べた『四書集注』に四度同じ語が見られるのは、「人の常情」というものに彼がある確信を持っていたことを物語っている。そしてこの「人の常情」という言葉に道徳臭はない。ここに窺えるのは単に「人としてそのような感情を持つのは当然である」という自明性を帯びた彼の「感覚」である。性情論における「情」が様々な検討作業を通して厳密な位置付けを施された語であるならば、こちらの「情」は朱熹が無前提に持っている確信の無意識的表現である。つまりそれ以上疑い得ず、さらなる検討を必要としないと感じているということに他ならない。

順情則喜、逆情則怒。凡其嗜好則人之人処也。　『文集』巻五七「答陳安卿六」(2)
【情に従えば喜び、情に逆らえば怒る。およそ好悪こそ人の人たるゆえんであります。】

これは書簡中の弟子側の言葉であるが、それに対して異を唱えていないところを見ると朱熹も肯定していると見て良い。「人の人たるゆえん」などというテーマが俎上に上った場合、仁義礼智などの概念が持ち出されるのが普通であるが、ここにはそのような「堅苦しい」言葉は使われていない。人々の人情の自然な発露こそ、人間の人間たるゆえんであるというこの言葉は、「人間らしさ」は人情に拠ると彼が考えていることを図らずも示している。人それぞれに多少のズレはあろうが、基本的に万人が等しく是とするところ（「天下之同情」『論語集注』巻二）に「人情」は成立している。

ここで同時代人の「人情」観を見ておくことにする。

・王安石（一〇二一―一〇八六）
人之情所願得者、善行・美名・尊爵・厚利也。　『王臨川集』巻三九「上仁宗皇帝言事書」
【人情として得たいと願うのは、善行・美名・尊爵・厚利である。】

・陸九淵（一一三九―一一九二）
須知人情之無常、方料理得人。　『陸象山全集』巻三四・語録
【人情が一定でないことを知ってこそ初めて人に対処できる。】

他にもまた欧陽脩も宋代に「人情」を重視した一人であった。[3] この「人情」観に関して言えば、朱熹を含めて彼らの間にそれほどの差はなく、またこれ以上の考察は行われていない。それは「人情」が彼らにとってあくまで自明なものだと捉えられていたからであろう。さらに言えば、それは彼らにとって考える必要の無いことに属するものなのであろう。逆に言えば、朱熹が「～は人情だ」と定義したことがらを見ていくことで、彼が何を自明と考えて疑いもしなかったかを明らかにし得るのである。「自明性の喪失」が思考の始まりだとすると、「人情」観を明らかにすることによって、彼らがものを思考している基盤そのものをも照らし出すことになるのではないか。

一—一　礼と「人情」

朱熹の書中に見られる「人情」の語を辿っていくと、礼と詩、特に詩に関する言説に集中していることが分かる。まず礼に関わる「人情」の語を見ていきたい。
朱熹は当時行われている礼についてどう認識していたのだろうか。

古礼難行。後世苟有作者、必須酌古今之宜。　『語類』巻八四—五
【古礼は行い難い。後世のいやしくも礼を興そうという者であれば、必ず古今の宜しきところを斟酌しなければならない。】

古礼と俗礼の乖離についてはいくつかの論考が存するが、[4] 今は「人情」との関係において見ておきたい。

小島毅氏は、朱子学普及後における朱子家礼と俗習との乖離について言及し、また朱熹自身も「事としての礼は時代に応じて変化するのはやむをえないという考えを持っていた」としていると述べている。(5)

ではなぜ変化させる必要があるのか。俗習を否定し古礼に従わせることがどうしてできないのか。それは「人情」が落ち着かないものだからである。古礼に固執していては「人情」から遠ざかってしまうのである。(6)この「人情」とは、礼を実践していた人々の心情を言うのであろう。それは彼の目に付く士大夫の服制や、郷村で行われる婚姻や葬礼などに如実に表れていたことであろう。彼らの「人情」は簡便な方へ、簡便な方へと傾くため（蓋以人情趨於簡便故也。『語類』巻八四―七）、煩雑になり過ぎてしまった礼から乖離してしまうのである。もともと礼の文章は「人情」に拠ってそれぞれ書かれたものであると『礼記』にも記されているのであり（「礼者、因人之情而為之節文」『礼記』坊記）、朱熹はこの言葉に従って宋代にそぐわなくなった古代の礼を大胆に改変してゆくのである。移ろいゆく「人情」は本来の礼から離れてゆく。しかし礼の本質をそれに合わせて変えてしまうことはできない。よってその「人情」が優先されている部分を俗礼として根幹と切り離し改変するのである。

例えば礼解釈の場において、その解釈は「人情」に沿っていないとして退ける場面もある。『論語』中の射礼についての先人たちの解釈について朱熹は次のように述べる。

此章諸説各殊而皆有未通者。如程子周尹、皆以射為本無可争、則既不察乎衆人之情。　『論語或問』巻三

【（『論語』八佾「子曰、君子無所争、必也射乎」に関して）この章に関する諸説はそれぞれ異なっていて、しかもみな（その真意を）よく理解していない。程子・周敦頤・尹焞らは、射礼というものは争いを目的とするものではないとしているが、それは衆人の情を察していないのである。】

君子は争わないものだと先儒は言うが、そのような解釈は「衆人の情」にそぐわないとして朱熹は退ける。「衆人の情」とは、「民衆の情」あるいは「多くの人の共有する情」であろう。いずれにしても「人情」をより具体的に説明したものだと言える。大衆は射礼を一種の娯楽として楽しんでいたのであろうか。そして先儒らは道徳性を重んじるあまり、大衆の気持ちから離れてしまったのである。このような場合、朱熹にとっては「衆人の情」の方が大事にしなければならないものとなるのである。

以是為主而酌乎人情世変以文之、則礼雖先王未之有者、亦可以義起矣。　『孟子或問』巻五

【(三年の喪の実践について) 大元のところを主として、「人情」が世につれ変化していくのを斟酌して整えていけば、先王の作った礼でなかったとしても、その意義は伝わるのである。】

つまりは先述した変えられない部分を根幹に据えつつ、移り変わる人情に鑑みながら適宜手を加えていくという方法をとるのである。結局、「人情」を秩序付けて安定させることが礼の第一の働きなのであるから、その「人情」に逆らってまで度を越して道徳的になったり、古礼に固執する必要は無いというのが朱熹の立場なのである。さらに礼より強い秩序規範である法でさえ人情によって決めるものであると述べる朱熹のこの言葉を最後に挙げておきたい。

故縁人之情以制法、使人人得以企而八議之説生矣。　『文集』巻四〇「答何叔京七」(7)

【ゆえに法を人情によって制定し、人々に企図させて八議(罪の減免を審査する制度)は成立した。】

次に詩と「人情」との関係を見てみたい。ここでの詩とは『詩経』を指す。自身多くの詩を残した朱熹はまた『詩経』の注釈書『詩集伝』を著した。周知のことであるが、『詩集伝』は「大序」に代表される漢代以降の詩解釈を否定し、『詩経』本来の姿の再現を企図して編まれたものであった。朱熹が従来の詩解釈を批判・放棄したのは、それらがあまりにも政治的、道徳的に過ぎるからであった。彼にとって詩とはまず「人情」より発するもの（「『詩』発於人情」(8)）なのであった。この「人情」に基づくという点において「『詩経』は「『易』『書』『春秋』と異なっている」(9)のである。なぜ『詩』が「人情」を重視するかと言えば、この「人情」から発した詩文は人の心を感ぜしめて善意を発出させるからである。

今読之無所感発者、正是被諸儒解殺了、死着詩義、興起人善意不得。……只将元詩虚心熟読、徐徐玩味。候彷彿見箇詩人本意、却従此推尋将去、方有感発。『語類』巻八〇―七一

【今、詩を読んでも感発するところが無いのは、諸儒の解釈によって詩の本義を殺されてしまっているからで、それ故に人の善意を興起させることができないのである。……（『詩経』を）虚心にゆっくりと熟読玩味せよ。そうすれば彷彿として詩人の本意を見ることができ、そしてそこから推し量っていって（自分の心を）感発させることができるのである。】

心が感発するには、その前に詩人の本意を知る必要がある。詩人の本意を知るとは、具体的には、詩人の意の良い

ところ、良くないところを識別し、詩に書かれた風土、風俗、人情、ものの様態を観察する作業のことを言う。[10]この「人情」は、道徳的「正しさ」と決して直接は結び付かない。朱熹にとって詩を読むという行為は、詩人の本意に到達し、その本意の是非を判断し、その良い部分を推し量っていって、自分の心を感発させることなのだと言うことができる。

摽有梅、女子自言婚姻之意如此。看来自非正理、但人情亦自有如此者、不可不知。　『語類』巻八一—五〇

【摽有梅（国風・召南）は女子が自ら婚姻の意志があることを述べたものである。それは正しい道理ではないが、人情としてはそのようなこともあるということは知っておくべきなのである。】

さらに、「正理」ではないが「人情」としては理解できる、そのような方向に意識を働かせることが詩を読む行為なのだと朱熹は述べる。つまり詩においては「理」よりも「人情」が優先されるのである。詩人の本意は道義的に正しいものである必要は無いのである。次の言葉も同様の方向で捉えられる。

問「摽有梅之詩固出於正、只是如此急迫、何耶」。「此亦是人之情。……読詩者於此、亦欲達男女之情」。
『語類』巻八一—三六

【問う「摽有梅の詩は、むろん（心の）正しいところから湧き出てきたものなのでしょうが、ただ（その言辞が）こんなにも切羽詰まっているのはどういうことなのでしょうか。」答え「これもまた人の情である。……詩を読む者はこれによって男女の情に通達しようとするのである。」】

正しい意図のもとに歌われた詩ではあろうが、その表現が不適当ではないかとの弟子の質問に対して、朱熹はそれも「人情」なのだと認める。ここではもとの「正しい」意図よりも「人情」を優先する態度が確認できる。詩に表現された「情」がたとえ「歓欣感激之情（国風・豳）」を吐露したものであったり淫奔なものであったりしても、それが人々が心に感じたままの自然な感情であれば、それは「人情」として理解できるのである。

つまり詩はその意図の是非やその背後にある道理の正不正よりも、「人情」として受容できるかどうかが評価の基準となるのである。『詩集伝』に「詩は人情を尽くす」という注釈が頻出することもそれを裏付けている。『詩経』は、後世の他の詩と違い「人情」を尽くして書かれているゆえ素晴らしいと朱熹は言う。

古人胸中発出意思自好、看着三百篇詩、則後世之詩多不足観矣。

『語類』巻八〇—二二

【古人の胸中より出た感情は自ずと良いものであり、三〇〇篇の詩を読むと後世の詩の多くは読むに耐えない。】

そして素朴ゆえに『詩経』は素晴らしく、ありのままの「人情」をありのままに説いているがゆえにそこには道徳性とは別の形の「正しさ」が備わっていると言う。

看詩、義理外更好看他文章。且如谷風、他只是如此説出来、然而叙得殊曲折先後、皆有次序。而今人費尽気力去做後、尚做底得不好。

『語類』巻八〇—六五

【詩を読むには、義理の外にさらに文字をよく見る必要がある。例えば谷風はただ単にありのまま説いているだけなのだが、その曲折先後にはみな順序が備わっている。今の人が気力を尽くして詩を作ってもどうしても及ば

ない。】

もっとも朱熹も『詩経』に道徳性を全く見出していないわけではないことは附言しておきたい。「人情」に正直であることをまず第一に書かれた詩は、道徳的に見て良いものも良くないものも含むことになる。それを朱熹は聖人の戒めと受け止める。

如『詩』中所言有善有悪、聖人両存之、善可勧、悪可戒。『語類』巻八〇―九五

【『詩経』の言葉の中には善いものもあれば悪いものもある。聖人はそれらを併存させて、善いものによって勧め、悪いものによって戒めたのである。】

朱熹は経書の書かれた時代と宋との間に断絶を見ているが、『詩経』においてそれは人々の気象の違いとして表れる。[11] 聖なる時代の人々の気象は質朴で「温厚寛和（『語類』巻八〇―五六）」なものであった。『詩経』は当時の人々の気象がそのままに表現された貴重な資料なのであり、その気象を自らの内に再現することが詩を読むことなのである。しかし実際に『詩経』を読む場合には、大昔のものである点、またその扱っている対象の広汎さゆえ理解できないところが生じてしまう。[12] そこで注釈が必要となるのだが、様々な注釈によって詩の本義が殺されてしまっていることは先に確認した。朱熹は程頤の『詩解』も「義」を取ることが多く詩の平易さを取り逃がしてしまっていると批判している。[13]

よって必然的に最も理想的な注釈とは、意味の不明な語句の説明だけを行い、決して内容の解釈に踏み込まないも

のとなる。では最低限の語釈を施した上で、「詩人の本意」にはどうやって迫っていけばよいのか。

読詩之法、只是熟読玩味、自然和気従胸中流出、其妙処不可得而言
『語類』巻八〇―七五

【詩を読む方法はただ熟読玩味するだけだ。そうするだけで自然に和気が胸中よりあふれて出てくる。その妙なるさまは口では言い表せないほどだ。】

本節の最初の引用（『語類』巻八〇―七一）にもあったが、詩を解する方法は、いたずらに憶説を立てず、また諸家の注釈も参照せず、ただ読むだけだと朱熹は述べる。ひたすら虚心に繰り返し読めば自然に熟してきて文意は自ずから明らかになると言うのである。その口調から見て、胸中よりあふれてくる「和気」はとても良いものであると彼が感じていることが分かろう。『詩経』の「道徳的」作用とは、このようなものを指すのではないだろうか。そしてこの熟読玩味するという方法は、彼の提唱する読書法と一見同様のものに見えるもの(14)、実は根本的に異なっている。

聖人有法度之言、如『春秋』『書』『礼』是也、一字皆有理。如『詩』亦要逐字将理去読、便都礙了。
『語類』巻八〇―五八

【聖人には基準となるべき言葉がある。『春秋』『尚書』や『礼』がそれで、一字一字全てに理がある。『詩経』などは逆に一字一字に理を求めて読んでいったら行き詰まってしまうことになる。】

『春秋』『尚書』『礼』などの書は一字一句に「理」が備わっているという前提で読まねばならないが、『詩経』はそ

うではない。『詩経』とそれ以外の経書を分けるのは、「理」の置かれる場所である。先にも確認したが、『詩経』の「理」は「人情」の背後に二次的に存在しているのである。『詩経』の存在意義は「人情」が直截に記されている点に存していると言える。

以某看来、須是別換過天地、方別換一様人情。釈氏之説固不足拠、然其書説尽百千万劫、其事情亦只如此而已、況天地無終窮、人情安得有異。　『語類』巻八〇―六八
【わたしが思うに、天地が入れ替わって初めて人情も入れ替わるのだ。釈氏の説はもとより取るに足らないが、その書物の中で天地は数百万劫で尽きると言っているのは、同様のことを述べているのである。ましてや天地は終わることがない。人情が異なることなどあり得ない。】

古代人と宋代人との間に時間的な隔たりがあろうとも、「人情」は不変なのである。たとえ「温和」であったりなかったりといった「気象」が異なっていたとしても、喜怒哀楽の情は決して変わらないという確信が朱熹にはある。

大率古人作詩、与今人作詩一般、其間亦自有感物道情、吟咏情性。　『語類』巻八〇―四〇
【およそ古人の作る詩は、今の人の作る詩と同じである。そこにはものに感じて情を語り、情性を吟詠するという行為があるだけなのだ。】

「人情」は不変である。そして不変であるが故に今の「人情」をもって古代人の「人情」を知ることができるので

ある。つまり宋代人は詩を介して、理想世界である古代人の「温柔敦厚（『語類』巻八〇―二）」な気象に触れることができるのである。そしてそれは『詩経』においてのみ可能なのである。

例えば孟子も詩を読む際には、文辞に捕らわれてはならず「意を以て志を逆える（意志をもって意味を迎える）」ことが大事だと述べているが[15]、朱熹が詩を読む姿勢は孟子の態度と共通するものがある。

以上のように朱熹にとって、『詩経』は古代人の「人情」と千数百年後代の宋代人のそれとを一致させるための媒介の役割を担っていたと言える。ここで一つの疑問が浮上する。朱熹が詩を通して見出した古代人の「人情」は、あくまで朱熹の主観が作り出した、かくあって欲しいと望んだ心が生みだした幻影ではないのかという問題である。例えば伊藤仁斎は次のように指摘する。

> 詩の用、もと作者の本意に在らずして、読む者の感ずるところいかんというに在り。けだし詩の情、千彙万態、いよいよ出ていよいよ窮まり無し。高き者はこれを見れば、すなわちこれがために高く、卑き者はこれを見れば、すなわちこれがために卑し。円たり、方たりその遇するところに随う。あるいは大あるいは小、その見るところに従う。
>
> 『語孟字義』巻の下・詩

あらゆる読みは相対的であると伊藤仁斎は言うのだが、朱熹の考え方は全く違う。朱熹に関しては、読むという行為はそのような範疇の方法論では捉えきれない特徴を持っている。朱熹にとって詩に接近する唯一の方法は、批評的な態度を捨て、一切の私見を去り、対象の中に没入するというものである。そこには主観という認識はもはや存在していない。詩の周囲に存在するよけいな注釈や様々な志向性をはらんだ自己を排除し、古代人の「人情」と自己の「人情」とが詩を介して一体となること、それが朱熹にとっての詩を読むという行為なのである。仁斎ならば、それもあくまで主観に過ぎないと指摘するかもしれない。主観を捨て去ったとしても、それをまた見つめる主観があるのであると。しかし朱熹の一切の主観を排するという態度に仁斎の批判が届くことは無いであろう。何度も熟読玩味するうちに主観は消滅するという朱熹と、主観が消滅することなど決してあり得ないという仁斎との対立は、解消しようのない立場の相違というものであろう。またどちらの認識がすぐれているといった判断を下すことができるような事柄でもない。

この詩の読み方に関する議論の背後に存する、詩と「人情」に関する認識は、明確な方法論的自覚に基づいて打ち出されたものではなく、意識以前の自明性を伴った「思い込み」にも似た確信から生まれてくるものである。また、先に見た礼と「人情」との関係も詩との関係ほどには無自覚的ではないが、やはり「人情」が果たす役割に対して朱熹自身がはっきりとした位置付けを行っていた形跡は確認できなかった。

ここで礼と詩における朱熹の「人情」の扱い方をもう一度確認しておきたい。礼に見られる「人情」は、歴史とともに推移し、礼もその時その時の「人情」に合わせて改編を加えていき、移ろいやすい「人情」を安定させる働きを負っていた。それに対して、詩に見られる「人情」は、遥かに隔てられた古代人と宋代人の心を、時空を超越して直結させる働きを持っていた。可変の「人情」と不変の「人情」という二種類の「人情」がここに析出されたのである。この「人情」の性質の違いはどのように理解すれば良いのだろうか。これらは別々のものというよりも、幅を持った一つのものと了解すべきであろう。礼における「人情」は感情作用の表層的な場所に位置し、詩においては「気象」と解したものと相通ずる性質のものであるが、それに対して詩の「人情」は、意識の深層に普遍的に（かつ不変的に）存在するものと言えるだろう。以上、「人情」の語の検討を通じ、いわゆる朱子学的言説をもって声高に語ることを行わなかったにも拘わらず、その思想及び経書解釈に深い影響を与えていた「道徳感覚」というものをある程度は明らかにできたのではないか。

朱熹の「情」に着目して、倫理的感情の作用する場を確認してきた。「人情」とは道徳の日常的実践の場において、決して表には出ないものの強大な影響力を及ぼす、時間的空間的な広がりを持った観念であった。また朱熹自らが積極的に語らないことで、逆に彼が無前提に認識していた世界を照射するものであったことが確認されたことと思う。

【注】

(1) 管見の及ぶ限りでは、朱熹が「情」を重視した思想家であると述べた研究は、劉述先氏だけである。(劉述先〔1984〕)

(2) これは陳淳の言葉であるが、朱熹はこれに異を唱えていないため同意見であると思われる。

(3) 小林義廣〔2000：183頁〕、土田健次郎〔1988〕

(4) 小島毅〔1996〕ほか。

(5) 小島毅〔1996：33頁〕

(6) 強制的に古礼を実行しようとすると必ず「情」が失われると説く。「如始喪一段、必若欲尽行則必無哀戚哭泣之情」『語類』巻八九—六七

(7) 中国の法がいかに「人情」に多くを負っているかについては、滋賀秀三氏の論考がある。(滋賀秀三〔1984〕)

(8) 『文集』巻三一「与張敬夫論癸巳論語説」

(9) 聖人之言、在『春秋』『易』『書』無一字虚。至於『詩』則発乎情、不同。『語類』巻八一—三四

(10) 須是看他詩人意思好処是如何、不好処是如何。看他風土、看他風俗、又他人情、物態。『語類』巻八〇—六〇

(11) この「気象」という語について三浦國雄氏は「気のかたち・あらわれ」「内なるエネルギーがあるすがた・かたちを取って外に

現れ出たものを、外から内に向かう眼差しのなかでとらえた言葉」と解する。(三浦〔1976：173 - 174頁〕)
　なおここでの「古代人の温和な気象」という言葉は、気の表れをより表層的な位相で捉えたものと言える。現代語で言えば「心持ち」や「気性」に近いであろうか。

(12)「詩の言うところは四方の風習、天下のこと、古今の治世乱世の是非の変化から人情世事の微細なところにまで及んでいる。」「蓋謂詩之所言、有四方之風、天下之事、今古治乱得失之変、以至人情物態之微」。『論語或問』巻一七

(13)「程先生『詩伝』取義太多。詩人平易、恐不如此」。『語類』巻八〇—八七

(14) 例えば「およそ読書は熟読しなければならない。熟読すれば自ずから精通する。精通すれば理は自ずと理解できるようになる(大凡読書、須是熟読。熟読了、自精熟。精熟後、理自見得)」。『語類』巻一〇—五〇

(15)『孟子』万章上

第二章　朱熹と『孝経刊誤』

はじめに

『孝経刊誤』（以後『刊誤』と略す[1]）は、朱熹が淳熙丙午（一一八六年）八月一二日、五七歳の時の書物で、朱子学の普及とともに中国のみならず日本でも多くの読者を得た。従来の『刊誤』研究は、朱熹以後の『刊誤』の普及についての記述及び朱熹が『孝経』に行ったテキスト改訂を確認するにとどまっていたが[2]、加地伸行氏の「『孝経刊誤』小考」において[3]、『刊誤』という書物の持つ意味にまで踏み込んだ解釈がなされた。加地氏によれば、『刊誤』は、『大学章句』の「実験作」であり、朱熹において「壮大な失敗作として意識されていた」。またその普及は、〈朱子の思想〉によるものではなく、朱熹の〈権威〉によるものであると結論付けられた。本章の目指すところも加地氏と遠く離れるものではないが、氏の論点が『刊誤』と『大学章句』との比較にあったのに対し、本章では『刊誤』成立時にまで遡って、まず当時の『孝経』という書物をめぐる状況を明らかにし、次に朱熹が『刊誤』を書くに至った動機、そして彼の思想体系において『刊誤』の占める位置を探っていきたい。

第一節　『孝経』をめぐる宋代の状況

漢代に成立した『孝経』は六朝、唐を経て宋代に入ってからも引き続き重んじられた[4]。経書をはじめとする多くの書物群の中で『孝経』は『論語』と並び、初学者がまず第一に読むべき書物として位置付けられていた。例えば『宋史』巻二七三、列伝三二の馬仁瑀には、

十余歳時、其父令就学、輒逃帰。又遣於郷校習『孝経』、旬余不識一字。

【一〇歳あまりの時、父に学校に行かされたがすぐ逃げ帰ってきた。また村の学校で『孝経』を習わせたが、一〇日経っても一字も覚えなかった。】

とあり、また同じく巻二七七、列伝三六の袁逢吉伝には、

逢吉四歳、能誦『爾雅』『孝経』。

【逢吉は四歳にして『爾雅』と『孝経』を諳んじることができた。】

などの記述がある。そして年譜を信用すれば、朱熹が八歳の時に一番最初に読んだ書物が『孝経』であった。初学者

の教科書に選ばれた理由としては、第一に分量が少ないこと、第二に初学者、つまり児童にとって必要である徳目「孝」を説いたものであることが挙げられよう。

また『孝経』は、ただ教養のためだけに読まれたのみならず、『宋史』選挙志や『宋会要輯稿』によれば、『論語』や『爾雅』などと一緒に科挙の科目としても挙げられていることが確認できる。[5] 代々の皇帝たちも『孝経』を重んじた。[6] さらに宋代において人々に『孝経』が広く読まれていた事実は、次に引く紹興三年（一一三三）に成った荘綽の『鶏肋編』の記述から確認できる。

唐明皇注『孝経』『道徳経』『金剛経』。……今『孝経』盛行、『道徳経』亦有石刻、唯『金剛経』罕見於世也。（巻中）

【唐の玄宗は『孝経』『道徳経』『金剛経』に注を施した。……今『孝経』は流行し、『道徳経』も石刻があるが、『金剛経』はあまり読まれていない。】

また『宋史』田敏伝には、送ってもらった書の中で理解できたのは『孝経』だけだという高従誨に対して、敏が「読書は多く読めばいいというものではない、『孝経』一八章だけを読んでいれば十分だ」と言ったという記述がある。

敏嘗使湖南、路出荊渚、以印本経書遺高従誨。従誨謝曰、祭酒所遺経書、僕但能識『孝経』耳。敏曰、読書不必多、十八章足矣。如諸侯章云「在上不驕、高而不危、制節勤度、満而不溢」皆至要之言也。『宋史』巻四三一

また范正平は普段の言葉にも必ず『孝経』を用いたと言う。

正平字子夷、学行甚高、雖庸言必援『孝経』『論語』。　『宋史』巻三一四、列伝七三、范正平伝

馮元は喪祭の日には門生と対座し、『孝経』を皆で誦説したと言う。

元、性簡厚、不治声名、非慶弔未嘗過謁二府。……遇祭日与門生対座誦説『孝経』而已。　『宋史』巻二九四、列伝五三、馮元伝

さらに景祐二年には西夏の景宗が『孝経』『爾雅』などの自国語への翻訳を命じている。

（元昊）教国人紀事用蕃書、訳『孝経』『爾雅』『四言雑字』為蕃語。　『宋史』巻四八五、列伝二四四、外国一

以上挙げてきた例から、『孝経』が支配階層にとっての範とすべき書として、また制度を議する時に参照すべきものとして、さらに人民を教化するための教材として、あるいは士大夫等が日々折りに触れて口にするものとして、様々なあり方をしながら様々な階級に浸透しており、さらに周辺の非漢民族国家にまでも影響力を持っていたことが確認できる。

さて『孝経』のテキストには、『古文孝経』（以下『古文』）と『今文孝経』（以下『今文』）の二種があるが、唐御

注本の底本となって以来、(7)『今文』が優勢で宋初もその状況は変わらなかった。そこで司馬光は『古文孝経指解』を著し、『古文孝経』の復権を図った。その序文において彼は『今文』のみが流通し、『古文』が顧みられないことを憂慮し、かつ『古文』の方が『古文尚書』と同じく孔壁から出てきた、より聖なる時代に近いテキストである故、『今文』以上の価値を有すると主張した。ただし彼は『古文』と『今文』は「異同多からず」であるとしており、二つのテキストに根本的な違いを見ているわけではない。『古文孝経指解』に注を付けた范祖禹も同様の立場を取り、「(『古文』『今文』の)二書は大同小異ではあるが、真を得ているのは『古文』の方だ」と述べている。

『四庫全書提要』にも述べられているように、実際『古文』と『今文』は文字の異同が多少有るのみで、内容的にほとんど差はない。司馬光や范祖禹も何らかの政治的・思想的な意図があって「古文」の顕彰に努めたわけではなく、「今文よりも古くて由緒正しい」という理由で「古文」の方を選んだに過ぎない。黄震の『黄氏日抄』巻一(8)でも『古文』と『今文』の両者はその伝わり方が異なるだけであって、もとは同じものであり、また大義においても両者は同じであるとしている。これらから見るに、宋代人の『古文』『今文』両テキストに対する姿勢は、両者を冷静に観察し、内容的に大差ないことを理解しつつも、自らの立場から『古文』『今文』にこだわるという性質のものであり、イデオロギー的に硬直したものではなかったことが分かる。

そしてこの問題に関しては朱熹も同様の立場を取っている。彼の『刊誤』は、一応『古文』に拠ってはいるものの、『今文』の字句の構成を適宜採り入れ、自由なテキスト操作を行っているのである。

第二節　朱熹と『孝経』

さて、これから朱熹と『孝経』との関係、および彼が『刊誤』を制作する際に行ったテキスト操作とその理由を考えていきたい。

その前に『刊誤』の内容を今一度検討しておかねばならない。まず『刊誤』のおおよその体裁を述べておきたい。『古文孝経』は全二二章、『今文孝経』は全一八章（「閨門章」を巻末に附す）から成るが、『刊誤』は『古文』の第一章から第七章（『今文』では第六章まで）に相当する部分を「経」とし、残りの章を一四に分かち「伝」とし、各章の後に自分のコメントを付けている。

以下やや長くなるが、原文と朱熹注の要約を並記し、その後に『古文』『今文』との簡単な対照も記しておく。

『経』

〔原文〕　孝の始まりと終わり、天子・諸侯・大夫・士・庶人それぞれの行うべき孝を説く。

〔朱熹注〕「経」と「伝」とに分けたこととその理由、漢以来の諸儒はそのテキスト構成に何の疑いも持たなかったこと、「経」全体の構成、「経」は文意脈絡が一貫しており『古文』『今文』のように六、七章に分けるのは誤りであること、「子曰」の語や『詩経』の引用は文意を寸断させてしまうから除くべきこと、そして「経」「伝」を元の形に復元することが狙いであることを述べている。

『古文』では第一章から第七章に、『今文』では第一章から第六章に相当する。

『伝』

・伝三章 「以て天下を訓ゆ」の解釈

〔原文〕「古文」「今文」で「三才章」と名付けられている通り、天・地・人における孝のあり方と、王は孝をもって民を感化すべしことを説く。

〔朱熹注〕この段は全部で一二六文字から成っているが、朱熹は後半六九文字を削除すべしと説く。その理由として「博愛」を孝に先行させて親疎の序を乱していることを挙げている。前半の『春秋左氏伝』昭公二五年の引用部分に関しても、『左伝』の「夫礼、天之経也、地之義也、民之行也」を「孝、天之経也」と、「礼」の字を「孝」に変えてしまっていることを強く批判する。また司馬温公の「先王見教之可以化民」を「先王見孝之可以化民」と改訂すべきだとの説に対して、悪くはないが下文と対応しないとして退ける。

『古文』では第八章、『今文』では第七章に当たる。

・伝四章 「民用って和睦し、上下怨む無し」の解釈

〔原文〕治者は被治者を軽んじてはならないことを説く。

〔朱熹注〕言葉自体は良いものであるが、経文の正意ではない。なぜなら孝によって人々の和が実現するべきであるのに、ここでは和から孝へと至っているからである。なお『詩経』の引用は原文の意を損なうものではないため残しておいても良い。

『古文』では第九章、『今文』では第八章に当たる。

・伝五章 「孝は徳の本」の解釈

〔原文〕聖人の徳に「孝」より偉大なものは無いとし、むかし周公が祖先を天や上帝に配して祀ったことを説く。

また父母が子を養育すれば子も父母を敬うように、聖人も孝に基づいた政治を行うべきである。

〔朱熹注〕朱熹は、前半の「厳父配天」は武王・周公の「孝」を讃美する言葉であって、「孝」自体をこのようなものと捉えてはいけないとする。「孝」が偉大なものであるのは、それが身近なところに端を発するからなのであり、この「伝」の作者はただ「孝」の偉大さを顕彰することしか念頭になく、その誤りに気が付いていない。一方、後半部分は身近なところから説き起こしているため、前半と文意が通じておらず『今文』がこの章を二つに分けたのもそのためであるとする。

『古文』では第一〇章、『今文』では第九章の前半に当たる。

・伝六章「教の由りて生ずる所」の解釈

〔原文〕前半、父母が子を養育することの功績を讃え、親でなく他人を敬愛する者を徳に背く者とする。後半、君子はそのようなことの無いよう言動に注意して民に臨むべしと説く。

〔朱熹注〕この段は一四六文字から成っており、前半に関しては「格言（好い言葉）」であるとしているが、後半の『左伝』文公一八年の引用を含む九〇字については、文意が上文と繋がらないため削除すべしとする。

『古文』では第一一章と第一二章、『今文』では第九章の後半に当たる。

・伝七章「親に事うるに始まり」と「敢えて毀傷せざる」の解釈

〔原文〕孝子は親にいかに仕えるべきかを説く。

〔朱熹注〕「格言」であるとする。

『古文』では第一三章、『今文』では第一〇章に当たる。

・伝八章　前章の「不孝」を受けて言う。

〔原文〕　不孝以上の大罪は無く、それは大乱を導く。

〔朱熹注〕「格言」であるとする。

『古文』では第一四章、『今文』では第一一章に当たる。
・伝一二章　「要道」の解釈
〔原文〕　民に親愛の情を教えるには孝以上のものは無い。弟・楽・礼などによって民を教化すべきことを説く。

〔朱熹注〕経文の「要道」とは自己より推し及ぼしてゆくべきものであって、このように教化の手段とすべきではないと説く。

『古文』では第一五章、『今文』では第一二章に当たる。
・伝首章　「至徳以て天下を訓ゆ」の解釈
〔原文〕　「至徳」の者であってこそ、人々に孝・敬・弟・臣を教えられる。

〔朱熹注〕ここでの「至徳」の解釈は疎略であって、前章のごとく経文の意を損なっているとする。

『古文』では第一六章、『今文』では第一三章に当たる。
・伝一〇章　「天子の孝」の解釈
〔原文〕　天子であっても親に仕え、兄に従い、宗廟に敬を致すべきことを説く。

〔朱熹注〕「格言」であるとする。

『古文』では第一七章、『今文』では第一六章に当たる。
・伝一一章　「身を立て名を揚ぐ」と「士の孝」の解釈
〔原文〕　父兄への孝悌を忠君、順長へと広げていき、よく治めれば後世に名を残すことができることを説く。

〔朱熹注〕（無し）
『古文』では第一八章、『今文』では第一四章に当たる。
・伝一二章　前章を受けて言う。
〔原文〕　家の中でもきちんと礼を行わねばならないことを説く。
〔朱熹注〕父には孝を、兄には弟を尽くし、妻子臣妾は官のように使役するとする。
『古文』では第一九章、『今文』はこの文なし。
・伝一三章　経文の解釈ではなく、別に一義を立てている。
〔原文〕　父君であっても不義であれば、子臣は諫めねばならないことを説く。
〔朱熹注〕（無し）
『古文』では第二〇章、『今文』では第一五章に当たる。
・伝九章「君に事うるに中し」の解釈
〔原文〕　君主への仕え方を説く。
〔朱熹注〕『左伝』宣公一二年の引用は文理を損なわず、『詩経』小雅・隰桑篇の引用は「孝を移して君に事う」の
　　意味をよく明らかにしているので、両方とも残しておくとする。
『古文』では第二一章、『今文』では第一七章に当たる。
・伝一四章　これもまた経文の解釈ではなく、別に一義を立てている。
〔原文〕　親の喪に当たっての孝子の取るべき態度を説く。
〔朱熹注〕詳しくかつよくまとまっているとする。

『古文』では第二二章、『今文』では第一八章に当たる。伝の首章・二章については経文の意を損なっていると批判しているのに対し、六章・七章・八章・一〇章の各章については「格言」であると肯定的な評価を下す。また一三・一四章は経文の解釈ではなく新義を発している、特に一四章についてはよくまとまっていると評価する。

『刊誤』は、全体の文章の順序は『古文』に倣っており、そこに『今文』のアイディアを取り入れつつ、断章を換え、注を付ける形で成り立っている。司馬光のように『古文』の価値を強調することもなく、また『古文』『今文』どちらかの立場に偏ることなく、時にその双方を批判し、各々の得失を冷静に見極めた上で、自分にとって正しいと思われる解釈を適宜採用している。

朱熹自身の意が大きく反映されているのは、全体を「経文」と「伝文」に分けている点である。後に詳しく述べるが、容易に『大学章句』との類似を連想させるこの作業は「経文の旧に復す」と「経」部分の注でも述べているように、漢儒らによって歪められた『孝経』を本来の形に戻すことを目的としている。

では彼の頭の中にある本来の『孝経』の姿とはいかなるものだったのか。『孝経』が朱熹にとっていかなる書物であったかを問う前に、まず朱熹の「孝」概念をはっきり認識しておかなくてはならない。その後に「孝」と『孝経』との関係を見ていくことで、朱熹の『孝経』観は次第に明らかになっていくことであろう。

朱熹が「孝」という観念に対して抱く興味は、他の「理」「気」「性」「仁」などの様々な概念群に比して明らかに希薄である。このことは、『朱子文集（以下『文集』）』中における言及の少なさ、朱熹の弟子達が編纂した『朱子語類（以下『語類』）』や『北渓字義』に「孝」の項目が立てられていないことからも分かる。儒教の根本である「父—

子」関係を貫く概念であるこの語に関する朱熹の関心の薄さには何か理由があるのだろうか。
また前掲の渡辺氏の著作でも指摘されているが、『孝経』中に見られる「愛敬」の概念が、『孝経』を支える重要な概念であることは確かであるが、朱熹の言葉からは「愛敬」の概念を、漢代のそれのように政治的イデオロギーへと繫げていくような視点は存在していない。
鄭玄は、「孝」を「百行の本」と位置付け(9)、邢昺は『論語正義』疏で「道を為すの基本」、『孝経注疏序』では「百行の本、至道の極」とさらに高く位置付ける。そして程子・朱熹はこの「孝」を一変させる。『論語』学而篇の「孝弟也者其為仁之本与」が従来は「孝弟は仁の本為るか」と読まれていたのに対し、程子が「仁を為すの本」と読みを変え、朱熹は『語類』巻二〇「論語二・学而篇上」で、程子が提示した新たな「孝」観をさらに展開させた。

論仁、則仁是孝弟之本。行仁、則当自孝弟始。　『語類』巻二〇—八四
【仁を論ずれば仁は孝弟の本である。仁を行うには孝弟より始めねばならない。】

読みを変えることで「孝」は「全ての道徳行為の根源」から「究極的な仁へと至るための端緒」となった。朱熹は「仁」と「孝」との関係を次のように説く。

仁如水之源、孝弟是水流底第一坎、仁民是第二坎、愛物是則三坎也。　『語類』巻二〇—八一
【仁は川の水源のようなものだ。孝弟は流れた水が第一に溜まる所で、民に仁であることは第二の溜まり場、物を愛するのは第三の溜まり場である。】

朱熹において「孝」は「性—情」論で言えば「情」に属し、個人の資質や、「気」の清濁に左右される形而下的概念であり、倫理的位相というよりは実践的位相に属している。では水源と比喩される遡行すべき概念的「仁」と「孝」とはいかなる関係にあるのか。前頁の言葉をもう一度見てみたい。

論仁、則仁是孝弟之本。行仁、則当自孝弟始。　『語類』巻二〇—八四

【仁を論ずれば、仁は孝弟の本である。仁を行うには、孝弟から始めなければならない。】

ここから、概念としての「仁」が、まず「孝弟」として具体化し、道徳行為を指す「仁行」へと拡大するという図式が確認できる。朱熹の考え方に従えば、古注『論語』の「孝」観はこの具体化した「孝」以降の展開しか見ていないことになる。宋儒が古注に批判的であった所以であろう。では、水源と比喩される遡行すべき概念的「仁」と「孝」とはいかなる関係にあるのか。

仁是理、孝弟是事。有是仁、後有是孝弟。　『語類』巻二〇—七九

【仁は理であり、孝弟は事である。仁がまず先にあって、後に孝弟があるのである。】

また「孝弟」は個人の資質により左右される。

「其為人也孝弟」、此説資質好底人。　『語類』巻二〇—六二

【(『論語』の「其の人と為りや孝弟」に関して)これは資質の良い人のことを述べているのである。】

人有幾多般、此属気稟。如唐明皇為人、於父子夫婦君臣分上殺無状、却終始愛兄弟不衰。『語類』巻二〇―六三

【人には様々あり、それは気の受け方による。唐の玄宗は父子夫婦君臣関係においては全く体をなしてはいないものの、兄弟愛は終生衰えなかった。】

「孝」は「気」の稟け方に左右される形而下的存在なのである。

さらに朱熹は程伊川の「仁は性であり、孝弟は用である。性には仁・義・礼・智の四者しか備わっていない[10]」という説を引き、孝悌や五常である父子の親・兄弟の愛などは「性」ではないと言っている[11]。この程子の言は『四書集注』にも引かれており、朱熹の公式的な意見であると見なして良かろう。両者を形而上的・形而下的に分けて捉える視点はまた『語類』にも多く見られる。

『由孝弟可以至仁』、則孝弟在仁之外也。孝弟是仁之一事也。『語類』巻二〇―一二一

【『孝弟由り以て仁に至るべし』とは、孝弟は仁の外にあり、孝弟は仁の一部に過ぎない。】

仁是性。発出来是情、便是孝弟。『語類』巻二〇―一二三

【「仁は性である。発し現れてきたものが情であり、これが孝弟である。】

さらにこのようにも言う。

仁便包摂了孝悌在其中、但未発出来、未有孝悌之名耳。」　　　　　　　　　『文集』巻三九「答范伯崇」
【仁は孝悌を包摂してその中に含んでいる。ただまだ発し現れていないために、まだ孝悌の名が無いだけなのである。】

ここから朱熹が「仁」と「孝弟」を「性」と「情」と同様の関係で捉えていることが分かる。

つまり、仁と孝悌の関係を「已発―未発」「体―用」の論理で捉えているのである。「孝弟」は、形而上的・抽象的な「仁」に対して形而下的・具体的な観念なのである。このような朱熹の立場からすれば、古注『論語』の「孝」観は「情」としての側面しか見ていないことになる。それは「性＝仁」との関係において見ることではじめて十全なものとなるのである。朱熹を含め宋儒が古注に批判的であった所以であろう。ただ「仁―孝悌」の関係は「性―理」や「性―情」をめぐる議論のように朱熹や弟子達の問答において用語が一定していないことから、双方の共通認識として明確に問題化するには至っていないことが窺える。

そして「体―用」「已発―未発」と同様の関係にあるゆえに、仁は孝弟から学習・省察することによって遡り理解できるとする。(12)

このように、朱熹は『語類』などの中で道徳行為における「孝」の重要性を語ると同時に、それが他の「仁・義・礼・智・信」などの概念に比べて二義的な価値しか有していないことを繰り返し述べている。しかし両者が「已発―未発」「体―用」の関係にあることを理解すれば、「孝」に朱熹の眼差しが行き届かない点も理解できる。

以上の「孝」観を踏まえると、『論語』古注や『孝経』のような「孝」の過剰な強調は、朱熹にとって一方に偏倚した、避けねばならない態度であったことが理解できる。

先ほど見た通り、朱熹は「伝」第三章において、『春秋左氏伝』昭公二五年の「礼、天之経也、地之義也、民之行也。」を「伝」の作者が「孝、天之経、地之義、民之行。」に変えてしまったことを非難し、あえて「孝」の意味範囲を拡充しようとする『孝経』に異議を唱えた。また「孝」の前に「博愛」を置き、さらに「孝」よりも「厳父配天」を論理的に先行させる「伝」を強く批判した。このような姿勢には、「孝」を『孝経』というテキストにおいて最上位に置こうとする『孝経』制作者の意図に反しても、またテキスト内の論理の整合性よりも、自らの概念規定を優先させようとする朱熹の考えがよく示されている。以上の点から朱熹がそれまでの『孝経』を重要視しなかった理由が窺えるかと思う。

次に朱熹が『刊誤』において、『孝経』全文を「経（本文）」と「伝（注釈）」に分けた理由を考察したい。『刊誤』を巡る前掲の一連の論考において、それに対する解釈を示したのは先に挙げた加地氏の論文だけである。朱熹が『孝経』全文に加えた削改について、加地氏は「つごうの悪い文章を大量に削ることによって、（『刊誤』に）体系性を与えたのである」としているが、本稿もその説を否定するものではない。ただ加地氏がここで述べる体系性とは、経文と伝文との対応を一致させるという形式的側面においてのことに限定される。『刊誤』に朱熹が体系性を与えようとしたのは確かであるが、加えてそこにはテクストの信頼性、意味的整合性、また朱熹自身の思想との整合性などが附加されていることが見出し得るはずである。

朱熹が『孝経』の従来の章分けを廃止し、「経」と「伝」とに分けた第一の理由として、やはりまずテキストの信頼性の問題が挙げられる。例えば彼は次のように述べている。

『孝経』是後人綴輯。　　　　　　　　　　　　　　　　　　　　　　　『語類』巻八二―一

【『孝経』は後人が綴輯したものである。】

（『孝経』）只是前面一段是当時曽子聞於孔子者、後面皆是後人綴輯而成。『語類』巻八二—二

【（『孝経』は）前半部は当時曽子が孔子から聞いた言葉であり、後半はみな後人が綴輯して制作したものである。】

『孝経』亦是湊合之書、不可尽信。『語類』巻八二—七

【『孝経』は寄せ集めの書物であり、全てを信じることはできない。】

朱熹は、自身が「経」としたところが孔子と曽子との問答を曽子の弟子が記録したオリジナルの部分で、「伝」とした部分は全て後人の附会だと断言する。

さらに『孝経』の編集者が『礼記』の「孝」を説いている箇所に触れていないことを批判している。

賀孫問、恐後人湊合成『孝経』時、亦未必見礼記。如「曲礼」・「少儀」之類、猶是説礼節。若祭儀後面許多説孝処、説得極好、豈不可為『孝経』。曰、然。今看『孝経』中有得一段似這箇否。『語類』巻八二—七

【賀孫が質問した、「おそらく後人が『孝経』を寄せ集めた時、『礼記』を参照していなかったのではないでしょうか。『曲礼』や『少儀』などは礼節を説いたものですし、祭儀の後ろの孝について述べたところなど良くできています。どうして『孝経』に入れなかったのでしょう」。答え「その通りだ。いま『孝経』を見てもそのような箇所は一つもない」。】

つまり『大学章句』と同様の形式を用いたのは、本文と注釈とに分け、注釈に相当する部分の比重を軽くすること

によって、自分にとっての『孝経』の核心となる部分の救出を図るためなのである。

『大学章句』と『刊誤』との形式の類似性について重要なのは、『文集』巻八四「跋程沙随帖」の中で、『孝経』の伝部分は諸書から採ったもので全く文理をなしておらず、『大学・中庸章句』とは比べものにならないと述べている部分である。

『孝経』独篇首六、七章為本経、其後乃伝文、然皆斉魯間陋儒纂取『左氏』諸書之語為之、至有全然不成文理処。伝者又頗失其次第、殊非『大学』『中庸』二伝之儔也。

【『孝経』は初めの六、七章だけが本当の経文であり、その後は注釈である。それらはみな斉・魯の儒者たちが『左伝』などの語から取って作ったものであり、全く文の意味をなさないものもある。注釈はその（正当な）順序を失っており、『大学』『中庸』二つの注釈とは何の関係もない。】

ここから朱熹が『大学章句』と『刊誤』とを表面の類似性にも拘わらず全く違った相の下に捉えていることが看取できる。四書の読書順を述べた『語類』巻一四「大学一」における朱熹の言説からして、『四書集注』は、『大学』に始まり『論語』から『孟子』を経て『中庸』で終えるという完結した学習のプログラムを持っており、『大学章句』と『刊誤』との関連性は、直接的には存在しないと言える。

また朱熹の「孝」観から考えてみると、「経」部分の、「親という自分に身近なところから出発して君に仕え立身出世し、祖先を顕彰し子孫に名を揚げる」つまり「家」→「国・天下」→「家」と家に回帰してくる冒頭と、それぞれの階級の行うべき「孝」を述べた「経」部分だけが重要で、彼の考える「孝」から大きく逸脱し、「孝」を乱用している「伝」部分は却って『孝経』の価値を落とすものとなる。先ほど『刊誤』の要約のところで見た、朱熹が「格言」としている箇所はすべて「孝」を個人の領域にとどめている文であり、彼が批判している部分は「孝」を統治者の心構えや人民教化の手段にと利用した箇所であった。(13)

ここで朱熹の『孝経』観と先の司馬光や程子のそれと合わせて、宋代における「孝」観念と『孝経』の置かれた状況を捉え直してみたい。宋代に入って「理」や「気」に関する議論が高まり、「理」「性」などの語が形而上的概念として士大夫達によって鍛え上げられていくに従い、「孝」の価値は相対的に低くなっていった。そしてその「孝」を主題とした『孝経』という書物の思想史における権威も、同時に落ちていったのである。朱熹が『孝経』に何の権威も感ずることなく、自由に手を加えた背景にはこのような事情もあったと言える。

ここまで、「孝」が「仁」に至るための端緒であること、道徳的行為を実践するための出発点であることを見てきた。それは儒学の出発点であると同時に学習の出発点でもある。そして常に人がそこに帰って範としなければならない地点でもあった。人が最初に学ぶべき書として、朱熹が『孝経』を位置付けた意義がここにある。前時代のような権威性が希薄になったとは言え、『孝経』自体の必要性は依然として存在していると考えるなら、『刊誤』を『大学』との連関ではなく、別の文脈に置いて理解する必要が生じてくる。

第三節　『孝経刊誤』と『小学』『家礼』との関係

以上、『刊誤』に内在する様々な問題を考察してきたが、ここからは『孝経刊誤』というテクスト自体が、朱熹の思想においていかなる役割を果たすのかを考えてみたい。

まずは『刊誤』を『小学』との関連において見てみたい。『刊誤』と『小学』との関連は、陳栄捷氏が『朱子新探索』で言及している。(14) 陳氏は『易学啓蒙』『孝経刊誤』『小学』の成立年が淳熙一三年（一一八六）前後に集中している事実から、この数年間、朱熹が児童教育に留意していたと説く。そして実際、『孝経』と『小学』はこの点において具体的な関係を持っている。(15) まず朱熹は『刊誤』で経文とした部分を全てそっくり『小学』「明倫第二」に採っている。さらに「伝」部分の六章、七章、八章、九章、一一章、一三章を同じく「明倫第二」にそれぞれ引用している。

『小学』が『大学』を進む前の児童の啓蒙を第一の目的として編まれたことは、『語類』巻七「小学」における朱熹の言葉からも疑いない。しかしまた一方で、朱熹は『小学』にそれを越える役割を担わせようとしている。例えば『文集』巻三五「与劉子澄」において、官人だけでなく民間にまで広がりつつある人材・風俗の偏りを軌道修正するには『小学』が有効であると説いている。また『小学』の「善行第六」には、郷村内の規約として呂大鈞が制作した「呂氏郷約」の一部を引いている。これらからも『小学』が朱熹にとって単なる児童教育の書でなく、民衆社会秩序の安定という目的をも有していたことが分かる。

先ほど朱熹にとって『孝経』は「経」の部分だけが必要であったことを見たが、『小学』にその最重要部分をそっくり採ることで、朱熹は『孝経』を新しい入れ物に移し替えたと言える。そしてこれと同時に『孝経』という書物の果たす役割は、朱熹の中では一旦終わったはずである。しかし役割を終えたからと言って無視できないほどに、『孝経』という書物は人々に普及しており、人々の教化に有用であった。一方『小学』は出来上がったばかりで何の影響力も持っていない。『孝経』は依然として「孝」を伝える第一の書としての地位を失ってはいないのである。実際、司馬光『司馬温公書儀』巻二「冠儀」注の「一五歳になったら『論語』『孝経』を読め」という記述を『小学』「嘉言第五」

に引き、『孝経』を薦めている。やはりどこかに『孝経』の置き場所を探さねばならなかったのだ。

次に『家礼』との関わりを見たい。『家礼』は、『文集』巻八三「跋三家礼範」によれば、礼が衰退して「家」に行われないことに対して、司馬光の『司馬温公書儀』及び二程子、張横渠らの著作を参照して作成した書である。『文集』巻七五「家礼序」によれば、

凡礼有本、有文。自其施於家者言之、則名分之守、愛敬之実、其本也。冠昏喪祭儀章度数者、其文也。

【およそ礼には「本」と「文」とがある。それを家に施すという点から言えば、「名分の守、愛敬の実」が「本」であり、「冠昏喪祭儀章度数」が「文」である。】

とある。ここで朱熹は「礼」を「本─末」関係で捉え、「愛敬」を変えることのできない根幹としている。「礼」は「情」に基づく(「礼者因人之情而為之節文」『礼記』坊記)が、「家」の礼の場合はそれが「愛敬」なのである。そして「愛敬」は『孝経』に見える概念であった。ここに両者を繋ぐ回路を発見できる。また『文集』巻三九「答范伯崇」には父子の綱要は「孝慈」であり、これによって「礼」を行うとある。さらに補えば『中庸或問』には「蓋反身不誠、外有事親之礼、而内無愛敬之実」の語がある。『小学』が『刊誤』をそっくり引用するといった直接的な関係にあったのとは異なり、『刊誤』と『家礼』とは「具体的行動」と「それを根拠付けるもの」という関係で理解できる。渡辺浩氏も「朱子学にいう孝とは、こうした親子観・死生観を前提として、父母に対し生前も死後も厳粛なる恭敬を、『天理の節文』たる『礼』に沿って具現しようとするものに外ならない」と同様の見解を示している。(16)

また『家礼』と『小学』とは「礼」を介して関係を持っている。『小学』はその内容を検討してみると、『儀礼』『礼

記』などの礼書からの引用、中でも『礼記』「曲礼」など目下の者が目上に対する時の礼に関する引用が多く、児童にとっての「礼」の入門書とさえ言えるほどである。

さらに両書は『司馬温公書儀』を介しても共通項を持つ。『家礼』は上山春平氏の指摘によれば、『司馬温公書儀』の構成をほぼ踏襲しており[17]、同書の深い影響のもとに制作されたことが分かる。一方、『小学』の『司馬温公書儀』からの引用は八箇所に及んでいる。

第四節　『孝経刊誤』編纂の背景

テキストとしての『刊誤』の有効性は、『小学』に引かれることで児童教育の場に活用されるにとどまるものではない。朱熹も『孝経』を児童に読ませるべきであると述べてはいるが、それはイコール読者を児童に限定していることを意味するのではない。彼の認識として、『孝経』は「児童の時に読んでおくべき書物であり、成人後もその文句を常に念頭に置いておくべき」位置にあるものだと言って良かろう。

また渡辺氏前掲著書では中国の国家イデオロギーを解明する手がかりとして『孝経』の「政治性」が強調されているが、朱熹の場合「経」部分しか認めないという態度からして、国家統治といった政治的性格の強調よりも、個人の「孝」への自覚を促すことと一族の繁栄に努力することを説く点に主眼があると言って良かろう。

さて、前節で見た内容的に連関を持つ『刊誤』『小学』『家礼』などを、ある統一した視点のもとに理解しようとする場合、「斉家」という枠組みが有効ではないかと考える。ここで用いる「斉家」の語は、「家を斉しくする」の意を比喩的に表したものであり、例えば「治家」という語と置換可能であり、よって原義である『大学』の八条目の「修身・斉家・治国・平天下」とは切り離して理解されたい。王貴民氏は、宋代以降における「斉家」「正家」思想の流行は、理学の盛行と結び付き、社会経済の発展、人の観念の変化を体現したものだと指摘する。[18] 清朝に至ると「斉家者、身心天下之枢紐、前此則誠正修身、後此則治平天下」[19]のように「斉家」は「自己」と「治国平天下」とを結ぶ紐帯の役割を持つ重要な概念として認識されるようになるが、朱熹の時代において「斉家」の語は、概念としてそれだけを取り出して検討するといった段階にはまだ至っていない。『刊誤』において朱熹は「孝」の意味範囲を家族の内に限定し、彼の編集による『小学』は児童教育としての面（家長の立場から言えば子弟の教育も「斉家」の一環である）と共同体秩序安定への指向とを兼ね備えていた。また『家礼』が「斉家」を第一の目的としていることは言うまでもない。さらに朱熹は「家訓」や「家政」などを著し、また多くの族譜の序跋を書き、その中で「家族（宗族）」秩序の必要性を繰り返し説いている。さらに『文集』巻三三「答呂伯恭」や巻三五「与劉子澄」、『語類』七―一八では『小学』と「女戒」「家訓」「温公家儀」『温公家範』を同列に論じている。[20]

ではなぜ朱熹はこのような「斉家」を語る書物を次々に生産したのか。その背景には家族制、宗族制が危機にあったとの認識がある。またそれは朱熹に限らず宋代の士大夫等が共通して持つ認識でもあった。程子は次のように語る。

古人自洒掃応対、以至冠昏葬祭、莫不有礼。今皆廃壊、是以人倫不明、治家無法。『論語集注』巻四

【古人は洒掃応対から冠昏葬祭に至るまで、すべて礼にのっとって行っていた。今は（礼は）全て廃れ、人倫は乱れ、治家の方法もない。】

また張横渠も言う。

古人亦鮮有不知来処者、宗子法廃、後世尚譜牒、猶有遺風。譜牒又廃、人家不知来処、無百年之家、骨肉無統、雖至親、恩亦薄。「経学理窟、宗法」

【古人には自分の来所を知らない者はほとんどいなかった。宗法が廃れても、族譜を尊ぶ風が残った。しかし族譜が廃れた今、人は自分の来所を知らず、百年続く家はなく、家族はばらばらで、親兄弟でも恩愛が薄い】

そして南宋に至って、朱熹も同様の危機感を抱いていたことが次の発言によって確認できる。

自宗子法廃、而族無統。唐人重世族、故譜牒家有之。唐以後不能然、苟非世之富貴多文儒、族氏派系往往湮淪而莫考矣。…（中略）…歴漢文恭広公以迄晋関内侯質公、為立譜之鼻祖、相伝二十五世。中間序昭穆、別疏戚、因流遡源、由本達枝、作譜以伝、庶幾不忘本也。『文集』外集巻二「胡氏族譜叙」

【宗子の法が廃れてから、宗族は統制がなくなった。唐人は世族を重んじた、故に譜牒が家ごとに有った。唐以後はそうではなくなり、世の富貴に文儒は多いが、族氏の派系は往々にして湮淪してしまい調べることもできない。…（中略）…漢の文恭広公から晋の関内侯質公までを、立譜の鼻祖とし、相い伝えること二五世代にもなった。中間に昭穆を序し、疏戚を別ち、下流から水源へと遡り、本から枝に達し、譜を作って後世に伝え、一族の源を忘れないことを願った。】

当時の家族・宗族制度の危機への対策として族譜の編纂が唱えられている。また「済南辛氏宗譜原序」（外集巻二）でも「今の修譜する者多し」とあり、朱熹の時代に族譜の編纂が盛んであったことが確認できる。

宋代は実際に家族制度が混乱した時代であった。門閥貴族社会の消滅後、幾多の戦乱による血縁共同体の崩壊などによって流動化する社会の中で、宗族社会は宋代における科挙官僚制社会とともに成立し、一一世紀半ばには欧陽脩、蘇洵ら士大夫らが自覚的に宗法や宗子法の確立を目指して、族譜を作り、祠堂を建て、族産を設けたのである[21]。

そのような具体的状況に対応するには、『四書』や『五経』などの経書の内容では間接的に過ぎる。よって、朱熹はより直截に「斉家」を語るテキストの制作の必要性を感じたと考えることができる。それが「家訓」であり、「家政」「族譜」『小学』、そして『刊誤』なのである。これらの書物は全て実践に向けて書かれた書物であり、先祖の徳を称揚し、後人を教え導くという主旨においても共通している。「家」を倫理道徳の基盤とする儒者にとって、「家」の崩壊は最も避けねばならない事態である。朱熹が「斉家」をめぐるテキスト群を作成したのは以上の理由によるものであろう。

【注】

（1）テキストは『朱文公文集』台湾商務印書館（一九八〇年）を用いた。

（2）三井宇一郎〔1935〕、林秀一〔1972〕

（3）加地伸行〔1998〕

（4）漢代における『孝経』の位置付けに関しては、渡辺信一郎氏の研究によって、『孝経』が政治的イデオロギーの役割を果たしたこと、また六朝時代については吉川忠夫氏によって、『孝経』が呪術的機能を持っていたことがそれぞれ分析されている。ちなみに宋代においても『孝経』が宗教的に用いられた例が存在する。例えば、『宋史』王嗣宗伝には、嗣宗は『孝経』を墓に入れさせた「嗣宗尤睦宗族、撫諸姪如己子。著遺戒以訓子孫、勿得析居。令以『孝経』、弓剣、筆硯置壙中。（巻二八七、列伝四六）」という記述があるし、また同じく穆脩伝には、穆脩の母が死んだとき彼は毎日『孝経』を誦したと言う。「母死、自負櫬以葬、日誦『孝経』、「喪記」、不飯浮屠為仏事。」（『宋史』巻四四二、列伝二〇一）（渡辺信一郎〔1994〕、吉川忠夫〔1985〕）

（5）三つほど例を挙げてみる。

・「雍熙三年四月二日、詔曰、夫経術者、王化之本也。故設科取士。……今後以『周易』『尚書』各為一科、而附以『論語』『爾雅』『孝経』三小経」。『宋会要輯稿』巻一一二、選挙一二。

・「哲宗、元祐三年閏十二月二十三日詔、……第一場　試刑統義五道、第二場　試本経義五道、第三場『論語』『孝経』義各二道」。『宋会要輯稿』巻一一三、選挙一四、新科明法。

・「初、礼部貢挙設進士、九経、五経、開元礼、三史、三礼、三伝、学究、明経、明法等科。……凡学究、『毛詩』対墨義五十条、『論語』十条、『爾雅』『孝経』共十条、『周易』『尚書』各二十五条」。『宋史』巻一五五、選挙志一。

ただ九経のような必須科目ではなかったらしく、年代順に見ていくと、試験科目に採用されている年とそうではない年とがある。ちなみに蘇軾は上奏文の中で、科挙の詩賦の問題を子史書よりも九経及び『論語』『孝経』から出題すべきだと述べている（「奏乞増広貢挙出題劄子」）。政和二年（一一一二）には殿試の問題に『孝経』聖治章が引かれたりもしている（『宋史』巻一一〇、選挙志七）。また児童に対して行われた童試において、『孝経』は当然その受験科目に採用された。『宋史』巻一五六、選挙志二の記述では、北宋の時、一五歳以下で経に通じ作詩をする者に天子自らが試験を行い、仁宗から徽宗までに二〇名が合格、南渡により一度途絶えるが建炎二年（一一二八）に復活、淳熙八年（一一八一）には上・中・下等三種の試験が行われ、上等の試験科目として『孝経』の暗唱が課された。

（6）科挙に用いられた他、太宗などは人々の教化に関して『孝経』に及ぶものは無いとしてその普及に努めた。「上曰、……若有資於教化、莫『孝経』若也」。『宋史』巻二六六、李至列伝。

また『玉海』には、紹興九年（一一三九）に高宗は『孝経』を金石に刻し童蒙の書たらしめ、同一四年には諸州に詔して『孝経』を刊石し役人や学生に読ませたとある。

「九年六月十二日辛酉、宰臣檜乞、以上所賜御書真草『孝経』刻之金石。上曰、十八章世以為童蒙之書。不知聖人精微之学不出乎此。十四年七月辛未、詔諸州、以御書『孝経』刊石、賜見任官及学生」。
『玉海』巻四一「紹興御書孝経」

さらに仁宗は「聖人の言葉に背きたくない」と『孝経』（と『書経』）の言葉を書かせて左右に置いたという記録もある。
「帝曰、朕不欲背聖人之言。命蔡襄書「無逸」、命王洙書『孝経』四章列置於左右」。『宋史』巻二九四、楊安国列伝。

南宋の高宗は、皇太子の時は晁説之から、また帝位についてからは趙智に進講を受けている。晁説之の話は『宋史』巻三七八、胡舜陟列伝に、趙智の話は『宋史』巻二九三、田錫列伝に見える。

英宗が父の仁宗を明堂に配するべきか否かで議論が起こった時も、「『孝経』にあるから正しい」「その解釈は『孝経』を誤解したものだ」とその拠り所とされるほどに、そのテキストは宋代には重い意味を有していた。この話は『宋史』巻一〇一、志五、吉礼、及び同巻二九一、王疇列伝に見える。

（7）唐代に、『古文』に基づく孔安国注、『今文』に基づく鄭玄注の二注の正当性をめぐって議論が交わされ、玄宗が『今文』をもとに御注本を著して二注を廃することで決着を見た。

（8）（「古文」と「今文」に関して）「愚按『孝経』一耳。「古文」、「今文」特所伝微有不同。……（文字の異同）……文之或増或減、不過如此。於大義固無不同」。

（9）『孝経注疏』三才章第七、正義に「鄭注論語云、孝為百行之本」とある。

（10）「蓋仁是性也、孝弟是用也。性中只有仁義礼智四者」。『河南程氏遺書』巻一八

（11）「如程子所謂『仁、性也。孝悌是用也。性中只有仁義礼智而已、曷嘗有孝弟来。』此語亦可見矣。蓋父子之親、兄弟之愛固性之所有、然在性中只謂之仁、而不謂之父子兄弟之道也」。『文集』巻四二「答胡広仲」

（12）「仁道之大而自孝悌始者、以其即愛親従兄之心習而察則仁矣」。『文集』巻四二「答石子重」

（13）朱栄貴氏は、朱熹が『孝経』に感じていた最大の不満は父権と君権を必要以上に強調したことにあると指摘する。（朱〔2002：33 - 34頁〕）

（14）陳栄捷〔1988：413頁〕

（15）加地氏前掲論文もこのことには言及している。（加地伸行〔1998〕）

（16）渡辺浩〔1985：141頁〕

（17）上山春平〔1982〕

(18)　王貴民〔1993：232頁〕

(19)　金恭溥『朱子家訓説略』題辞・清道光二九年刻本

(20)　羅大経『鶴林玉露』巻五、乙編「女戒」には、朱熹が曹昭の『女戒』を改編して『小学』と同様の役割を持たせようと意図していたという記述がある。

(21)　井上徹〔1988〕、遠藤隆俊〔1988〕、小林義廣〔1980〕、〔1997〕、馮爾康〔1994〕

◆参考文献◆

〔中文〕

王貴民〔1993〕『中国礼俗史』台湾・文津出版社
王爾敏〔1992〕「家訓体製之伝衍及門風官声之維繫」『近世家族与政治比較歴史論文集』台湾・中央研究院近代史研究所
王曽瑜〔2001〕「紹興和議与士人気節」中国『中国史研究』第三期
王長金〔2006〕『伝統家訓思想通論』中国・吉林人民出版社
王兆鵬〔1994〕『両宋詞人年譜』台湾・文津出版社有限公司
王徳毅〔1998〕「宋代士大夫的道徳観」台湾『宋史研究集』第二八輯
欧純純〔2002〕「《太公家教》与後代童蒙教材的関係」台湾『東方人文学誌』第一巻　第一期
許懐林〔1989〕「陸九淵家族及其家規術評」中国『江西師範大学学報・哲学社会科学版』一九八九年第二期
龔鵬程〔1995〕『思想與文化』台湾・業強出版社
卿希泰主編〔1993〕『中国道教史』第三巻、中国・四川人民出版社
卿希泰・李剛〔1985〕「試論道教的善書」中国『世界宗教研究』第四期
呉万居〔1999〕『宋代三礼学研究』台湾・国立編訳館主編
朱栄貴〔2002〕『全体大用之学　朱子学論文集』台湾・学生書局
朱越利〔1985〕「『太上感応篇』与北宋末南宋初的道教改革」中国『世界宗教研究』第四期
朱鳳玉〔1986〕「太公家教研究」台湾『漢学研究』第四巻　第二期

朱明勛〔2008〕『中国家訓史論稿』中国・巴蜀書社
周鳳五〔1986〕『敦煌写本太公家教研究』台湾・明文書局
徐少錦・陳延斌〔2003〕『中国家訓史』中国・陝西人民出版社
徐揚傑〔1995〕『宋明家族制度史論』中国・北京中華書局
蔣建華〔1988〕「朱熹、理、性、情、欲的貸輯聯係及理欲之辨的理論実質」中国『学術界』一九八八年三月
束景南〔1992〕『朱子大伝』中国・福建教育出版社
陳栄捷〔1988〕『朱子新探索』台湾・学生書局
陳霞〔1999〕『道教勧善書研究』中国・巴蜀書社
陳智超〔1985〕「《袁氏世範》所見南宋民庶地主」『宋遼金史論叢』第一輯　中国・中華書局
陳来〔1987〕『朱熹哲学研究』中国社会科学出版社
陳来〔1989〕『朱子書信編年考証』中国・上海人民出版社
鄭志明〔1988〕「太上感応篇的倫理思想」『中国善書与宗教』台湾・学生書局
藤井倫明〔2011〕『朱熹思想結構探索　以「理」為考察中心』台湾・台大出版中心
費成康〔1998〕『中国的家法族規』中国・上海社会科学院出版社
馮爾康〔1994〕『中国宗族社会』中国・浙江人民出版社
游子安〔1999〕『勧化金箴 清代善書研究』、中国・天津人民出版社
楊鶴皐〔2001〕『宋元明清法律思想研究』中国・北京大学出版社
楊天石〔2002〕『中国思想家宝庫　朱熹』香港・中華書局
劉子健〔2002〕『中国転向内在　両宋之際的文化転向』（原著は James T. C. Liu〔1988〕*China Turning Inward : Intellectual-*

Political Changes in the Early Twelfth Century, Harvard University Asia Center）
劉述先〔1984〕『朱子哲学思想的発展与完成』台湾・学生書局
劉滌凡〔1999〕『唐前果報系統的建構与融合』台湾・学生書局
柳立言〔1992〕「従趙鼎『家訓筆録』看南宋浙東的一個士大夫家族」『第二届国際華学研究会議論文集』台湾・中国文化大学文学院、後『宋代的家庭和法律』（〔2008〕上海古籍出版社）に収録。

〔日文〕

青山定雄〔1976〕「北宋を中心とする士大夫の起家と生活倫理」『東洋学報』第五七号第一・二号
秋月観暎〔1978〕『中国近世道教の形成—浄明道の基礎的研究—』創文社
吾妻重二〔2004〕『朱子学の新研究』創文社
荒井健他〔1999〕『長物志 訳注』平凡社
荒木見悟〔1993〕『新版 仏教と儒教』研文出版
有元正雄〔1999〕「家訓・遺言にみる信仰と倫理（一～三）」『広島経済大学研究論集』第二二巻第一—三号
池田知久他編〔2001〕『中国文化思想事典』東京大学出版会
石川梅次郎〔1970〕『陰隲録』明徳出版社
石田肇〔1977〕「新五代史の大例について」『東方学』第五四輯
市來津由彦〔2002〕『朱熹門人集団形成の研究』創文社
伊東貴之〔2005〕『思想としての中国近世』東京大学出版会
井上進〔2002〕『中国出版文化史　書物世界と知の風景』名古屋大学出版会

井上徹〔1986a〕「黄佐『泰泉郷礼』の世界―郷約保甲制に関連して―」『東洋学報』第六七巻第三・四号
井上徹〔1986b〕「『郷約』の理念について」『名古屋大学東洋史研究報告』第一一号
井上徹〔1988〕「宋元以降における宗族の意義」『歴史評論』一九八八年八月号・通巻五八〇号
井上徹〔2000〕『中国の宗族と国家の礼制 宗法主義の視点からの分析』研文出版
上山春平〔1995〕「朱熹の『家礼』と儀礼経伝通解」『上山春平著作集』第七巻、法蔵館
梅原郁訳注〔1986〕『名公書判清明集』同朋社
遠藤隆俊〔1988〕「范氏義荘の諸位・掌管人・文正位について―宋代における宗族結合の特質―」『集刊東洋学』六〇号
遠藤隆俊〔1993〕「宋代蘇州の范氏義荘について―同族的土地所有の一側面―」『宋代史研究会研究報告第四集　宋代の知識人』汲古書院
遠藤隆俊・岡元司・平田茂樹編〔2006〕『宋代社会の空間とコミュニケーション』汲古書院
大澤正昭〔1990〕「『管』『僕』『家族関係』―『太平広記』『夷堅志』に見る唐宋変革期の人間関係―」『中国専制国家と社会統合―中国史像の再構成Ⅱ』文理閣
大島立子〔1999〕「元代における女性と教育」『論集 中国女性史』吉川弘文館
大平桂一〔1994〕「日日と四季の健康法」『中華文人の生活』平凡社
緒方賢一〔1993〕「朱子の『情』について」大阪市立大学中文学会『中国学志』比号
緒方賢一〔1996〕「朱子の国家再生の試み」大阪市立大学中文学会『中国学志』泰号
緒方賢一〔1999〕「『孝経刊誤』と朱子」中国文史哲研究会『集刊東洋学』第八一号
緒方賢一〔2001〕「家訓に見る宋代士人の日常倫理」『宋代史研究会研究報告第七集　宋代人の認識―相互性と日常空間―』汲古書院

緒方賢一〔2002〕「葉夢得の『善行』―家訓を導きとして―」大阪市大中国学会『中国学志』豫号
緒方賢一〔2002〕「『省心雑言』と善行 ―宋代士大夫における日常道徳の担い手―」大谷大学大谷学会『大谷学報』第八一巻第四号・第三一〇号
緒方賢一〔2004〕「『太上感応篇』の思想的諸特徴」大谷大学文芸学会『文藝論叢』第六二号
緒方賢一〔2004〕「陰徳の観念史」大谷大学文芸学会『文藝論叢』第六八号
緒方賢一〔2010〕「『編集』という名の思想 ―劉清之の『戒子通録』をめぐって―」『立命館大学言語文化研究』第二一巻三号
岡元司他〔2001a〕「相互性と日常空間―『地域』という起点から―」『宋代史研究会研究報告第七集 宋代人の認識 ―相互性と日常空間―』汲古書院
岡元司〔2001b〕「南宋期の地域社会における知の能力の形成と家庭環境―水心文集墓誌銘の分析から―」『宋代史研究会研究報告第七集 宋代人の認識 ―相互性と日常空間―』汲古書院
岡元司〔2001c〕「宋代の地域社会と知―学際的視点からみた課題―」『知識人の諸相―中国宋代を基点として』勉誠出版
岡元司〔2003〕「南宋期の地域社会における『友』」『東洋史研究』第六一巻第四号
奥崎裕司〔1983〕「民衆道教」『道教 第二巻 道教の展開』、平河出版社
垣内景子〔2005〕『「心」と「理」をめぐる朱熹思想構造の研究』
加治敏之〔2001〕「善書と道教」『講座 道教』第五巻、雄山閣出版
加地伸行〔1998〕「『孝経刊誤』小考」『日本中国学会創立五十周年記念論文集』汲古書院
加藤尚武〔1997〕『現代倫理学入門』講談社学術文庫
川村康〔1998〕「宋代『法共同体』初考」『宋代史研究会研究報告第六集 宋代社会のネットワーク』
岸本美緒〔1997〕「『恒産瑣言』について」『清代中国の物価と経済変動』研文出版

岸本美緒〔2012〕「風俗と時代観」『風俗と時代観　明清史論集1』研文出版
木下鉄矢〔1999〕『朱熹再読』研文出版
木下鉄矢〔2009〕『朱熹哲学の視軸—続朱熹再読』研文出版
楠山春樹〔1983〕「道教と儒教」『道教　第二巻　道教の展開』、平河出版社
久保田量遠〔1986〕『中国儒道佛三教史論』国書刊行会
小島毅〔1988〕「宋代の天譴論」『東洋文化研究所紀要』第一〇七冊
小島毅〔1992〕「宋代の国家祭祀—『政和五礼新儀』の特徴」『中国礼法と日本律令制』東方書店
小島毅〔1996〕『中国近世における礼の言説』東京大学出版会
小島毅〔1998〕「中国近世の公議」『思想』第八八九号、岩波書店
小島毅〔1999a〕『宋学の形成と展開』創文社
小島毅〔1999b〕「八条目のあいだ」『東洋文化研究』第一号
小島毅〔2004〕『東アジアの儒教と礼』山川出版社
小島毅〔2013〕『朱子学と陽明学』ちくま学芸文庫
小林義廣〔1980〕「欧陽脩における族譜編纂の意義」『名古屋大学東洋史研究報告』六
小林義廣〔1988〕「宋代の『諭俗文』」『宋代史研究会研究報告第三集 宋代の政治と社会』汲古書院
小林義廣〔1990〕「宋代における宗族と郷村社会の秩序—累世同居を手がかりに—」『東海大学紀要 文学部』第五二輯
小林義廣〔1993〕「宋代の『勧学文』」『柳田節子先生古稀記念 中国の伝統社会と家族』汲古書院
小林義廣〔1997〕「北宋中期における宗族の再認識について」『東海大学紀要』文学部第六八輯

小林義廣〔2000〕『欧陽脩 その生涯と宗族』創文社
小林義廣〔2001〕「南宋時期における福建中部の地域社会と士人―劉克荘の日常的活動と行動範囲を中心に―」『東海史学』第三六号
小林義廣訳註〔2009〕『宋代地方官の民衆善導論』知泉書館
近藤一成〔1978〕「宋代永嘉学派葉適の華夷観」『史学雑誌』第八八編第六号
酒井忠夫〔1999〕『増補 中国善書の研究（上）』国書刊行会
酒井忠夫〔2000〕『増補 中国善書の研究（下）』国書刊行会
酒井忠夫〔2011〕『中国日用類書史の研究』国書刊行会
笹澤豊〔1995〕『道徳とその外部』勁草書房
佐野公治〔1988〕『四書学史の研究』創文社
滋賀秀三〔1984〕『清代中国の法と裁判』、創文社
島田虔次〔1967〕『朱子学と陽明学』岩波書店
清水盛光〔1939〕『支那社会の研究』岩波書店
清水盛光〔1951〕『中国郷村社会論』岩波書店
須江隆〔2007〕「ある北宋知識人の日常と生涯―朱長文に関する伝記資料の解析を中心に―」『史叢』第七八号、日本大学史学会
曽我部静雄〔1963〕『中国及び古代日本における郷村形態の変遷』吉川弘文館
多賀秋五郎〔1960〕『宗譜の研究　資料篇』東洋文庫
高津孝編訳〔2009〕『中国学のパースペクティブ　科挙・出版史・ジェンダー』勉誠出版

谷川道雄〔1976〕『中国中世社会と共同体』国書刊行会
竺沙雅章〔1995〕『范仲淹』白帝社
竺沙雅章〔2000〕「北宋中期の家譜」『宋元仏教文化史研究』汲古書院
塚本学〔1988〕「家訓と家族道徳」『長野県史 通史編第五巻近世二』長野県史刊行会
土田健次郎〔1988〕「欧陽脩試論」『中国─社会と文化』第三号
土田健次郎〔1998〕「人情」の項『岩波 哲学・思想辞典』岩波書店
土田健次郎〔2002〕『道学の形成』創文社
寺田浩明〔1989〕「清代土地法秩序における『慣行』の構造」『東洋史研究』第四八巻二号
寺田浩明〔1994〕「明清法秩序における「約」の性格」溝口雄三編『社会と国家　シリーズ・アジアから考える』第四巻、東京大学出版会
寺田浩明〔1997〕「合意と斉心の間」『明清時代史の基本問題』汲古書院
寺地遵〔1988〕『南宋初期政治史研究』渓水社
常盤大定〔1930〕『支那に於ける仏教と儒教道教』東洋文庫
砺波護他編〔2006〕『中国歴史研究入門』名古屋大学出版会
友枝龍太郎〔1979〕『朱子の思想形成（改訂版）』春秋社
中原健二〔1994〕「夫と妻のあいだ─宋代文人の場合」『中華文人の生活』平凡社
西澤嘉朗〔1946〕『陰隲録の研究』八雲書店
野口鐵郎他編〔1994〕『道教事典』、平河出版社
西田太一郎訳注〔1941〕『袁氏世範』創元社

野口鐵郎他編〔1994〕『道教事典』平河出版社
早坂俊廣〔1990〕「『戊辰封事』に見える朱熹の君主観」広島哲学会『哲学』第四二集
林秀一〔1972〕「孝経刊誤の成立について」『東方学会創立二十五周年記念・東方学論集』
平田茂樹〔1998〕「宋代の朋党形成の契機について」『宋代史研究会研究報告第六集　宋代社会のネットワーク』汲古書院
福島仁〔1981〕「朱子心性論の成立過程」『日本中国学会報』第三三集
古林森廣〔1989〕「南宋の袁采『袁氏世範』について」『史学研究』一八四号
牧野巽〔1979〕『中国家族研究』（牧野巽著作集一・二）お茶の水書房
間野潜龍〔1679〕「明代の家規と陽明学」『明代文化史研究』同朋舎
丸山松幸〔2001〕「華夷」の項『中国思想文化事典』東京大学出版会
三浦國雄〔1976〕『朱子集』朝日新聞社
三浦國雄〔1979〕『人類の知的遺産19　朱子』講談社
三浦國雄〔1994〕『気の中国文化　気功・養生・風水・易』創元社
三浦國雄〔1997〕『朱子と気と身体』平凡社
三浦國雄〔2000〕「道教の倫理思想―卿希泰先生の講話に寄せて―」『不老不死という欲望 中国人の夢と実践』人文書院
三井宇一郎〔1935〕「朱子の孝経刊誤について」『漢文学会会報』三期
水越知〔2009〕「李昌齢『楽善録』について」『東方宗教』第一一三号、日本道教学会
宮川尚志〔1983〕『中国宗教史研究　第一』同朋舎
宮崎市定〔1995〕「宋代文化の一面」『中国文明論集』岩波文庫
森正夫〔2006〕「明末の社会変動における秩序の変動について」『森正夫明清史論集』第三巻、汲古書院

森正夫〔2006〕「明末における秩序変動再考」『森正夫明清史論集』第三巻、汲古書院
守屋美都雄〔1968〕『中国古代の家族と国家』京都大学文学部内東洋史研究会
柳田節子〔1986〕『宋元郷村制の研究』創文社
山根三芳〔1983〕『朱子倫理思想研究』東海大学出版会
山本英史〔1993〕「浙江観風整俗使の設置について」『和田博徳教授古稀記念　明清時代の法と社会』汲古書院
山本眞功〔2001〕『家訓集』平凡社東洋文庫
吉岡義豊〔1970〕「道教功過〈倫理〉思想の二三の問題」『道教と仏教』第二巻、国書刊行会
吉岡義豊〔1989〕『吉岡義豊著作集』第一巻、五月書房
吉川忠夫〔1985〕『六朝精神史研究』同朋社
吉川忠夫〔1998〕『中国人の宗教意識』創文社・中国学芸叢書
鷲田清一〔1993〕「地平と地盤のあいだ―〈生活世界〉という概念―」『岩波講座　現代思想 六／現象学運動』岩波書店
渡辺信一郎〔1994〕『中国古代国家の思想構造―専制国家とイデオロギー』校倉書房
渡辺浩〔1985〕『近世日本社会と宋学』東京大学出版会
余英時〔1991〕『中国近世の宗教倫理と商人精神』森紀子訳、平凡社
ハンス＝ゲオルグ・ガダマー〔1986〕『真理と方法Ⅰ』法政大学出版局
アルフレッド・シュッツ著、リチャード・M・ゼイナー編〔1996〕『生活世界の構成　レリヴァンスの現象学』マルジュ社

〔英文〕

Brokaw, Cynthia J〔1991〕*The Ledgers of Merit and Demerit —Social Change and Moral Order in Late Imperial China,*

Princeton Univ Press

Chou, Kai-wing〔1994〕*The Rise of Confucian Ritualism in Late Imperial China : Ethics, Classics, and Lineage Discourse* , Stanford University Press

Ebrey, Patricia Buckley〔1984〕*Conceptions of the Family in the Sung Dynasty,* the Journal of Asian Studies vol XLⅢ, no.2

Ebrey, Patricia Buckley〔1984〕Family and Property in Sung China : *Yun Ts'ai's Precepts for Social Life,* Princeton Univ Press

Hymes, Robert P.〔1993〕*Moral Duty and Self-Regulating Process,* Robert P. Hymes and Conrad Schirokauer edit. *Ordering the World Approaches to State and Society in Sung Dynasty China,* University of California Press

Hymes, Robert〔1986〕*Stateman and Gentlemen : the Elite of Fu-chou, Chiang-Hsi, in Northern and Southern Sung,* Cambridge Univ Press

Hartwell, Robert〔1982〕*Demographic, Political, and Social Transformation of China,* Harvard Journal of Asiatic Studies

McDermott, Joseph P〔1993〕*Equality and Inequality in Sung Family Organizations — Some Observations on Chao Ting's Family Instructions*『柳田節子先生古稀記念 中国の伝統社会と家族』汲古書院

【後記】

まず、各論文の初出は以下の通りである。

第一部

第一章　家訓に見る宋代士大夫の日常倫理（原題：「家訓に見る宋代士大夫の日常倫理」汲古書院『宋代史研究会研究報告集第七集　宋代人の認識―相互性と日常空間―』二〇〇一年三月）

第二章　葉夢得と「善行」―二つの家訓を導きとして―（原題：「葉夢得の善行―家訓を中心として―」大阪市立大学中国学会『中国学志』豫号、二〇〇一年一二月）

第三章　宋代の「善人」―『省心雑言』を中心に―（原題：「『省心雑言』と善行―宋代士大夫における日常道徳の担い手―」大谷大学大谷学会『大谷学報』第八一巻第四号・第三一〇号、二〇〇二年一一月）

第四章　「『編集』という名の思想―劉清之の『戒子通録』をめぐって―」（立命館大学国際言語文化研究所『立命館大学言語文化研究』第二一巻三号、二〇一〇年一月）

第二部
第一章　『太上感応篇』の思想的諸特徴（大谷大学文芸学会『文藝論叢』第六二号、二〇〇四年三月）
第二章　「陰徳」の観念史（大谷大学文芸学会『文藝論叢』第六八号、二〇〇七年三月）

第三部
第一章　朱熹の「人情」について（原題：「朱子の『情』について」大阪市立大学中文学会『中国学志』比号、一九九三年一二月）
第二章　朱熹と『孝経刊誤』（原題：「『孝経刊誤』と朱子」中国文史哲研究会『集刊東洋学』第八一号、一九九九年五月）

以上、家訓や善書などから、様々な場における日常倫理を確認してきた。これらの書物を読みながら常に念頭にあったのは、ここに現れた日常倫理は、例えば朱子学や陽明学に代表されるような「哲学的言説」、または「高等的な知」、本書では超越倫理という語で表現したような知のあり方と果たしていかなる関係にあるのだろうか、という問題である。つまり一般的な中国思想史が扱うテーマや人物と、本書で検討した日常倫理との関係のあり様である。両者は相反しているのか、それとも相補う関係にあるのか、全く関係ないのか、あるいは深く結び付いているのか。

パラダイムというものの通常のパターンであれば、ある時期に知的機運が高まり、その中からブレイクスルーが起き、その後は時間とともに、一般社会に広く普及していくという図式が描けるだろう。しかし今回の事例はそのような型に当てはめることができるだろうか。つまり、朱熹なり誰かなりのパラダイムを突破する「天才」の存在がまずあって、日常道徳はその普及版であるといったような。果たしてそうではない、ということは本書を通じて確認できたのではないだろうか。

超越倫理と日常倫理の関係は、前者を意識的なものとすると、後者は前意識的なものと考えることができよう。前意識という不可視の対象を、家訓や朱熹の人情論は、それと企図せずして、または表だって語らないことで、逆にその存在をあぶり出していたのではないか。そして、それもまた近世という時代の知のあり方の一つに他ならない。

＊　＊

さて話は変わって、中国の「近世」について多くの論者が様々に語ってきたことは序文において確認済みである。では本書では近世をどう捉えたのか。各々の論考を執筆しながらこの難題は常に頭を離れなかった。貴族社会から士大夫社会へ、中央集権から地域社会へ等々、歴史学的な変換はいくつも明らかになっているとして、思想史的な変換を見出せるのか（訓詁学から宋学へというあり方は確かに変換の一つではあろう）。現時点では答えを用意できる段階にはない、そう言わざるを得ない。六朝・唐代前半を「中世」的なるものとして宋以後の文献を読んでみると、中世という時代からの何らかの切断、ないしはパラダイムの変換があったという感覚はある。一方で、近代的知の磁場に身を置く我々がたやすく近世のパラダイムに触れ得るのだろうかという思いがあることも確かである。パラダイム、あるいはエピステーメーの転換とは、知の枠組みそのものが別の形に変貌してしまうことであり、彼らと我々との間には知的断絶があるはずである。文献を読んでいると、時としてあちらの世界に触れ得たと感じる時もあるし、何故そのように考えるのか皆目分からない時もある。その壁がどのようなもので、どうやればそれを乗り越えられるのか、あるいは打ち壊すことができるのか、そのような日が来ることを待ち望むばかりである。

＊　＊

ところで南宋以降、「日常」はどうなっていったのか。宋代人に発見され、問題化された「日常」は、やがて当たり前の、どこにでもあるありふれた事象となった。つまり、「日常」は目の前に普通にあるものとして、人々にとって考察すべき問題ではなくなったのである。「日常」は文字通り日常となったのである。

特異な存在として、「日常」が浮上し、考察の対象として前景化した時代が宋代であるとしたら、元・明・清は、見出された「日常」が文字通りの日常的なものとして定着・透明化し、他の様々な事象の中の一つとして並列化されていった時代であると考えることができるのではないか。本書がいささかなりとも思想史研究上での意義を持つとしたら、その些細な点を指摘できたことにあると考える(考えたい)。

*　　*

大学院進学のため尾張から関西へ居を移して四半世紀近い時間が経った。その間、それまでの研究をいったん博士論文としてまとめ、二〇〇四年三月に学位を得たが、経済的事情や、教学中心の生活における時間的・体力的制約のせいもあり、書籍として世に問うことは半ば諦めていた。今回、勤務先である立命館大学中国語部会の出版助成を受けることができ、且つ中国文庫の舩越國昭氏、佐藤健二郎氏の熱心なサポートもあって、このような立派な形で出版していただけることになった。

本書の前半は、博士論文で扱った宋代家訓に関する章を大幅に書き替えたものである。そもそも、朱子学を学ぶべく大阪市立大学大学院の三浦國雄先生の門を叩いたわけだが、堅実な文献読解能力の養成をモットーとする市大中文研究室の学統を受け継ぎつつ、自由闊達な発想を是とする三浦門下で研鑽を積むうち、次第に宋代知識人の日常的な思考のありように興味を抱くようになった。

他方、同じく市大中文の山口久和先生からは、テキストを厳密にかつ多角的に読解してゆくことの重要性を教わった。難解な清朝考証学に関する文献をすらすら訓読しながら読解していく先生には今もって足下にも追い付けていない。「もっと本を読みなさい」との叱咤の声は現在も我が訓となっている。

＊　＊

本書、および基盤となる論文の執筆に当たっては、恩師三浦國雄先生の薫陶、および同門諸氏との切磋琢磨、さらには学外の中国思想、中国史研究者との刺激的な交流、そのいずれもが必要欠くべからざる要素となった。何より、学部時代にお世話になった愛知大学の安本博先生、宇佐美一博先生が大阪市大への進学を勧めて下さらねば、こんなに曲がりなりにも研究者として学界の片隅に身を置くこともなかったであろう。己が学問に関わる全ての方々に衷心からの感謝を申し上げたい。

最後に、関西に来てから今日まで、常に傍らにあった大学院の同期にして相方である藤野真子にも感謝したい。

二〇一四年三月

緒方賢一

［著者紹介］

緒方賢一（おがた けんいち）

1965 年　愛知県に生まれる
1988 年　愛知大学文学部卒業
1996 年　大阪市立大学大学院文学研究科後期博士課程単位取得満期退学
2004 年　博士（文学）を取得
現　在　立命館大学言語教育センター嘱託講師
専　攻　中国近世思想史、庭園論

共著・主要論文

『中国農村の民間藝能―太湖流域社会史口述記録集 2』（佐藤仁史・太田出・藤野真子・朱火生との共著、汲古書院、2011 年）、「宋代の婚礼説について」（『立命館言語文化研究』23 巻 3 号、立命館大学国際言語文化研究所、2012 年）、「礼が形作る身体」（井上克人・黄俊傑・陶徳民編『朱子学と近世・近代の東アジア』台大出版中心、2012 年）、「孔子台湾に降臨せり―『儒門科範』を読む」（三浦國雄編『術の思想 医・長生・呪・交霊・風水』、風響社、2013 年）

中国近世士大夫《ちゅうごくきんせいしたいふ》の日常倫理《にちじょうりんり》

NDC122　296 ページ　21cm

2014 年 3 月 25 日　初版第 1 刷発行

著　者　緒方賢一
発行者　舩越國昭
発行所　中国文庫株式会社
〒 167-0022　東京都杉並区下井草 2-36-3
電話・FAX 03-6913-6708
E-mail: info@c-books.co.jp
編　集　佐藤健二郎
装丁者　近藤桂一
印刷／製本　壮光舎印刷

ISBN978-4-9906357-0-1 Printed in Japan